POESIA COMPLETA

Copyright © Ivo Barroso, 1994
Reimpressão: 2009

Composição e Fotolitos
Arte das Letras

Capa
Adriana Moreno

Revisão
Christine Ajuz

Didier Lamaison
(parte francesa)

CIP-Brasil. Catalogação-na-fonte
Sindicato Nacional dos Editores de Livros, RJ

	Rimbaud, Arthur, 1854−1891
R433p	Poesia completa / Arthur Rimbaud; tradução, prefácio e notas de Ivo Barroso.
	−Rio de Janeiro: Topbooks, 1995.
	392 p.
	Edição bilíngüe, português e francês. Inclui Bibliografia
	1. Poesia francesa. I. Barroso, Ivo. II. Título.
	CDD - 841
94 - 1445	CDU - 840-1

Todos os direitos reservados pela
TOPBOOKS EDITORA E DISTRIBUIDORA DE LIVROS LTDA.
Rua Visconde de Inhaúma, 58 / gr. 203 — Rio de Janeiro — RJ
CEP: 20091-000 Telefax: (21) 2233-8718 e 2283-1039
www.topbooks.com.br / topbooks@topbooks.com.br

Impresso no Brasil

ARTHUR RIMBAUD

POESIA COMPLETA

Tradução e comentários de
IVO BARROSO

3ª edição definitiva

A
Antônio Houaiss
mestre
mago
amigo

I. B.

NOTA DO EDITOR

Para iniciar o projeto de editar a obra completa de Arthur Rimbaud, em 3 volumes, a TOPBOOKS lançou em 1994 a 1ª edição da POESIA COMPLETA, logo reeditada em 1995, a que se seguiu a da PROSA POÉTICA, em 1998, todas há muito esgotadas. Embora falte ainda o 3º volume da série, a CORRESPONDÊNCIA, achou-se oportuno protelar mais uma vez o lançamento deste em benefício da reedição que se impunha dessas duas obras fundamentais.

O aparecimento da POESIA COMPLETA de Arthur Rimbaud marcou uma etapa e fixou um modelo na história da tradução poética no Brasil, pois além do texto bilíngüe, que permite ao leitor acompanhar a transposição de uma língua para outra, o livro vem enriquecido com centenas de notas em que o tradutor não só explicava o significado de vocábulos raros — que aparecem tanto no original quanto na tradução — mas como que abre as portas de sua oficina literária, comentando com o leitor as soluções obtidas, fornecendo-lhe derivantes e opções, dando-lhe a conhecer a exegese dos poemas, transcrevendo ou comentando notas dos mais abalizados estudiosos de Rimbaud, hauridas nos mais de 200 livros consultados e enumerados na Bibliografia que integra o volume. Além desse aparato, por assim dizer, enciclopédico, as notas são pródigas em comentar as qualidades formais dos versos (métrica, rima, aliterações, realces estilísticos, etc), permitindo ao leitor uma apreciação *integral* do poema ao percorrer, com o tradutor, as meandrosas dificuldades da transposição. O texto vem antecedido de um Prefácio do Tradutor em que este analisa a escassa divulgação que se verifica no Brasil de uma obra de tamanha importância e configura o esquema tradutório de que se serviu, o único que lhe parece adequado a um *approach* dessa natureza: o da fidelidade intransigente, que chama o "literal literário". Completam o livro, os Flashes Cronológicos, uma sucinta mas substanciosa biografia de Rimbaud, a mais completa até hoje aparecida entre nós, em que são destacados os aspectos cruciais de sua obra e vida.

Esta 3ª edição, que sai com o significativo subtítulo de "definitiva", sofreu acurada revisão do texto francês (graças à ajuda inestimável de Didier Lamaison) e teve muitas emendas do tradutor, que sempre buscou (como ele próprio diz no prefácio) melhorar o texto "até o último minuto".

PREFÁCIO DA 1ª EDIÇÃO

Por que motivo um poeta da importância de Rimbaud até hoje não fora traduzido integralmente no Brasil? Se Baudelaire conta com várias edições integrais de sua obra magna; se Verlaine desfrutou, até meados do século, de um verdadeiro culto por parte dos poetas simbolistas em profusas paráfrases e versões; o silêncio em torno de Rimbaud é, no mínimo, estranhável, pois a tradução de seus poemas entre nós se reduz a menos de duas dezenas de peças, muitas das quais feitas só recentemente, sob o incentivo das comemorações do centenário de sua morte (1991). É bem verdade que sua obra mais significativa, sobre a qual todos falam, mesmo aqueles que ainda não a leram, Une Saison en Enfer, já circulava entre nós em pelo menos três versões.

Entretanto, dos poemas revolucionários (em vários sentidos), escritos entre 1869 e 1871, anteriores à Saison, a não ser Le Bateau Ivre, Voyelles e Le Dormeur du Val, nada ou quase nada expressivo existia ao alcance do público no Brasil (e em Portugal), como se essa poesia não tivesse sido a grande tônica que marcou a obra de quantos poetas importantes surgiram no decorrer do século nas várias literaturas do mundo. Se os nossos parnasianos e simbolistas se serviram dela para criar sucedâneos poéticos capazes de mexer com o conformismo burguês do princípio do século, nem por isso resolveram revelar suas matrizes mesmo se deformadas pelas paráfrases e traduções livres ao sabor da época, com freqüência feitas por via de uma língua interposta. Da mesma forma, se os modernistas dela se apropriaram para amparar sua pretensa revolução poética e dos meios de expressão da época, longe de trazê-la a público como prova documental, a ela se referiam como um papiro hermenêutico a ser lido apenas pelos críticos e historiadores da literatura, que, a seu critério, distribuiriam ao leitor pinçadas citações quase sempre feitas em francês. Mesmo quando se trata de um crítico-poeta das proporções de um Mário de Andrade, que a considera a princípio precursora e pretende usá-la como trampolim para realizações mais avançadas, o conhecimento dessa poética, longe de o levar à sua divulgação, acaba se transformando num ato falho, em negativa de seu valor, entendido o pronome aqui em ambos os sentidos. Mais tarde, a geração dita de 45 se nutriria toda de seu húmus, pastichando-lhe a dicção com os mais variados sotaques nacionais. Mas pouco se divulgava a fonte. Talvez até o silêncio conviesse, para não se perceber quanto texto "ousado", quanto poema em prosa se envolvia nos cueiros que Rimbaud deixara em Charleville. Mesmo hoje, grande parte da chamada poesia universitária ou marginal fuma o cachimbo de Rimbaud no círculo fechado das produções "da tribo", às vezes até de maneira inocente, procedendo em richote ou de segunda mão, na ilusão de imitar certos padrões estéticos e literários que não passam, eles próprios, de simples sugadores da seiva de Rimbaud. Quanto aos rimbaldianos atuais, só um conjunto feliz de circunstâncias, em geral comemorativas, consegue movê-los a transladar alguns excertos da obra, quase sempre os de mais imediata aceitação, deixando para depois alguns dos momentos altamente expressivos e fortes da criação rimbaldiana.

Mas a divulgação do poeta não foi tranqüila nem mesmo na França. Embora Verlaine já lhe tecesse uma elegia póstuma, quando ainda vivo, e publicasse uma recolha de seus versos em 1895, o conhecimento inicial da obra só se deu a partir da edição de Paterne Berrichon, em 1898, sete anos depois da morte de Rimbaud. Se Berrichon, por um lado, ajuda a divulgá-la — intentando juntamente com sua esposa Isabelle, irmã de Rimbaud, a "reabilitação moral" do poeta — por outro, contribuiu para que certo olhar de cautela fosse lançado sobre a obra, fechando-lhe as portas dos lares bem-pensantes e dos centros oficiais de ensino.

Somente a partir de 1916, quando Paul Claudel resolve associar-se à "reabilitação", com seu famoso prefácio em que o chama de "místico em estado selvagem", é que Rimbaud começa, paradoxalmente — graças ao peso contrário no outro prato da balança — a desfrutar de uma leitura em círculos crescentes, capazes de extravasar os quebra-mares das enciclopédias e antologias, que até então lhe ignoravam o nome. Uma vez transposto o dique, a poesia de Rimbaud se institucionaliza: entra no Larousse de 1930 com duas linhas, ganha o corpo das edições críticas com H. Bouillane de Lacoste em 1939, vira tese na Sorbonne e conquista enfim lugar no panteão francês da poesia.

Com o advento dos surrealistas, Rimbaud vira "moda". E logo se torna mito. E sobre ele, muito mais que sobre sua obra, cresceram (e crescem) ondas de tinta — agora poluídas pelos formulários contínuos dos computadores e das folhas de fax — nas quais a transcendente beleza poética de seu barco ébrio submerge com a marola que levanta a canoa cinematográfica do "contrabandista africano"... De tal forma que, ainda hoje, a luminosa poesia, desse "Shakespeare menino" corre o risco de ser ofuscada pelos *spots* focalizados sobre o "passante considerável".

Não faltam porém aqueles que insistem no conhecimento do texto, na leitura pura e simples de sua poesia, onde as palavras raras se chocam com expressões coloquiais ou termos chulos, em que os latinismos e as desinências científicas convivem com os neologismos e as miscigenações mais extravagantes. Ler a poesia de Rimbaud é se dar conta de um incêndio estilístico, em que esse aventureiro do verbo vai queimando as pontes por onde passou, evoluindo ou mudando de rumo quase a cada verso, numa busca ou numa fuga em direção ao Insabido, ao Transcendente, ao Nada. O texto! Talvez aí esteja a explicação do pouco que nos servem da poesia de Rimbaud, ainda que dela muito se servissem. Sua interpretação, antes ou no momento de veiculá-la, quase sempre dá lugar a hesitações e desestímulos, a impasses e desistências, sob o prisma do tradutor criterioso; ou a simplificações deformantes, improvisos de oitiva, desafinamento de estilo quando tocada no fácil realejo de um intérprete inepto. O silêncio serve de alternativa a ambos.

Durante muitos anos me preparei para entregar ao público brasileiro a tradução da obra completa de Rimbaud e agora vejo realizar-se uma parte de meu intento com a apresentação deste primeiro volume, que contém a poesia completa. Desde os anos 50, quando publiquei uma tradução do Soneto das Vogais no Suplemento Dominical do *Jornal do Brasil*, reduto dos jovens "revolucionários" da época, naquela antemanhã do movimento concretista. O original do poema fora encontrado no belo volume da coleção *Poètes d'Aujourd'hui* das *Éditions Seghers*, apresentado por Claude Edmonde Magny (abril de 1952), o primeiro livro de/sobre Rimbaud que tive em mãos. Anos mais tarde, em 1966, quando fui pela primeira vez a Paris, comprei (3,30 F) num buquinista das margens do Sena — como todo jovem fez ou sonhou fazer na vida — a edição das *Poésies*, na famosa coleção de capa amarela "Aux Quais de Paris", da Librairie Mireille Ceni, e foi nesse exemplar, meu companheiro desde sempre por todos os lugares onde estive, que comecei a aprender de cor, pela leitura quase diária, esses poemas que tanto fascínio exerciam sobre a minha imaginação. Mais tarde, em 1973, enfrentei o desafio de traduzir *Une Saison en Enfer*, no momento em que partia para uma *saison* em terras estrangeiras que durou 25 anos. Quando morava na França, por ocasião do centenário da morte de Rimbaud, empreendi a inevitável peregrinação a Charleville, donde voltei desencantado com o mafuá e a venda de "bentinhos" que ali se armou por ocasião dos festejos. Mas nos quatro anos que lá passei, fiz da leitura, do estudo e da tradução da obra de Rimbaud meu dia-a-dia, desfrutando da cômoda situação de adquirir ou consultar qualquer livro ou documento que me interessasse sobre ela. Freqüentei a *Société des Amis de Rimbaud* (73, rue du Cardinal-Lemoine) onde encontrava os artigos de escassa circulação que me faltava conhecer e podia falar com pessoas que, muito mais que eu, se dedicavam ao estudo sistemático das obras do poeta.

Cada nova corrente crítica a que tinha acesso implicava uma revisão da tradução que progredia lentamente. Até que um dia deram-me o conselho de esquecer tudo, parar de comprar livros e me dedicar exclusivamente a traduzir os versos, senão jamais daria cabo da tarefa. Se consegui chegar ao fim, depois de tê-la dada por completa várias vezes, confesso que até hoje, no último momento de sua publicação, ainda respigo as páginas para mudar aqui um ponto, uma palavra ali, e sei que vou emendá-lo nas próximas edições. E, ao publicá-la, fico na esperança de que o leitor brasileiro possa enfim conhecer a obra de Rimbaud, não só por intermédio da minha tradução, mas de todas as outras que venham a acompanhá-la ou sucedê-la.

Pergunto-me o porquê dessa obsessiva freqüentação da obra de Rimbaud. Atribuí-la a masoquismo intelectual ou falta de atividade criadora seria minimizar o quanto passei (e passo) no labirinto exegético que hoje envolve cada um de seus versos e donde, no entanto, saio recompensado por um simples acerto ou em estado de graça quando imagino o repto vencido. Outra razão teria esse empenho de traduzi-la anos a fio com sacrifício de um tempo que mais me escasseia que me sobra. Pois se sempre vi na tradução o aperfeiçoamento da atividade criadora e do senso crítico, — que, de certa forma, já me inibia de concretizar meu próprio verso — esse parasitismo numa obra alheia, quase antagônica à minha, além de consumir esforços consideráveis, só me podia afastar do rumo a que antes me propunha. Mas o estudo dessa obra, o reconhecimento de sua autenticidade e violência desde logo me convenceram de que nela estava a verdadeira poesia e era mais útil e importante divulgá-la que burilar as filigranas de um responso pessoal. Hoje estou inclinado a crer que fiz de Rimbaud uma missão, para a qual me armei pesada e demoradamente: levar a sua voz — não a minha — aos leitores brasileiros que há mais de um século se privam dessa mensagem de revolta e de renovação. Na medida em que nasce de um conhecimento de causa virtuosístico, adquirido no trato obstinado do idioma e na sua insistência em fazer-o-difícil, este livro é um exemplo para os jovens apressados que acreditam poder chegar à criação poética sem antes dominar o aparato cultural necessário ao grande salto. Para o leitor comum será uma sacudidela no seu conformismo, uma possível tomada de consciência ou a constatação de que através do conhecimento podemos chegar ao contrário de nós mesmos. JE EST UN AUTRE.

Rimbaud é nossa oportunidade — de nós todos! — de continuarmos jovens, de sermos absolutamente modernos.

☆

No que respeita a este primeiro volume — POESIA COMPLETA DE ARTHUR RIMBAUD — queremos que o leitor esteja ciente de alguns princípios que nortearam sua tradução: em primeiro lugar, buscamos traduzir e não recriar, transcriar, parafrasear, poundear ou fazer um poema novo em cima de um motivo de Rimbaud. Por isso que traduzir, para nós, implica uma fidelidade a bem dizer canina, ou fotográfica, em que o tradutor acompanha o original passo a passo, palavra por palavra, expressão por expressão, no intuito de preservar ao máximo possível a forma e a essência do poema em português. Em seguida, procuramos evitar cuidadosamente as inversões, os circunlóquios, as transposições, as alterações dos esquemas rímicos e, principalmente, o enxerto de palavras que não figurassem no original. Penitenciamo-nos de inevitáveis supressões, que contudo tivemos a preocupação de fazer recair sobre os elementos menos imperativos do verso.

Essa fidelidade, no caso de Rimbaud, longe de empobrecer o texto, faz-lhe a devida justiça, pois sua poesia já é suficientemente grandiosa para que se pretenda melhorá-la, reelaborá-la ou — pior que tudo — "modernizá-la", acrescentando-lhe elementos espúrios incompatíveis com sua pureza de diamante. Passado mais de um século da morte de Rimbaud, sua obra continua a soar para todos os que dela se aproximam como a expressão de um poeta além de seu tempo, ou, melhor ainda, além do tempo, sempre novo, sem deixar de ser um clássico em que predomina o mais absoluto respeito pela linguagem e a pureza da expressão. Rimbaud conseguiu dizer tudo, da mais excruciante blasfêmia ao mais despudorado erotismo, sem conspurcar a elegância, a correção e a riqueza da linguagem.

Contudo, essa fidelidade a que nos referimos como sendo o objetivo máximo da tradução, ou, pelo menos, desta tradução, não nos obriga à produção de versos anódinos ou destituídos do centelhamento que identifica a verdadeira poesia. Queremos ser fiéis e, ao mesmo tempo, despertar no leitor brasileiro um sentimento estético, uma empatia semelhante àquela que o leitor francês experimenta diante da peça original. Ao esforço despendido na obtenção dessa árdua dualidade é que se poderia chamar de criatividade ou inventiva. Esforço que se traduziu, em certos casos, numa sucessão de tentativas, que se prolongaram anos a fio, para que se pudesse obter um verso com a cadência do original e concomitantemente sua métrica, suas combinações cromáticas e sonoras, sua *découpage* ou seu alongamento, e até mesmo suas repetições ou cavilhas quando decorrentes de intenção estilística. A volumosa literatura crítica disponível nos permitiu optar por soluções que espelham o resultado dos trabalhos de exegese mais criteriosos, com ênfase nas interpretações da "crítica psicanalítica", que tem feito da obra de Rimbaud um campo inesgotável de pesquisas.

Em nosso trabalho, não tomamos liberdades com Rimbaud; mas houve passos em que, por já nos escassear tempo de vida ou paciência de espera, tivemos de "traí-lo". Nem sempre nos foi possível vertê-lo "sinfonicamente", ou seja, observando imagem, sentido, metro e rima. Em alguns de seus poemas longos, principalmente da fase inicial, entre desfigurar ou simplificar demasiadamente o conteúdo para mantê-lo rimado, a exaustão nos levou a optar por uma transposição "de orquestra de câmara", ou seja, mantivemos a métrica mas sacrificamos a rima. Contudo, em 90% dos poemas a orquestra tradutória se apresenta au grand complet, mesmo nas quase intraduzíveis "gozações" e glosas do Album zutique, onde aparece o desnorteante soneto monossilábico ("O Cocheiro bêbedo"), causador de insônias e frustrações de quantos lhe tentaram acompanhar a carruagem.

Finalmente, quero ser o primeiro a apontar que no transcendente Mémoire ("Memória"), esse verdadeiro Déjeuner sur l'herbe da poesia, em que Rimbaud espreita sobre o muro do verso tradicional a campina sem fim da poesia moderna — que depois dele se estenderá à frente, livre por fim das constrições da métrica e da rima —, nesse poema, extraordinariamente moderno, mas todo vazado em versos alexandrinos regulares e rimados, tomei a liberdade, ou melhor, me coloquei já na óptica de meu tempo, e o traduzi apenas com um ritmo próprio, interior, em versos que Rimbaud ainda não fazia, mas que graças a ele viemos a fazer. Como se fosse a transcrição de uma peça sinfônica para piano solo...

Nossa intenção inicial era publicar este volume totalmente destituído de notas de pé de página ou adendos explanatórios; queríamos que o leitor brasileiro reagisse diante dos versos apenas, sem maiores esclarecimentos. Porém a exegese da obra de Rimbaud se tornou hoje em dia um campo tão vasto que o leitor não versado em francês, ou mais ainda aquele que o seja, haveria de estranhar em muitos passos as soluções tradutórias por nós adotadas, se desconhecesse as razões que nos levaram a elas. Hoje, até mesmo para os leitores de língua francesa, já se torna imperioso o uso de edições críticas ou anotadas em que as peculiaridades do estilo de Rimbaud são apontadas e suas veladas intenções esclarecidas. Por isso o leitor brasileiro encontrará no fim deste volume um repertório de notas em que se busca não só esclarecê-lo sobre os pontos obscuros ou polêmicos dos poemas traduzidos, mas igualmente sobre os motivos que nos levaram a optar por esta ou aquela solução.

IVO BARROSO
(1994)

FLASHES CRONOLÓGICOS

1854

Nasce a 20 de outubro, em Charleville, nas Ardenas, no norte da França, próximo à fronteira belga. Pais: Frédéric Rimbaud, capitão de infantaria, e Vitalie Cuif, filha de proprietários rurais. Frédéric entrara como voluntário para o exército aos 18 anos e fizera uma bela carreira militar, tendo inclusive participado da campanha da Argélia, onde aprendera a falar com desenvoltura o árabe. Seus relatórios do período em que serviu como chefe do Gabinete árabe em Sebdou atestam a elegância e correção de sua escrita, amante que era da gramática de Bescherelle, tendo inscrito em seu exemplar a seguinte epígrafe: "A gramática é a base de todo o conhecimento humano". Em 1852, seu regimento de infantaria estava aquartelado em Mezières, vilarejo gêmeo de Charleville, hoje formando com esta uma única cidade, em ambas as margens do rio Mosa; a banda militar do destacamento vem dar uma retreta em Charleville; todas as desconfortáveis cadeiras de ferro estão ocupadas; Vitalie está de pé e Frédéric lhe cede seu lugar (Rimbaud irá depois evocar sarcasticamente essas matinês musicais em seu poema "À Música"). Nasce o romance que se institucionaliza em casamento, celebrado a 8 de fevereiro de 1853 em Charleville. O primeiro filho do casal, que terá o nome do pai, Frédéric, nascido a 2 de novembro do mesmo ano, não trará muito orgulho a essa família cuidosa de aparências: após um casamento fracassado, acabará condutor de ônibus no vizinho vilarejo de Attigny. Depois do nascimento do segundo filho, Arthur, no ano seguinte, o casal Rimbaud já vive praticamente separado. Sempre servindo em regiões distantes, o pai, após o nascimento de Arthur, só virá a casa em breves ocasiões de suas licenças militares, suficientes contudo para presentear Arthur e Frédéric com três irmãzinhas, atestados de sua regularidade "estritamente militar" (no dizer do coronel Godchot): uma filha, nascida em 1857, que só viveu três meses, e outras duas — Vitalie, nascida em 1858, falecida aos 17 anos, que deixará um diário da viagem feita a Londres, em julho de 1874, em companhia da mãe, para visitar Arthur; e Isabelle, nascida em 1860, grande amiga do poeta, que o assistirá em sua agonia. Após a morte do irmão, casou-se com o escritor Paterne Berrichon (Pierre Duffour) e, juntamente com o marido, tentou "reabilitar" a memória de Arthur, apelando (de boa ou de má-fé) para uma ou outra falsidade.

1860/70

Criança dócil e aluno exemplar, Arthur desperta a admiração de seus colegas e professores, principalmente por sua facilidade em compor versos latinos. Em seus primeiros anos de estudo, conquista praticamente todos os prêmios escolares. Em 1866, sua reconhecida precocidade faz com que os professores o autorizem a saltar uma série sem cursá-la.

Em 8 de maio de 1868, aos treze anos e meio, envia em segredo uma carta ao Príncipe imperial, para homenageá-lo por ocasião de sua primeira comunhão: é uma ode, com sessenta hexâmetros latinos, na qual Rimbaud, a par de alguns barbarismos, se apropria de versos de autores latinos remanejados por ele. A resposta, assinada pelo preceptor, declara que "Sua Majestade ficara muito emocionado com a carta e que, sendo igualmente estudioso do latim, perdoava ao jovem missivista o roubo dos versos alheios".

Em 1869, seu poema em versos latinos, *Jugurtha*, conquista o primeiro prêmio do Concurso Acadêmico e é publicado, bem como dois outros poemas seus em latim (*Ver erat* e *Jamque novus*), no *Moniteur de l'enseignement spécial et classique*. Nesse mesmo ano, começa a compor seus primeiros versos franceses e envia o poema *Les Étrennes des Orphelins* à *Revue pour tous,* que o estampa em seu número de 2 de janeiro de 1870. "Essa precocidade — comenta M. A. Ruff — não é comum, embora encontrável. Para citarmos apenas dois exemplos bem conhecidos, o poema que valeu ao jovem Victor Hugo, mais ou menos com a mesma idade, a menção honrosa da Academia Francesa, pode ser perfeitamente comparado com *Les Étrennes des Orphelins* pela feitura dos versos e pelos dons que nele se apercebem; e Verlaine, se é verdade que a maior parte dos *Poèmes Saturniens,* como é provável, tenha sido composta no colégio, ultrapassa em muito a ambos pelo seu virtuosismo". E arremata: "O caráter excepcional que apresenta a vida literária de Rimbaud, e enche de estupefação os espíritos menos avisados, não se identifica decerto nessa aurora prematura, mas na rapidez fulgurante de uma evolução que o levará, em menos de quarenta meses, aos primeiros rascunhos de *Une Saison en Enfer*".

Ainda em janeiro de 1870, o velho professor de Rimbaud na classe de retórica, M. Feuillâtre, é substituído por um jovem de 22 anos, inteligente, republicano, que se interessa por seus alunos e logo distingue Arthur com sua amizade. Órfão de mãe, Georges Izambard fora criado por suas tias Gindre, que moravam em Douai, uma das quais viera fazer-lhe companhia em Charleville. Criatura bondosa e dotada de espírito, grande leitora, fascina os alunos do sobrinho e principalmente Rimbaud, que lhe confessa não suportar a província e não saber o que fazer quando Izambard se for.

A 24 de maio de 1870, Rimbaud escreve uma carta a Théodore de Banville, acompanhada de três poemas — Sensation, Ophélie e Credo in Unam [Soleil et Chair], — na esperança de que o escritor consagrado os faça publicar na segunda série do Parnasse Contemporain, que se achava em preparação. Alguns trechos da carta: "Caro Mestre, estamos no mês do amor; tenho 17 anos. A idade das esperanças e das quimeras, como se diz — e eis que me pus a cantar, criança tocada pelo dedo da Musa —, perdão se isto é banal — as minhas crenças mais puras, minhas esperanças, minhas sensações, todas essas coisas de poetas —, a que chamo primavera. (...) Dentro de dois anos, de um ano talvez, estarei em Paris, — Anch'io, senhores jornalistas, serei parnasiano! — Não sei o que tenho dentro de mim... que quer subir à tona... — Eu vos afianço, caro Mestre, que sempre adorei as duas deusas, Musa e Liberdade". A resposta de Banville devia encerrar palavras de estímulo, mas os versos não foram publicados.

Em julho desse ano, estala a guerra franco-prussiana, os franceses começam a sofrer as primeiras derrotas. Frédéric, num gesto fanfarrão e irresponsável, apresenta-se como voluntário sem o conhecimento da mãe, que muito sofre com seu desaparecimento até saber do ocorrido. Izambard deixa o colégio e regressa à residência das tias em Douai, com o intuito de alistar-se. Rimbaud nessa mesma ocasião compõe o soneto "Mortos de Noventa e Dois/ Noventa e três". A 29 de agosto, quando estava passeando em companhia da mãe e das irmãs, Rimbaud resolve fugir de trem para Paris na esperança de ver a queda da monarquia, representada por Napoleão III. O bilhete só lhe permite chegar até Saint-Quentin, passando por Charleroi. Mas Arthur prossegue viagem assim mesmo e é detido na gare du Nord, já em Paris, por falta de pagamento de 13 francos que completariam o preço da passagem. Conduzido à prisão de Mazas, onde permanece pelo menos até 5 de setembro, escreve a seu professor e amigo Georges Izambard, que logo o restitui à liberdade e o conduz a Douai, onde Arthur passa semanas residindo em casa das senhoritas Gindre. Segundo alguns comentaristas, com Petitfils à frente, seriam elas as deux grands soeurs charmantes do poema "As Catadeiras de Piolhos". Durante esse período, recebe cartas de sua mãe Vitalie, "tão violentas, tão ameaçadoras, tão brutais" (Izambard), insistindo em sua volta para casa, que Arthur, mesmo a custo, regressa a Charleville entre 27 e 28 de setembro, acompanhado de Izambard. A recepção foi de tal forma acrimoniosa que, já a 7 de outubro, Rimbaud empreende nova fuga, desta vez em direção à Bélgica, onde espera arranjar emprego de jornalista em Charleroi. Desiludido de tal possibilidade, segue para Bruxelas e Douai, hospeda-se novamente em casa das senhoritas Gindre e copia os 22 poemas do chamado recueil Demeny, que confiará a seu amigo, o poeta Paul Demeny, a quem fora apresentado por Izambard. A 1º de novembro, Madame Rimbaud faz com que a polícia traga de volta o filho fujão. O colégio está fechado por causa da guerra entre a França e a Prússia. Charleville e Mezières sofrem bombardeios. Arthur aproveita para ler praticamente todos os livros da biblioteca local, perturbando a paz do bibliotecário e dos velhos leitores, que seriam posteriormente caricaturados no poema *Les Assis*. Distrai-se do tédio em longas caminhadas e palestras com seu amigo. Ernest Delahaye, com quem discute política e filosofia — palestras evocadas mais tarde pelo amigo em *Rimbaud, l'artiste et l'être moral* (1923) e principalmente em *Souvenirs familiers* (1925), que contêm lembranças bastante vívidas desses tempos de camaradagem.

1871

Charleville é ocupada pelos alemães. A 28 de janeiro é firmado o armistício. A 25 de fevereiro, Rimbaud, com o produto da venda de seu relógio de prata, empreende, de trem, sua terceira fuga em direção a Paris. Após errar quinze dias pelas ruas da capital, regressa a pé a Charleville, passando pelas linhas inimigas e dizendo-se franco-atirador para os camponeses que lhe dão pousada. Em março, instala-se a Comuna de Paris; Rimbaud recebe a notícia com alegria e manifesta vivos sentimentos *communards;* redige um Projeto de constituição comunalista (segundo testemunho de Delahaye), que se terá perdido. A reabertura do colégio, marcada para 23 de março, leva-o a nova e controvertida fuga para a capital, onde se teria engajado nos corpos da Comuna e estagiado na caserna de Babylone. Seus poemas dessa época assinalam para esse engajamento: "Canto de guerra parisiense", "As mãos de Jeanne-Marie", "Paris se repovoa". Em maio, está de novo em Charleville, e escreve a Izambard e a Demeny cartas de capital importância para o conhecimento de suas novas teorias estéticas e de seu método de vidência. A que enviou a Demeny, a 15 de maio, tornou-se conhecida como a "Carta do Vidente", a propósito da qual, no dizer de Suzanne Bernard, "já correram mares de tinta, embora seja necessário recorrer-se permanentemente a esse texto essencial — desajeitado, sem dúvida, cheio de cortes bruscos, onde turbilhonam milhares de idéias e em que um furor iconoclasta se mescla à evocação de leituras recentes: mas que define perfeitamente o programa de uma poesia que se propõe ao mesmo tempo à exploração do ignoto e a uma triunfante marcha em direção ao progresso". Vejamos alguns trechos: "Porque *Eu* é um outro. Se o cobre acorda clarim, nenhuma culpa lhe cabe. Para mim é evidente: assisto à eclosão do pensamento, eu a contemplo e escuto. Tiro uma nota ao violino: a sinfonia agita-se nas profundezas ou ganha de um salto a cena.

Se os velhos imbecis tivessem descoberto algo mais que a falsa significação do Eu, não teríamos de varrer os milhões de esqueletos que, desde um tempo infinito, vêm acumulando os produtos de sua inteligência caolha, arvorados em autores! (...) Afirmo que é preciso ser *vidente*, fazer-se *vidente*. O Poeta se faz *vidente* por meio de um longo, imenso e racional *desregramento de todos os sentidos*. Todas as formas de amor, de sofrimento, de loucura; buscar a si, esgotar em si mesmo todos os venenos, a fim de só reter a quintessência. Inefável tortura para a qual se necessita toda a fé, toda a força sobre-humana, e pela qual o poeta se torna o grande enfermo, o grande criminoso, o grande maldito, — e o Sabedor supremo! — pois alcança o *Insabido*. (...) Logo, o poeta é um verdadeiro roubador de fogo. Responde pela humanidade e até pelos *animais*; deveria fazer com que suas invenções fossem cheiradas, ouvidas, palpadas; se o que transmite *do fundo* possui forma, dá-lhe forma; se é informe, deixa-o informe. Achar uma língua; afinal, como toda palavra é idéia, a linguagem universal há de chegar um dia. (...) Essa língua será da alma para a alma, resumirá tudo: perfumes, seres, sons: pensamento que se engata a um pensamento e o puxa para fora. O poeta seria o indicador da quantidade de desconhecido despertada em seu tempo na alma universal; daria mais: a fórmula de seu pensamento, a anotação de *seu avanço no Progresso*! Enormidade se fazendo norma, absorvida por todos, ele seria verdadeiramente *um multiplicador de progresso!*"

Rimbaud está brevetado para o grande vôo. Enfrenta uma crise de violento anticlericalismo e anticristianismo; envia a Banville o poema "O que dizem ao poeta a propósito das flores", em que defende a idéia de uma poesia e de uma natureza utilitárias: "— Em suma, uma Flor, Rosmarinho/Ou Lírio, viva ou morta, vale/O excremento da ave marinha?", em que opõe cruamente a utilidade industrial do guano à futilidade da flor por si mesma. A atitude poética é, de certo modo, incoerente com seu propósito firme de jamais trabalhar, mantendo-se permanentemente disponível à "vidência". Vive pelos cafés e pelas ruas a escandalizar os burgueses, a interpelar os padres que passam (cf. "O Castigo de Tartufo"), a assustar pessoas que entram nas lojas. Aconselhado por seu amigo Auguste Bretagne, que lhe revelou a democracia revolucionária — assim como seu professor Georges Izambard o introduzira na filosofia materialista — escreve uma carta a Paul Verlaine, que, entusiasmado com os versos recebidos, o convida a vir morar em Paris: *Venez, chère grande âme, on vous attend, on vous désire* — são as palavras-passaporte de Verlaine que o levam, não mais em fuga, a caminho da Paris com que sonhara. Com a passagem, comprada por cotização dos amigos de Verlaine, de roupa nova, presente da mãe, satisfeita ou pelo menos resignada com a perspectiva que se abre para o filho — Rimbaud embarca, em meados de setembro, levando embaixo do braço o *Bateau Ivre* — que acabara de compor, e com o qual fará seu *début* nos círculos literários da capital.

17

Verlaine estava casado desde outubro de 1870 com Mathilde Mauté, jovem de 16 anos, que lhe fora apresentada pelo meio-irmão desta, Charles de Sivry, amigo do poeta. Por falta de recursos e de emprego, e com a esposa grávida, Verlaine apela para o auxílio dos sogros que habitam um prédio assobradado na rue Nicolet, 14, onde o casal passa a residir. Viúva do marquês de Sivry e casada em segundas núpcias com Théodore Jean Mauté, proprietário rural, que se encontrava na ocasião ausente, caçando na província, a sogra de Verlaine, de espírito dócil e conciliador, é facilmente convencida por ele a acolher provisoriamente Rimbaud, anunciado como um poeta de talento, que ficaria alojado numa espécie de mansarda, a qual já servira de refúgio a amigos menos afortunados de seu filho Charles. Verlaine vai com o amigo Charles Cros à estação de Estrasburgo (hoje *gare de l'Est*) esperar Rimbaud, mas não encontram ninguém que corresponda à figura que tinham em mente. Com o desencontro, Rimbaud segue diretamente para a rue Nicolet e é recebido à porta por Mathilde, que assim descreve a "primeira impressão" que lhe causou o poeta de Charleville: "Era um rapaz alto e forte, de faces coradas, um homem do campo. Tinha o aspecto de um colegial que se desenvolvera de repente, pois as calças encurtadas deixavam à mostra meias de lã azuis que os cuidados maternais haviam tricotado. Cabelos hirsutos, gravata retorcida, traje negligente. Olhos azuis, muito bonitos, mas onde havia uma expressão dissimulada que, em nossa indulgência, acreditamos fosse timidez".

A timidez de Rimbaud logo se revela revolta. Apresentado por Verlaine ao círculo literário *Les Villains Bonshommes*, assusta a todos com seu talento e irreverência. Participam do grupo: Mérat, os irmãos Cros, Valade, Blémont, Ernest D'Herville, Jean Aicard, Bracquemond, o desenhista e fotógrafo Carjat (já famoso por sua extraordinária fotografia de Baudelaire) e também Fantin-Latour (autor da tela *Le Coin de Table*, hoje no Louvre, em que Rimbaud figura entre Verlaine e Léon Valade, e para a qual posou uma só vez). Valade, grande admirador de Rimbaud, chamando-o de "o Diabo entre os doutores", assim se expressa a propósito da sessão excepcional em que o poeta de Charleville foi apresentado aos "colegas" parisienses: "Foi então exibido, sob os auspícios de Verlaine, seu inventor, e sob os meus, seu João Batista da *rive gauche*, um *espantoso* poeta de menos de dezoito anos, que se chama Arthur Rimbaud. Mãos grandes, pés enormes, rosto absolutamente *infantil*, próprio de uma criança de treze, olhos azuis profundos, caráter mais selvagem do que tímido — eis o garoto, cuja imaginação povoada de forças e corrupções inauditas, fascinou ou atemorizou a todos". Vê-se que o entusiasmo trai certa desconfiança, e a agressão subseqüente de Rimbaud talvez possa ser atribuída a um mecanismo de defesa contra o desdém que sua pouca idade e sua origem provinciana seriam fáceis de despertar. O primeiro veneno é destilado num *potin* do jornal *Le Peuple Souverain*, de 16 de novembro, a propósito da estréia de uma peça em versos, de Glatigny, no teatro Odéon: "O Parnaso compareceu *au complet*, desfilando e palestrando no *foyer*. O poeta saturniano, Paul Verlaine, estava de braço com uma encantadora e jovem criatura, Mlle. Rimbaut [sic]." O pseudônimo do autor da nota encobria um dos participantes do grupo, Lepelletier, que seria mais tarde um dos grandes defensores de Verlaine contra a imputação de homossexualismo. A nota teria, pois, o intuito, tratando-o de *mocinha*, de irritar o jovem da província, ansioso de ser levado a sério e de ser considerado adulto e maduro pela "gente" de Paris. André Gill via nele "um malandrinho" apenas; e Lepelletier, o da nota malévola, chamou-o de "asno lúgubre" (verdade que Rimbaud o chamava de "mijão de tinta"!). O cenáculo, em que pese a participação de Verlaine, tinha mais sentido gastronômico e social que verdadeiramente literário, pois suas produções em conjunto (o chamado *Album Zutique*) não passam de uma série de gozações, pastiches e traquinagens verbais, onde naturalmente sobressai a verve' mesmo aí genial de Rimbaud.

1872

Os *Villains Bonshommes* costumavam reunir-se no Hôtel des Étrangers, na rue Racine, 2, onde Rimbaud passara a residir, após desentender-se com os Mauté e depois de haver sido alojado sucessivamente por vários amigos de Verlaine. Em janeiro desse ano, no banquete tradicional do grupo, o caldo entorna. Nesse dia, reunidos na sobreloja de uma *brasserie* da rue de Vieux-Colombier, está presente um Rimbaud tresandando sarcasmo. Um dos participantes começa a declamar e Rimbaud, irritado com a mediocridade do poema, interrompe cada verso com um "Que merda!". Carjat toma as dores do declamador e agarra Arthur pelo pescoço; Rimbaud reage, apoderando-se de uma bengala-estoque de Verlaine, e fere na mão o artista fotógrafo a quem devemos sua melhor fotografia.

Os dois amigos passam a freqüentar os cafés do Quartier Latin. Verlaine, que vem de uma tradição alcoólica só interrompida com a gravidez da esposa, retorna ao vício após o nascimento do filho, e pede mais. Não se sabe ao certo quem iniciou quem no uso do haxixe e do absinto, mas é certo que ambos se serviam desses estimulantes, tanto no recinto privado do *Círculo* quanto já abertamente nos cafés. Delahaye, o fiel amigo da província, encontrou Rimbaud certa vez adormecido sob um banco, quando foi visitá-lo no *Cercle Zutique* à época em que Arthur ainda ali pernoitava: "Despertando à nossa chegada, esfregou os olhos fazendo uma careta, falou que havia mastigado haxixe e acrescentou: 'Achava graça em me passar por um porco :mundo'". Numa carta, datada de *Jumphe* [junho] 72, confessa ao mesmo Delahaye: "Viva a Academia do *Absomphe* [absinto], apesar da má vontade dos garçons! É o mais delicado e arrepiante dos hábitos, essa embriaguez por virtude da salva [nome de planta] das geleiras, o *absomphe*! Mas para, depois, dormir na merda!"

A camaradagem com Rimbaud provoca freqüentes crises entre Verlaine e a esposa, cuja sociedade conjugal jamais fora tranqüila. Após nova cena de brutalidade e embriaguez, Mathilde resolve abandonar Verlaine, aconselhada pelo pai, que a acompanha ao Périgueux, com o filhinho recém-nascido. Desta vez a briga é séria e registra-se a tentativa de uma separação legal de corpos. A alegação se faz exclusivamente por motivo de embriaguez, sem qualquer menção ao nome de Rimbaud. Este, provavelmente para facilitar a reconciliação de Verlaine com a esposa, volta a Charleville, onde permanece de março a maio, embora haja a versão de Paterne Berrichon, de que Vitalie Cuif, a mãe de Rimbaud, havia recebido uma carta anônima [provavelmente de Verlaine ou de alguém da família Mauté] denunciando a má reputação de Rimbaud em Paris, o que faz com que ela o intime a voltar para casa, ameaçando recorrer à polícia. São dessa época os poemas da chamada "última fase" (seus derradeiros versos conhecidos foram compostos em julho de 1872). Atendendo a um chamado de Verlaine, retorna contudo a Paris em fins de maio; Paul não conseguira "remendar seu casamento": continuam as brigas, agressões físicas, tentativa de estrangular a esposa, de se apossar das armas de caça do sogro, de magoar a criança. Diante desse clima, Rimbaud resolve se mandar para a Bélgica, e Verlaine, para segui-lo, acaba abandonando Mathilde, mas da Bélgica lhe envia um bilhete tranqüilizador, e ela então, acompanhada da mãe, parte ao encontro do marido. Tudo azul. No dia 21 de julho, seguem, de trem, de regresso a Paris. Mas, na fronteira, Verlaine salta para comparecer à fiscalização aduaneira e, quando o trem reinicia a marcha, as duas mulheres o vêem parado na plataforma. É Mathilde quem lembra: "Suba depressa! — gritou-lhe minha mãe. — Não, vou ficar! — respondeu, apertando com o punho o chapéu na cabeça. E nunca mais o vi." Dias depois, Mathilde recebe a espantosa carta que a fez desistir para sempre do marido: "Miserável maga manhosa, princesa camundonga, percevejo à espera de unhas e urinol, és a culpada de tudo, talvez até de destruir o coração de meu amigo! Vou procurar Rimbaud, se ele ainda me quiser depois da traição que cometi por tua causa". O "esposo infernal" aceita de volta a "virgem louca"; está farto de conhecer sua fraqueza, sua terrível dependência e insegurança; mas a admiração que o levara a querer transformar a burguesia acomodada de Verlaine em "verdadeira vida", em fazer dele "um filho do Sol", vai-se tornando desprezo ou complacência pela "pobre alma". Em setembro embarcam ambos para Londres, onde encontram numerosos *communards* refugiados, inclusive Eugène Vermersch, que lhes cede um quarto no 34-35 da Howland Street. Quando o dinheiro (de Verlaine, provavelmente) acaba, os dois passam a dar aulas de francês para sobreviver. As bebedeiras de sempre, as disputas, a miséria, acrescida, para Verlaine, das lembranças da esposa. Rimbaud resolve dar o fora. De novo, o ponto de apoio familiar de Charleville — sua obsessão mais torturada.

<h1 style="text-align:center">1873</h1>

Verlaine, abandonado, cai doente; convoca a esposa e a mãe. Mathilde se recusa a ir; vai Mme. Verlaine, mas não é o bastante para restabelecer o filho. Recorrem a Rimbaud, a quem Mme. Verlaine envia o dinheiro da passagem. Arthur vai, mas percebendo a "simulação" de Paul, recusa-se a ficar por muito tempo. Ei-lo de volta a Roche em princípios de abril, e lá começa a escrever o *Livro Negro* ou *Livro Pagão*, que será, mais tarde, *Une Saison en Enfer*. Verlaine também não se demora em Londres; em maio está na Bélgica, escreve a Rimbaud: "Maninho, tenho muitas coisas a te dizer... Talvez amanhã te escreva sobre os projetos que tenho, literários e outros. Ficarás satisfeito com tua velha porca". Encontram-se a 24 de maio, e não se sabe quem convenceu o outro a voltarem a Londres, onde chegam a 27 e vão morar no nº 8 da Great College Street. A situação é, desta vez, ainda mais insuportável. Tudo é briga. Verlaine vem da rua trazendo a magra provisão de uma ceia nada freqüente. Rimbaud, da janela, lhe grita: "Que ar de babaca com esse arenque e a garrafa na mão!" A situação se inverte: desta vez é Verlaine quem faz as malas, vai-se embora e deixa Arthur praticamente na miséria. Do navio lhe telegrafa dizendo que vai tentar, pela última vez, a reconciliação com a esposa e, caso falhe, se matará. A resposta de Rimbaud destrói a constante forte de seu comportamento de até então; é melosa, lacrimogênea, de menor abandonada pelo sedutor: "Volta, volta, querido amigo, único amigo, volta. Juro que serei bom. (...) Há dois dias que não paro de chorar (...) Quando te fiz sinal para desceres do navio, por que não vieste? Vivemos dois anos juntos para chegarmos a isto! (...) Sim, eu estava errado. Oh! não me esquecerás, não é verdade? (...) Teu por toda vida". E, em P.S.: "...Ó volta, torno a chorar a cada hora. Se quiseres, irei a teu encontro (...) Se não puder te ver mais, me engajarei no exército ou na marinha". Não há exagero na tradução; em francês as palavras soam igualmente inacreditáveis, vindas de Rimbaud.

Verlaine se instala em Bruxelas, à espera da esposa e da mãe, mas só aparece a última. E Rimbaud! que chega dias depois, a *seu chamado*. Estão os três hospedados no Hôtel de Courtrai, os amigos num quarto, a mãe em outro. A 10 de julho, Rimbaud decide ir embora: Paris. Verlaine, sentado numa cadeira à sua frente, a porta trancada a chave, empunha um revólver (que comprara na véspera) e dispara dois tiros contra ele. Uma bala o atinge no punho. Ajudada pelos hóspedes, Mme. Verlaine consegue penetrar no quarto, onde o filho está "como louco", e conduz o ferido ao Hospital Saint-Jean. Braço na tipóia, Arthur insiste em partir, Verlaine suplicando o contrário. Por fim, os três se dirigem à estação: à frente, a mãe e Verlaine, que traz o revólver no bolso; logo atrás, Rimbaud, que os segue. De repente Verlaine se volta; Rimbaud, temendo um novo disparo, corre em direção de um guarda e pede que prenda o amigo. Verlaine é preso, processado e condenado a dois anos de detenção na penitenciária de Mons, onde se converterá ao catolicismo. Rimbaud retorna a Charleville a 20 de julho e se dirige a Roche (a propriedade rural da família), abatido, desesperado. Lá, horas trancado no sótão, escreve entre julho e agosto a prosa abissal de *Une Saison*. Para muitos críticos, eis o ponto final de uma carreira literária.

1874 / 78

A vida de Rimbaud é daqui por diante uma série de fugas e retornos a casa. De Paris, onde trava conhecimento com o poeta Germain Nouveau (outro louco, outro andarilho), desejando aprofundar seus conhecimentos de inglês para empreender grandes viagens, segue em companhia deste para Londres, onde viverá por todo o ano de 74 dando lições de francês em vários colégios na Inglaterra e na Escócia. Alguns comentaristas datam dessa época As *Iluminações* — para outros o livro mais importante de Rimbaud. Em julho recebe a visita da mãe e da irmã Vitalie, que passarão com ele todo o mês. Em janeiro de 75 regressa a Charleville e vai, logo após, para Stuttgart, a fim de aprender alemão e trabalhar como preceptor.

É aí que Verlaine, após cumprir a pena reduzida para um ano e meio, vai encontrá-lo para convertê-lo. A conversa termina em pizza, com Verlaine completamente embriagado pela cerveja que lhe oferece Rimbaud, e caído num fosso. Eis o encontro, descrito pelo próprio Rimbaud, numa carta a Delahaye, datada de 5 de março de 1875: "Verlaine chegou aqui um dia destes, um terço nas pinças... três horas depois já havíamos renegado seu deus e o feito sangrar as 98 chagas de N.S. Passou aqui dois dias e meio, muito moderado e diante de minha *remonstração* retornou a Paris (...)". Será o último encontro dos dois, sem pugilato ou tentativas de homicídio, mas também sem nada de *happy end*. Rimbaud viaja. Deixa Stuttgart a pé e percorre a Itália, adoece em Milão, é cuidado por uma senhora italiana (a *vedova molto civile*, a quem alude Verlaine), segue para Brindisi, mas, de novo doente, é repatriado pelo cônsul francês em Livorno a 15 de junho de 1875. Novo regresso a Charleville, onde passa o inverno a estudar línguas, principalmente o espanhol. Nessa temporada, perde a irmã mais velha, Vitalie, morta a 18 de dezembro.

Em abril de 76, chegando a Viena, é roubado por um cocheiro e acaba expulso do país. Em maio está na Holanda, se engaja no exército colonial holandês, recebendo adiantado o soldo de trezentos florins; embarca no *Prinz van Oranje* e, em julho, chega à Batávia, mas deserta três semanas depois e foge através de 200 km de florestas para alcançar o porto de Samara, de onde retorna à Europa a bordo de um veleiro inglês, e está de novo em casa a 31 de dezembro desse ano.

Em 1877 visita Bremen e Hamburgo, onde se emprega como intérprete do circo Loisset, e como tal percorre a Dinamarca e a Suécia, donde se faz repatriar pelo cônsul francês em Estocolmo. Em setembro toma um navio em Marselha com destino a Alexandria, mas, adoecendo em viagem, é desembarcado em Civita-Vecchia, visita Roma e regressa a Charleville, onde passa o inverno.

Na primavera de 78 está de novo em Hamburgo, querendo empregar-se numa firma importadora de produtos coloniais, para ser enviado ao Oriente; sem êxito, retorna a Charleville, via Paris. Finalmente, em outubro, atravessa os Vosges (quase sempre a pé, na neve), passa pela Suíça, cruza o São Gotardo (ainda a pé), alcança Lugano e daí segue de trem para Gênova, embarcando a 19 de novembro para Alexandria. Em dezembro desse ano trabalha de capataz numa pedreira para a firma francesa E. Jean & Thial fils, com filial em Chipre.

Rimbaud, que não perde contato com a família, escreve aos seus, de Chipre: "Tudo que existe aqui é um caos de rochas, o riacho e o mar. Uma casa apenas. Nada de campos, nem jardins, nem árvores. No verão o calor chega a 80 graus. Agora temos 50 quase sempre. É inverno. Chuva, às vezes. Alimentamo-nos de caça, de aves, etc. Todos os europeus caíram doentes, menos eu. Éramos ao todo uns vinte, se tanto. Os primeiros chegaram a 9 de dezembro. Três ou quatro já morreram. Os trabalhadores cipriotas vêm das cidades circunvizinhas; chegamos a contratar uns sessenta por dia. Sou eu quem os dirige; anoto as diárias, disponho do material; faço relatórios à Companhia, incumbo-me da alimentação do pessoal e controlo as despesas e os pagamentos".

Capataz; despenseiro; caixa... Os trabalhadores, na sua ausência, invadem a barraca, furtam o dinheiro. Arthur convoca o operariado, apela para a moral, a consciência, procura os culpados, encontra os ladrões, recupera o dinheiro, não sem dificuldades ("O calor é fortíssimo. As pulgas, dia e noite, um suplício horrível. Sem falar nos mosquitos. Temos que dormir à beira-mar, na orla do deserto. Tive desentendimentos com os empregados e foi preciso munir-me de armas"). O calor! a sede (desta vez já não mais a sede espiritual de *Une Saison...*), a febre! — Rimbaud bebe água salobra e contrai tifo.

Roche, o porto, o apoio, o umbigo. Chegando via Marselha, toma um trem para Vouziers e vai curtir em casa sua febre. Nessa época, visitado pelo sempre fiel Delahaye, que lhe faz perguntas sobre literatura, responde: "Nem penso mais nisso".

1880

Na primavera, retorna a Chipre. As coisas não andam bem para os Srs. E. Jean & Thial fils. Rimbaud vai ao Egito, nada a fazer; retorna a Chipre, encontra os antigos patrões à beira da falência. Sai para outra: apontador e vigia de obras na construção de uma residência de verão para o governador da ilha. Mas logo se desentende com o pagador-geral, e o engenheiro inglês, chefe da construção; de posse de quatrocentos francos — uma pequena fortuna — deixa o emprego e retorna ao Egito, onde terá início a grande aventura. "Após buscar trabalho em todos os portos do mar Vermelho" — relata, com minúcia, Miss Enid Starkie, a biógrafa inglesa que levantou praticamente tudo o que se sabe sobre a "aventura africana" de Rimbaud — emprega-se na firma Viannay, Mazeran, Bardey et Cie., que opera em Aden, principalmente no comércio de café e couros. Com um contrato por três anos e salário de cento e cinqüenta rupias por mês, mais alimentação e alojamento, é logo designado para abrir uma filial da firma em Harar, onde chega a 13 de dezembro, "após vinte dias a cavalo através do deserto da Somália".

1881 / 83

Além dos trabalhos de agente comercial de produtos primários, Rimbaud começa a fazer negócios por conta própria, empreende expedições para adquirir marfim e peles, torna-se explorador de regiões desconhecidas. Em cartas dessa época está sempre pedindo à família que lhe envie livros técnicos: manual teórico e prático do explorador, tratados de metalurgia e hidráulica, guias práticos de todos os ofícios. Encomenda um teodolito de viagem e até uma câmara fotográfica, com a intenção de se tornar lambe-lambe. Manda à família fotos suas, e as que foram preservadas mostram um Rimbaud "negro", de face descarnada, vestido de branco, cabeça raspada, mão na cintura ou na gola do paletó. No fim de 1881, envia à mãe todas as suas economias e lhe pede que as coloque a juros.

Em janeiro de 1882 retorna a Aden; a firma em que trabalha, e com a qual vive em constantes disputas, encarrega-o de explorar o deserto da Somália e o país de Gala. Rimbaud envia relatos à Sociedade de Geografia da França, e espera (em vão!) ser por ela contratado para outras viagens de reconhecimento. Por iniciativa própria, explora as terras desconhecidas do Ugadine. É o primeiro europeu a percorrer o rio e a penetrar até Bubasse, expedição cujo relato será publicado pela Sociedade de Geografia. Em 1883 está de volta a Harar. A irmã (Isabelle) quer visitá-lo na África. Rimbaud dissuade-a: "Isabelle está doida em querer visitar-me neste país. Isto aqui é um fundo de vulcão, sem uma folha de mato. A única vantagem reside no clima salubre e nos bons negócios que se podem fazer aqui. Mas, de março a outubro, o calor é excessivo. Agora que estamos no inverno o termômetro está marcando 30 graus à sombra e não chove nunca. Há bem um ano que durmo permanentemente ao ar livre. Pessoalmente gosto muito do clima, pois sempre tive horror à chuva, à lama e ao frio. Contudo, em fins de março, é provável que tenha de voltar a Harar. Lá, é região montanhosa, bastante elevada; de março a outubro chove sem parar e o termômetro cai para 10 graus. A vegetação é magnífica, mas há febres". Aconselha a irmã a casar-se, com algum pretendente sério e instruído que surja, alguém de futuro. "Quanto a mim, arrependo-me de não ser casado, de não ter família. De que servem todas essas idas e vindas, todas essas fadigas e aventuras em meio a raças estranhas, e essas línguas de que se tem que atulhar a memória, e a trabalheira insana, se não puder um dia, daqui a alguns anos, descansar num lugar que me apraza um pouco e ter mulher e um filho ao menos a quem dedique o resto de minha vida, a educá-lo de acordo com minhas idéias, a dotá-lo e armá-lo da mais completa instrução que houver à época, e a quem antevejo tornando-se um engenheiro de nome, poderoso e rico em função da ciência? Mas quem sabe quanto poderão durar meus dias aqui nestas montanhas? E posso desaparecer no meio dessas tribos sem que haja sequer a notícia que morri". O futuro está distante. Em 1844, Rimbaud — segundo alguns testemunhos — está vivendo em companhia de uma jovem abissínia, a quem pretende esposar depois de vê-la instruída pelas irmãs católicas da Missão em Aden. Com essa moça, desenvolve seus conhecimentos das línguas da região, pois pretende com ela seguir para a Abissínia e daí retornar à França, quando estiver bem rico. Sobre este fato, Pierre Mill construiu a lenda de um Rimbaud-senhor-de-harém, provavelmente para encaixar o *mot d'esprit* de que Arthur aprendia línguas e dialetos servindo-se de "dicionários vivos, encadernados a pele".

1884/87

Rimbaud está com trinta anos. Já economizou quinze mil francos. A filial em Harar da Bardley et Cie. entra em liquidação. Arthur passa a trabalhar apenas para o Sr. Bardley, "numa grande construção de pedras com arcadas à italiana". Enquanto isso, na França, Verlaine está publicando, na coleção *Les Poètes Maudits* uma evocação de Rimbaud acompanhada de seis poemas inéditos, entre os quais o soneto das Vogais e o *Bateau Ivre.*

Em fins de 1885, Rimbaud desfaz a sociedade com Bardley, que lhe passa uma declaração afirmando só poder "louvar seus serviços e sua probidade". Arthur associa-se a Pierre Labatut, estabelecido em Ankober (Choá), para uma arriscada empresa: o tráfico de armas. Está à frente de uma caravana que deve partir de Tadjurá, pequeno porto nas costas do Dankali, em frente a Djibuti, levando principalmente armas ("velhos fuzis de pederneira deformados") destinados a Menelik, *negus* da Etiópia, que vai empreender, com apoio dos italianos, a luta pela independência do país, sob o poder dos ingleses. A licença de importação é negada pelos franceses; Rimbaud e Labatut recorrem; Labatut, que empregou na operação somas consideráveis, desloca-se para a França, onde acaba morrendo de câncer poucos meses depois. Arthur procura reunir sua caravana à de Soleillet, explorador e traficante ocasional, mas este também morre, em Aden, vítima de insolação. Rimbaud tem que assumir sozinho o comando da caravana, uma empresa terrível e perigosa — "uns cinqüenta dias de marcha a cavalo através de desertos abrasadores", onde outra caravana acaba de ser massacrada. E enquanto Arthur atravessa desertos em marchas extenuantes, consumindo suas energias no transporte de armas, Verlaine, em Paris, publica *As Iluminações* na revista *La Vogue* (16.5.86), que apresenta o autor como "o falecido Arthur Rimbaud, um morto equívoco e glorioso". Rimbaud está às voltas com faturas: 2.040 fuzis a cápsula, 60.000 cartuchos Remington...

A viagem, em vez de 50 dias, consome quase quatro meses; Rimbaud chega a Ankober em fevereiro de 1887. Mas Menelik já não está lá. Acaba de conquistar o Harar, esmagando a guarnição egípcia que defendia a cidade, e instala-se em Antotto, antiga capital do Choá (que é hoje Addis Abeba). Não há marcha de que Rimbaud, o africano, retroceda. Lá vai ele para Antotto.: "É infatigável" — anota o explorador marselhês Borelli em seu diário. "Sua aptidão para as línguas, uma grande força de vontade e uma paciência a toda prova são de molde a classificá-lo entre os viajantes mais consumados". Menelik recebe a caravana com satisfação, apossa-se imediatamente das armas; quanto ao pagamento, vai estudar o assunto com calma. Não deve nada a Rimbaud — concluirá alguns dias depois. Seu trato fora com Labatut, que sabe morto. "Vi-me assaltado por um bando de falsos credores de Labatut, tendo à frente Menelik, que me roubou, em seu nome, 3.000 táleres. Para evitar fosse integralmente expoliado, pedi a Menelik que fôssemos pagos em Harar". A expedição "acabou muito mal", dirá em carta à família, a quem colocava sempre a par de seus negócios. Rimbaud está arrasado em seu retorno a Harar; para descansar um pouco, vai ao Cairo, donde escreve aos seus em 23 de abril de 1887: "Meus cabelos estão completamente grisalhos, sinto que minha existência periclita. Tenho medo de perder o pouco que juntei. Imaginem que carrego continuamente comigo, atados à cintura, dezesseis mil e poucos francos-ouro, que pesam cerca de oito quilos e me provocam desinteria. Contudo, não posso ainda regressar à Europa por uma série de razões... Mas não ficarei por muito tempo mais nestas paragens; estou sem emprego. Serei obrigado a voltar para o Sudão, a Abissínia ou a Arábia. Talvez irei a Zanzibar, talvez à China ou ao Japão, quem sabe?" Em outubro, estava de volta a Aden.

1888/91

O arriscado lucro do tráfico de armas atrai Rimbaud mais uma vez. Ei-lo na Etiópia com uma caravana de duzentos camelos, transportando três mil fuzis para vendê-los ao *dedjatch* Makonnen. Quer importar material para fabricar armas. Diante das dificuldades, volta a fixar-se em Harar, onde abre um entreposto por conta própria. Passa dos fuzis ao armarinho e à quinquilharia, à exportação de ouro, marfim, peles e café. A alusão de que teria traficado escravos não passa de aleivosia ou tentativa de tornar ainda mais colorida uma existência já demasiado aventurosa. De fato, certa vez indagou do suíço Alfred Ilg, primeiro-ministro de Menelik, se lhe podia vender dois escravos e um mulo, naturalmente para uso próprio. Daí concluir-se que Rimbaud se dedicava ao contrabando de escravos vai um grande passo no caminho das mistificações de toda natureza que se teceram em torno de seu nome e de sua vida...

Em agosto de 1888 está empregado com Cesar Tian, e dirige uma feitoria. Época de bons negócios. Em três anos, suas economias superam o que juntou durante os sete precedentes. Em maio de 1891 chegará na França com 37.450 francos, enquanto em agosto de 1887 declarava possuir apenas 16.000, que deposita no Crédit Lyonnais do Cairo. Em 1890 está com 37 anos. Na França, desde 1888, seu nome volta ao comentário das rodas literárias. Verlaine publica um estudo dedicado a ele na coleção *Hommes d'aujourd'hui* e, julgando-o morto, escreverá em sua memória o poema *Læti et errabundi*, em que evocará suas andanças da juventude.

Em fevereiro de 1891, escreve à sua *chère maman*: "Agora não ando bem de saúde. A perna direita, pelo menos, está atacada de varizes que me fazem sofrer bastante. Eis o que se ganha depois de penar nestes tristes lugares! E as varizes se complicam com o reumatismo. Não que faça frio aqui, o clima é que causa tudo isso. Hoje faz quinze dias que não consigo pregar o olho à noite um só minuto por causa das dores nesta maldita perna. Iria de bom grado para Aden, mas acontece que me devem muito dinheiro aqui e se eu me fosse acabaria por perdê-lo. Mandei comprar em Aden uma meia elástica para varizes, mas duvido que encontrem". E prossegue, pedindo à mãe que lhe mande tais meias, para cuja adequada aquisição fornece todos os detalhes: "As de seda são as melhores, as mais resistentes. Não deve ser coisa cara, creio. Mas, seja como for, reembolsarei". A 15 de março, Rimbaud não se mantém mais de pé. Manda instalar a cama entre a caixa, os livros de contabilidade e a janela, de modo a poder, deitado, controlar o trabalho dos empregados e fazer os pagamentos. Dia a dia, o joelho incha um pouco. "Observei que a face interna da cabeça da tíbia estava bem mais grossa que a da outra perna. A rótula imobilizou-se, mergulhada na excreção produzida pela inchação do joelho, e vi-a com terror em poucos dias ficar dura como se fosse um osso". Em fins de março, resolve partir. Desenha uma liteira de bambu que os nativos armam e cobrem com um dossel de couro. De 7 a 18 de abril, dezesseis carregadores se revezam carregando a liteira através de trezentos quilômetros do deserto que separa os montes de Harar do porto de Zeilá; daí um vapor o transportará a Aden, onde chegará em estado deplorável. "Dei entrada no hospital europeu, onde só há um quarto para os doentes que podem pagar, e que estou ocupando. O médico inglês, quando lhe mostrei o joelho, declarou tratar-se de um tumor sinovítico, já a um ponto bastante perigoso, em conseqüência da falta de cuidados e dos esforços despendidos. Falou a princípio em cortar a perna, mas decidiu agora esperar alguns dias para ver se a inchação, com tratamento médico, diminui um pouco." A 9 de maio, Rimbaud resolve embarcar para a França e chega a Marselha "após treze dias de sofrimento". Interna-se no hospital da Conception e telegrafa à mãe, pedindo que ela ou a irmã venha a Marselha imediatamente: "Vão amputar-me a perna. Perigo de morte. Negócios importantes a resolver". A mãe, que não via o filho há mais de dez anos, parte imediatamente para Marselha, onde fica alguns dias e, após retardar sua partida diante da instância do filho, regressa a Roche, pois considera indispensável sua presença na fazenda. Os médicos haviam diagnosticado câncer no osso, e, sem nada dizer a Rimbaud, amputam-lhe a perna o mais alto possível. "Não faço outra coisa senão chorar, dia e noite; sou um homem morto, estropiado para o resto da vida". Tenta caminhar fazendo uso de muletas e de uma perna de madeira. E escreve à irmã: "Fiquei tão chocado quando mamãe se foi que não pude compreender a causa. Mas agora acho acertado que ela esteja contigo para cuidar de ti. Pede-lhe desculpas e deseja-lhe por mim boa saúde". Em fins de julho, toma um trem e vai para Roche, onde encontra conforto ao lado da irmã que havia deixado aos 20 anos e agora está com 31. Quando entra no quarto que Isabelle preparou para esperá-lo, exclama: "Mas isto aqui é Versalhes!" O conforto do lar, porém, não consegue fixá-lo em Roche. Seu estado de saúde piora; dores, febre. Rimbaud decide retornar à África. A 23 de agosto, acompanhado da irmã, embarca em direção a Marselha, via Paris. "Assisti ao mais espantoso paroxismo de desespero e de tortura física que se possa imaginar"— escreve Isabelle a propósito dessa volta. Em Paris, atravessa da estação leste para a *gare de Lyon* sem se deter na cidade. Lá, na rue Descartes 18, num quartinho sórdido, está vivendo Verlaine, bêbedo, freguês dos hospitais; morrerá cinco anos mais tarde. Após trinta horas de viagem, Rimbaud desembarca em Marselha e dá entrada no mesmo hospital da Conception. Os médicos confessam a Isabelle que o irmão está perdido. As quatro cartas que ela escreve à mãe permitem um retrato do que foi a agonia de Rimbaud, para chegar a um final de conversão que tem sido tanto louvado quanto contestado. Vitalie Rimbaud está interessada no dinheiro do filho. Isabelle desaponta-a: "Não conte absolutamente com o dinheiro dele. Após a morte e o pagamento das despesas e viagens, é provável que seus bens passem a outros, e estou inteiramente decidida a respeitar sua vontade; e mesmo que ele não tivesse senão a mim para executá-la, seu dinheiro e seus negócios serão entregues a quem tiver designado". No dia 10 de dezembro, às dez horas da manhã, Rimbaud soltou seu *dernier couac*. Queria ser inumado em Aden, mas a mãe vai sepultá-lo no cemitério de Charleville. O corpo chega no dia 14. O abade Gillet, vigário da paróquia, seu antigo professor de instrução religiosa, quer adiar o sepultamento a fim de convocar alguns amigos e condiscípulos do poeta. Na igreja de Charleville, à hora marcada, realiza-se o serviço fúnebre. De primeira classe. Profusão de oficiantes, círios, luminárias, paramentos, coro. E na igreja vazia, diante do caixão onde o corpo seco e mutilado de Rimbaud enfim repousa — encontram-se apenas a mãe e a irmã, que não admitiram a presença de ninguém.

POÉSIES
POESIAS

LES ÉTRENNES DES ORPHELINS

I

La chambre est pleine d'ombre; on entend vaguement
De deux enfants le triste et doux chuchotement.
Leur front se penche, encore alourdi par le rêve,
Sous le long rideau blanc qui tremble et se soulève...
– Au dehors les oiseaux se rapprochent frileux;
Leur aile s'engourdit sous le ton gris des cieux;
Et la nouvelle Année, à la suite brumeuse,
Laissant traîner les plis de sa robe neigeuse,
Sourit avec des pleurs, et chante en grelottant...

II

Or les petits enfants, sous le rideau flottant,
Parlent bas comme on fait dans une nuit obscure.
Ils écoutent, pensifs, comme un lointain murmure...
Ils tressaillent souvent à la claire voix d'or
Du timbre matinal, qui frappe et frappe encor
Son refrain métallique en son globe de verre...
– Puis, la chambre est glacée... on voit traîner à terre,
Épars autour des lits, des vêtements de deuil:
L'âpre bise d'hiver qui se lamente au seuil
Souffle dans le logis son haleine morose!
On sent, dans tout cela, qu'il manque quelque chose...
– Il n'est donc point de mère à ces petits enfants,
De mère au frais sourire, aux regards triomphants?
Elle a donc oublié, le soir, seule et penchée,
D'exciter une flamme à la cendre arrachée,
D'amonceler sur eux la laine et l'édredon
Avant de les quitter en leur criant: pardon.

A CONSOADA DOS ÓRFÃOS[1]

I

O quarto em sombra imerso; ouve-se vagamente
De duas crianças triste e baixo cochichar.
Têm a fronte pendida ao peso ainda do sono,
Sob o branco filó que treme e se levanta...
— Os pássaros, lá fora, encolhem-se friorentos;
O tom cinza dos céus lhes entorpece as asas;
E o Ano Novo, após um séquito de brumas,
Deixa arrastar no chão o seu nevado manto
E, entre lágrimas, ri-se e canta tiritando...

II

Ora, essas crianças, sob o arfar do cortinado,
Falam baixinho igual se faz em noite escura.
Pensam ouvir assim como um murmúrio ao longe...
Sobressaltam-se amiúde à clara voz dourada
Da pêndula que bate e bate matinal
Na abóbada de vidro o seu refrão metálico...
— Mas logo o quarto gela... e vêem-se junto à cama
Espalhadas no chão umas roupas de luto:
O acre vento invernal que nos umbrais lamenta
Exala no aposento o seu suspiro lúgubre!
Sente-se, em tudo ali, que falta alguma coisa...
— Onde estaria a mãe dessas pobres criancinhas,
Mãe de sorriso aberto e de olhares triunfantes?
Decerto se esqueceu, de noite, só, pendida,
De avivar uma chama às cinzas arrancada;
Sobre elas afofar a colcha e o cobertor,
Antes de se ir embora a lhes pedir: perdão.

Elle n'a point prévu la froideur matinale,
Ni bien fermé le seuil à la bise hivernale?...
– Le rêve maternel, c'est le tiède tapis,
C'est le nid cotonneux où les enfants tapis,
Comme de beaux oiseaux que balancent les branches,
Dorment leur doux sommeil plein de visions blanches!...
– Et là, – c'est comme un nid sans plumes, sans chaleur,
Où les petits ont froid, ne dorment pas, ont peur;
Un nid que doit avoir glacé la bise amère...

III

Votre cœur l'a compris: – ces enfants sont sans mère.
Plus de mère au logis! – et le père est bien loin!...
– Une vieille servante, alors, en a pris soin.
Les petits sont tout seuls en la maison glacée;
Orphelins de quatre ans, voilà qu'en leur pensée
S'éveille, par degrés, un souvenir riant...
C'est comme un chapelet qu'on égrène en priant:
– Ah! quel beau matin, que ce matin des étrennes!
Chacun, pendant la nuit, avait rêvé des siennes
Dans quelque songe étrange où l'on voyait joujoux,
Bonbons habillés d'or, étincelants bijoux,
Tourbillonner, danser une danse sonore,
Puis fuir sous les rideaux, puis reparaître encore!
On s'éveillait matin, on se levait joyeux,
La lèvre affriandée, en se frottant les yeux...
On allait, les cheveux emmêlés sur la tête,
Les yeux tout rayonnants, comme aux grands jours de fête,
Et les petits pieds nus effleurant le plancher,
Aux portes des parents tout doucement toucher...
On entrait!... Puis alors les souhaits... en chemise,
Les baisers répétés, et la gaîté permise!

IV

Ah! c'était si charmant, ces mots dits tant de fois!
– Mais comme il est changé, le logis d'autrefois:

Não teria previsto o frio matinal,
E nem fechado a porta à nortada invernal?...
— Todo sonho de mãe é um tépido tapete,
Um ninho de algodão em que as crianças se envolvem,
Como pássaros bons que balançam nas ramas,
Dormindo um sono doce e de visões radiosas!...
— E ali, — é como um ninho implume, sem calor,
Onde as crianças têm frio, insones e medrosas,
Um ninho que do inverno o vento enregelou...

III

Voss'alma compreendeu: — essas crianças são órfãs.
Falta mãe nesse lar! — e o pai está bem longe![2]...
— Uma velha empregada, então, as acolheu.
Pobres crianças tão sós nessa casa gelada,
Aos quatro anos e já na orfandade — em su'alma
Aos poucos se desperta uma lembrança alegre...
Como um rosário assim que se desfia em prece:
— Ah! que bela manhã, a manhã dos presentes![3]
À noite, cada qual sonhara ver os seus.
Naquele sonho estranho em que se vêem brinquedos,
Bombons envoltos de ouro e jóias coruscantes,
Em turbilhões, dançando uma dança sonora,
Sumindo na cortina e aparecendo agora!
Acordavam cedinho e alegres levantavam,
O lábio enregelado, os olhos esfregando...
E lá, tendo o cabelo enredado na testa,
Olhos cheios de luz, qual nos dias de festa,
E de pezinhos nus a aflorar no assoalho,
De leve iam bater ao quarto de seus pais...
Entravam!... E depois os votos... de pijamas,
E beijos sem cessar, na troça consentida!

IV

Como era bom ouvir as frases repetidas!
— Tudo agora mudou naquele lar de outrora:

Un grand feu pétillait, clair, dans la cheminée,
Toute la vieille chambre était illuminée;
Et les reflets vermeils, sortis du grand foyer,
Sur les meubles vernis aimaient à tournoyer...
— L'armoire était sans clefs!... sans clefs, la grande armoire!
On regardait souvent sa porte brune et noire...
Sans clefs!... c'était étrange!... on rêvait bien des fois
Aux mystères dormant entre ses flancs de bois,
Et l'on croyait ouïr, au fond de la serrure
Béante, un bruit lointain, vague et joyeux murmure...
— La chambre des parents est bien vide, aujourd'hui:
Aucun reflet vermeil sous la porte n'a lui;
Il n'est point de parents, de foyer, de clefs prises:
Partant, point de baisers, point de douces surprises!
Oh! que le jour de l'an sera triste pour eux!
— Et, tout pensifs, tandis que de leurs grands yeux bleus
Silencieusement tombe une larme amère,
Ils murmurent: "Quand donc reviendra notre mère?"
....

V

Maintenant, les petits sommeillent tristement:
Vous diriez, à les voir, qu'ils pleurent en dormant,
Tant leurs yeux sont gonflés et leur souffle pénible!
Les tout petits enfants ont le cœur si sensible!
— Mais l'ange des berceaux vient essuyer leurs yeux,
Et dans ce lourd sommeil met un rêve joyeux,
Un rêve si joyeux, que leur lèvre mi-close,
Souriante, semblait murmurer quelque chose...
— Ils rêvent que, penchés sur leur petit bras rond,
Doux geste du réveil, ils avancent le front,
Et leur vague regard tout autour d'eux se pose...
Ils se croient endormis dans un paradis rose...
Au foyer plein d'éclairs chante gaîment le feu...
Par la fenêtre on voit là-bas un beau ciel bleu;
La nature s'éveille et de rayons s'enivre...
La terre, demi-nue, heureuse de revivre,

Um fogo a crepitar, brilhante, na lareira,
Que o velho quarto inteiro iluminava em volta;
E o reflexo vermelho, emanando das chamas,
Vinha sobre o verniz dos móveis rodopiar...
— Não tinha chave o armário!... aberto, o grande armário!
Não cansavam de olhar suas portas escuras...
Sem chaves!... era estranho!... as vezes que sonharam
Com os mistérios que havia a dormir em seu ventre
E pensavam ouvir, vindo da fechadura
Imensa, um ruído vago, um murmurar distante...
— Hoje o quarto dos pais inteiro está vazio:
Sob a porta nenhum reflexo de luz passa;
Já não há pais, nem lar, nem chaves escondidas:
Acabaram, por isso, os beijos e as surpresas!
Oh! como o dia de ano há de ser triste agora!
— Pensativos estão; de seus olhos azuis
Cai silenciosamente uma lágrima amarga,
E murmuram: "Quando é que volta a nossa mãe?".
....

V

Agora as crianças já dormitam tristemente:
Vendo-as, podeis dizer que adormecidas choram,
Pois seus olhos estão inchados e soluçam!
Sensíveis corações que têm os pequeninos!
— Mas vem o anjo da guarda enxugar-lhes os olhos
E no sono pesado infunde um sonho alegre,
Um sonho tão feliz que os lábios entreabertos
Parecem murmurar, sorrindo, qualquer coisa...
— Sonham que, sobre o braço inclinando a cabeça,
Num doce despertar, o rosto então levantam
E vago o seu olhar se espraia em derredor...
Estavam a dormir num róseo paraíso...
Na lareira o fulgor das chamas canta alegre...
Pela janela vê-se ao alto o céu azul;
A natureza acorda e de raios se embriaga,
A terra, seminua, em ânsias de viver,

A des frissons de joie aux baisers du soleil...
Et dans le vieux logis tout est tiède et vermeil:
Les sombres vêtements ne jonchent plus la terre,
La bise sous le seuil a fini par se taire...
On dirait qu'une fée a passé dans cela!...
– Les enfants, tout joyeux, ont jeté deux cris... Là,
Près du lit maternel, sous un beau rayon rose,
Là, sur le grand tapis, resplendit quelque chose...
Ce sont des médaillons argentés, noirs et blancs,
De la nacre et du jais aux reflets scintillants;
Des petits cadres noirs, des couronnes de verre,
Ayant trois mots gravés en or: "À NOTRE MÈRE!"

....

Tem frêmitos de júbilo ao beijar-lhe o sol...
Na velha habitação tudo é calor e cores:
Já não juncam o chão as roupinhas sombrias,
Na porta o vento mau agora se calou...
Dir-se-ia que uma fada entrou naquela casa!...
— As crianças, numa voz, um grito deram... Lá,
Junto à cama dos pais, sob um raio de luz,
Sobre o grande tapete, alguma coisa esplende...
Eram dois medalhões de prata, em preto e branco,[4]
De nácar e azeviche, a cintilar reflexos;
As coroas de vidro e suas fitas negras;
Nelas, em letras de ouro, a frase: "À NOSSA MÃE!"

....

SENSATION

Par les soirs bleus d'été, j'irai dans les sentiers,
Picoté par les blés, fouler l'herbe menue:
Rêveur, j'en sentirai la fraîcheur à mes pieds.
Je laisserai le vent baigner ma tête nue.

Je ne parlerai pas, je ne penserai rien:
Mais l'amour infini me montera dans l'âme,
Et j'irai loin, bien loin, comme un bohémien,
Par la Nature, – heureux comme avec une femme.

Mars 1870.

SENSAÇÃO[1]

Nas tardes de verão, irei pelos vergéis,
Picado pelo trigo, a pisar a erva miúda:
Sonhador, sentirei um frescor sob os pés
E o vento há de banhar-me a cabeça desnuda.

Calado seguirei, não pensarei em nada:
Mas infinito amor dentro do peito abrigo,
E como um boêmio irei, bem longe pela estrada,
Feliz — qual se levasse uma mulher comigo.

Março de 1870.

SOLEIL ET CHAIR

I

Le Soleil, le foyer de tendresse et de vie,
Verse l'amour brûlant à la terre ravie,
Et, quand on est couché sur la vallée, on sent
Que la terre est nubile et déborde de sang;
Que son immense sein, soulevé par une âme,
Est d'amour comme dieu, de chair comme la femme,
Et qu'il renferme, gros de sève et de rayons,
Le grand fourmillement de tous les embryons!

Et tout croît, et tout monte!

         – Ô Vénus, ô Déesse!
Je regrette les temps de l'antique jeunesse,
Des satyres lascifs, des faunes animaux,
Dieux qui mordaient d'amour l'écorce des rameaux
Et dans les nénufars baisaient la Nymphe blonde!
Je regrette les temps où la sève du monde,
L'eau du fleuve, le sang rose des arbres verts
Dans les veines de Pan mettaient un univers!
Où le sol palpitait, vert, sous ses pieds de chèvre;
Où, baisant mollement le clair syrinx, sa lèvre
Modulait sous le ciel le grand hymne d'amour;
Où, debout sur la plaine, il entendait autour
Répondre à son appel la Nature vivante;
Où les arbres muets, berçant l'oiseau qui chante,
La terre berçant l'homme, et tout l'Océan bleu
Et tous les animaux aimaient, aimaient en Dieu!
Je regrette les temps de la grande Cybèle
Qu'on disait parcourir, gigantesquement belle,
Sur un grand char d'airain, les splendides cités;
Son double sein versait dans les immensités

SOL E CARNE[1]

I

O Sol, foco a esplender de ternura e de vida,
Difunde amor ardente à terra embevecida,
E estando a repousar sobre o vale sentimos
Que núbil é a terra, a transbordar de sangue;
Que seu imenso seio, alçado por um'alma,[2]
É de amor como Deus, de carne como a fêmea,
E, túmido de seiva e de raios, encerra
O grande formigar de todos os embriões!

E tudo cresce, e tudo ascende!

         — Ó Vênus, Deusa!
Quem me dera viver na juventude antiga
Dos faunos animais, dos sátiros lascivos
Que mordiam de amor a casca do arvoredo,
Beijando nas ninféias suas Ninfas louras![3]
Saudoso sou do tempo em que a seiva do mundo,
A água do rio, o sangue a arder de árvores verdes,
Nas artérias de Pã vertia um universo!
Sob seus pés de cabra, o verde solo arfava
E seu lábio a beijar a siringe sonora,[4]
Sob o céu modulava um grande hino de amor;
De pé, sobre a planície, ele escutava em torno
Ecoar ao seu apelo a Natureza viva;
O mudo ramo então berçava a ave que canta,
A terra acalentava o homem, e o Oceano inteiro
E todos animais amavam-se, em seu Deus!
Sou saudoso do tempo em que a grande Cibele[5]
Que se dizia andar, giganteamente bela,
Em seu carro de bronze, em cidades esplêndidas,
Com os seios a verter sobre as imensidades

Le pur ruissellement de la vie infinie.
L'Homme suçait, heureux, sa mamelle bénie,
Comme un petit enfant, jouant sur ses genoux.
– Parce qu'il était fort, l'Homme était chaste et doux.

Misère! Maintenant il dit: Je sais les choses,
Et va, les yeux fermés et les oreilles closes.
– Et pourtant, plus de dieux! plus de dieux! l'Homme est Roi,
L'Homme est Dieu! Mais l'Amour, voilà la grande Foi!
Oh! si l'homme puisait encore à ta mamelle,
Grande mère des dieux et des hommes, Cybèle;
S'il n'avait pas laissé l'immortelle Astarté
Qui jadis, émergeant dans l'immense clarté
Des flots bleus, fleur de chair que la vague parfume,
Montra son nombril rose où vint neiger l'écume,
Et fit chanter, Déesse aux grands yeux noirs vainqueurs,
Le rossignol aux bois et l'amour dans les cœurs!

II

Je crois en toi! je crois en toi! Divine mère,
Aphrodité marine! – Oh! la route est amère
Depuis que l'autre Dieu nous attelle à sa croix;
Chair, Marbre, Fleur, Vénus, c'est en toi que je crois!
– Oui, l'Homme est triste et laid, triste sous le ciel vaste,
Il a des vêtements, parce qu'il n'est plus chaste,
Parce qu'il a sali son fier buste de dieu,
Et qu'il a rabougri, comme une idole au feu,
Son corps Olympien aux servitudes sales!
Oui, même après la mort, dans les squelettes pâles
Il veut vivre, insultant la première beauté!
– Et l'Idole où tu mis tant de virginité,
Où tu divinisas notre argile, la Femme,
Afin que l'Homme pût éclairer sa pauvre âme
Et monter lentement, dans un immense amour,
De la prison terrestre à la beauté du jour,
La Femme ne sait plus même être Courtisane!
– C'est une bonne farce! et le monde ricane
Au nom doux et sacré de la grande Vénus!

O puro derramar de uma infinita vida,
E em que o Homem, feliz, sugava-lhe o bendito
Mamilo, como criança a lhe brincar nos joelhos.
— Pois o Homem, sendo forte, ele era casto e doce.

Miséria! Pois agora ele diz: Sei das coisas
E vai, sem nada ver e cerra os seus ouvidos.
— Já não há deuses! já não há! o Homem é Rei,
O Homem é Deus! Porém o Amor é a grande Fé!
Oh! se no teu mamilo o Homem ainda sugasse,
Cibele, ó grande mãe dos deuses e dos homens,
Não tivesse deixado a imortal Astartê[6]
Que outrora, ao emergir da imensa claridade
Da onda azul, flor de carne a que a vaga perfuma,
Mostrou seu róseo umbigo onde nevam espumas
E, Deusa, fez cantar com seus olhos triunfantes
O rouxinol no bosque e o amor nos corações!

II

Eu creio em ti! Eu creio em ti! Ó mãe divina,
Afrodite marinha! — Oh! que duro é o caminho[7]
Desde que nos atou o outro Deus a uma cruz;
Carne, Mármore, Flor, em ti, Vênus, eu creio!
— Sim, sob o céu imenso, o Homem é triste e feio,
E tem que se vestir por já não ser mais casto,
Porque manchou seu busto altivo qual de um deus,
Depois que definhou seu corpo outrora olímpico,
Qual ídolo no fogo, em servidões impuras!
Sim, mesmo após a morte, em esqueletos lívidos,
Quer viver, insultando a beleza primeva!
— E esse Ídolo no qual puseste a virgindade,
Divinizando assim nossa argila, a Mulher,
Para que o Homem pudesse alumiar a pobre alma,
E lentamente erguer-se, em seu amor profundo,
Da terrestre prisão à beleza do mundo,
A Mulher já não é nem mesmo Cortesã!
— A farsa é divertida! e o mundo se escarnece
Ao nome sacro e bom da grande deusa Vênus!

III

Si les temps revenaient, les temps qui sont venus!
– Car l'Homme a fini! l'Homme a joué tous les rôles!
Au grand jour, fatigué de briser des idoles
Il ressuscitera, libre de tous ses Dieux,
Et, comme il est du ciel, il scrutera les cieux!
L'Idéal, la pensée invincible, éternelle,
Tout le dieu qui vit, sous son argile charnelle,
Montera, montera, brûlera sous son front!
Et quand tu le verras sonder tout l'horizon,
Contempteur des vieux jougs, libre de toute crainte,
Tu viendras lui donner la Rédemption sainte!
– Splendide, radieuse, au sein des grandes mers
Tu surgiras, jetant sur le vaste Univers
L'Amour infini dans un infini sourire!
Le Monde vibrera comme une immense lyre
Dans le frémissement d'un immense baiser!

– Le Monde a soif d'amour: tu viendras l'apaiser.
....

Ô! L'Homme a relevé sa tête libre et fière!
Et le rayon soudain de la beauté première
Fait palpiter le dieu dans l'autel de la chair!
Heureux du bien présent, pâle du mal souffert,
L'Homme veut tout sonder, – et savoir! La Pensée,
La cavale longtemps, si longtemps oppressée
S'élance de son front! Elle saura Pourquoi!...
Qu'elle bondisse libre, et l'Homme aura la Foi!
– Pourquoi l'azur muet et l'espace insondable?
Pourquoi les astres d'or fourmillant comme un sable?
Si l'on montait toujours, que verrait-on là-haut?
Un Pasteur mène-t-il cet immense troupeau
De mondes cheminant dans l'horreur de l'espace?
Et tous ces mondes-là, que l'éther vaste embrasse,
Vibrent-ils aux accents d'une éternelle voix?
– Et l'Homme, peut-il voir? peut-il dire: Je crois?
La voix de la pensée est-elle plus qu'un rêve?

III

Ah! se voltasse o tempo, ah! se os tempos voltassem!
— Pois o Homem acabou! Esgotou seus papéis!
Exausto de partir seus ídolos, um dia
Ele ressurgirá, dos Deuses todos livre,
E, como ele é do céu, escrutará os céus!
O Ideal, o pensamento invencível, eterno,
Tudo; esse deus que vive em sua argila humana,
Surgirá, surgirá, brilhando em sua fronte!
Quando o vires sondar a extensão do horizonte,
Escarnecendo o jugo antigo, sem temores,
Virás para lhe dar a santa Redenção!
— Esplêndida, radiosa, em meio aos grandes mares,
Tu surgirás, lançando ao Universo imenso
Teu infinito Amor em um sorriso infindo!
O Mundo vibrará qual desmedida lira
No frêmito sem fim de interminável beijo!

— Temos sede de amor: tu virás aplacá-la.
....

Oh! Eis que o Homem ergue a fronte livre e altiva!
E o súbito radiar da beleza primeva
Faz palpitar o deus em seu altar de carne!
Feliz com o bem presente, após o mal sofrido,
Tudo Ele quer sondar, — saber! O Pensamento,
Potro que há tanto, há tanto andava reprimido,
Dispara-lhe da fronte! Em busca do Porquê!...
Deixai-o saltar livre, e o Homem terá Fé!
— Por quê esse mudo azul e o espaço impenetrável?
Por que estes astros de ouro espessos como areia?
Se sempre se subir, que se verá na altura?
Há um Pastor que conduz este rebanho imenso
De mundos a vagar pelo horror dos espaços?
E esses mundos estão, lá no éter que os abraça,
Vibrando aos puros sons de alguma voz eterna?
— Pode acaso o Homem ver? pode dizer: Eu creio?
A voz do pensamento é algo mais que um sonho?

Si l'Homme naît si tôt, si la vie est si brève,
D'où vient-il? Sombre-t-il dans l'Océan profond
Des Germes, des Fœtus, des Embryons, au fond
De l'immense Creuset d'où la Mère-Nature
Le ressuscitera, vivante créature,
Pour aimer dans la rose, et croître dans les blés?...

Nous ne pouvons savoir! — Nous sommes accablés
D'un manteau d'ignorance ei d'étroites chimères!
Singes d'hommes tombés de la vulve des mères,
Notre pâle raison nous cache l'infini!
Nous voulons regarder: — le Doute nous punit!
Le doute, morne oiseau, nous frappe de son aile...
— Et l'horizon s'enfuit d'une fuite éternelle!...

....

Le grand ciel est ouvert! les mystères sont morts
Devant l'Homme, debout, qui croise ses bras forts
Dans l'immense splendeur de la riche nature!
Il chante... et le bois chante, et le fleuve murmure
Un chant plein de bonheur qui monte vers le jour!...
— C'est la Rédemption! c'est l'amour! c'est l'amour!...

IV

Ô splendeur de la chair! O splendeur idéale!
Ô renouveau d'amour, aurore triomphale
Où, courbant à leurs pieds les Dieux et les Héros,
Kallipige la blanche et le petit Éros
Effleureront, couverts de la neige des roses,
Les femmes et les fleurs sous leurs beaux pieds écloses!
Ô grande Ariadné, qui jettes tes sanglots
Sur la rive, en voyant fuir là-bas sur les flots,
Blanche sous le soleil, la voile de Thésée,
Ô douce vierge enfant qu'une nuit a brisée,
Tais-toi! Sur son char d'or brodé de noirs raisins,
Lysios, promené dans les champs Phrygiens
Par les tigres lascifs et les panthères rousses,
Le long des fleuves bleus rougit les sombres mousses.

se ele nasce tão cedo e se a vida é tão breve,
Donde vem? Ele jaz imerso no profundo
Oceano dos Embriões, dos Germens, Fetos, dentro
Desse imenso Crisol do qual a Mãe Natura
O ressuscitará, para, criatura viva,
Um dia amar na rosa e florescer nos trigos?...

Não podemos saber! — Estamos oprimidos
Por um véu de ignorância e mesquinhas quimeras!
Símios de homens que caem da vulva das mulheres,
Nossa frouxa razão nos encobre o infinito!
Queremos contemplar: a Dúvida nos pune!
A Dúvida, ave triste, a nos roçar sua asa...
— O horizonte a fugir em sua fuga eterna!...

....

Abriu-se o céu imenso! os mistérios morreram
Diante do Homem, de pé, que cruza os braços fortes
No esplendor colossal da rica natureza!
E canta... e o bosque canta, e o regato murmura
Um canto de ventura a se elevar na luz!...
— Chegou a Redenção! é o amor! é o amor!...

IV

Oh, o esplendor da carne! esse esplendor ideal!
Renovação do amor, uma aurora triunfal,
Em que, vendo prostrar-se os Deuses e os Heróis,
A branca Calipígia e o pequenino Eros[8]
Aflorarão com os pés, em meio a níveas rosas,
As mulheres em flor ali desabrochadas!
— Ó celebrada Ariadne, a lançar seus soluços[9]
Pelas praias, enquanto, ao longe, sobre as ondas,
Vê fugir, branca ao sol, a vela de Teseu,
Ó doce virgem cujo amor a noite esmaga,
Cala-te! No áureo carro ornado de racimos
Negros, Lísios percorre os vastos campos frísios,
Puxado por panteras ruivas e lascivos
Tigres, avermelhando o musgo azul dos rios.

Zeus, Taureau, sur son cou berce comme une enfant
Le corps nu d'Europé, qui jette son bras blanc
Au cou nerveux du Dieu frissonnant dans la vague,
Il tourne lentement vers elle son œil vague;
Elle, laisse traîner sa pâle joue en fleur
Au front de Zeus; ses yeux sont fermés; elle meurt
Dans un divin baiser, et le flot qui murmure
De son écume d'or fleurit sa chevelure.
— Entre le laurier-rose et le lotus jaseur
Glisse amoureusement le grand Cygne rêveur
Embrassant la Léda des blancheurs de son aile;
— Et tandis que Cypris passe, étrangement belle,
Et, cambrant les rondeurs splendides de ses reins
Étale fièrement l 'or de ses larges seins
Et son ventre neigeux brondé de mousse noire,
— Héraclès, le Dompteur, qui, comme d' une gloire,
Front, ceint son vaste corps de la peau du lion,
S'avance, front terrible et doux, à l'horizon!

Par la lune d'été vaguement éclairée,
Debout, nue, et rêvant dans sa pâleur dorée
Que tache le flot lourd de ses longs cheveux bleus,
Dans la clairière sombre où la mousse s'étoile,
La Dryade regarde au ciel silencieux...
— La blanche Séléné laisse flotter son voile,
Craintive, sur les pieds du bel Endymion,
Et lui jette un baiser dans un pâle rayon...
— La Source pleure au loin dans une longue extase...
C'est la Nymphe qui rêve, un coude sur son vase,
Au beau jeune homme blanc que son onde a pressé.
— Une brise d'amour dans la nuit a passé,
Et, dans le bois sacrés, dans l'horreur des grands arbres,
Majestueusement debout, les sombres Marbres,
Les Dieux, au front desquels le Bouvreuil fait son nid,
— Les Dieux écoutent l'Homme et le Monde infini!

Mai [18]70.

— Zeus, Touro, na corcova aconchega qual criança
O corpo nu de Europa, o branco braço em volta
Do musculoso Deus que espadana nas ondas;
Lentamente ele volta o seu olhar vazio;
Ela deixa arrastar a rósea face pálida
Pela fronte de Zeus; olhos fechados, morre
Num beijo divinal, e a vaga que murmura
Com sua espuma de ouro enfeita-lhe os cabelos.
— Entre o loureiro-rosa e o lótus ostentoso
Desliza suavemente o Cisne sonhador
Para Leda abraçar no alvor de suas asas;
— E eis que Cípride passa, estranhamente bela,[10]
E, arcando a redondez esplêndida das ancas,
Ostenta altivamente o ouro dos grandes seios
E o níveo de seu ventre orlado de nelumbos,[11]
— Héracles, Domador, que cinge o corpo imenso[12]
Com uma pele de leão, como uma glória forte,
A face horrenda e doce, avança no horizonte!

Sob o luar de verão que a aclara suavemente,
De pé, nua, a sonhar na palidez dourada
Que a onda negra de seus cabelos enodoa,
Na clareira sombria em que o musgo rebrilha,
A Dríade contempla o silêncio dos céus...[13]
— Selene, a branca, deixa esvoaçar seus véus,[14]
Timidamente aos pés do belo Endimião,
E num pálido raio um beijo seu lhe arroja...
— A Fonte chora ao longe um êxtase languente...
É uma Ninfa que pensa, a debruçar-se na ânfora,
Nesse belo rapaz que seu curso abraçou.
— Uma brisa de amor perpassa pela noite,
E no bosque sagrado, entre as horrendas árvores,[15]
Majestosos, de pé, os Mármores sombrios,
Os Deuses, frente aos quais o Prisco faz seu ninho,
— Os Deuses põem-se a ouvir os Homens e o Infinito!

Maio de [18]70.

OPHÉLIE

I

Sur l'onde calme et noire où dorment les étoiles
La blanche Ophélia flotte comme un grand lys,
Flotte très lentement, couchée en ses longs voiles...
— On entend dans les bois lointains des hallalis.

Voici plus de mille ans que la triste Ophélie
Passe, fantôme blanc, sur le long fleuve noir;
Voici plus de mille ans que sa douce folie
Murmure sa romance à la brise du soir.

Le vent baise ses seins et déploie en corolle
Ses grands voiles bercés mollement par les eaux;
Les saules frissonnants pleurent sur san épaule,
Sur son grand front rêveur s'inclinent les roseaux.

Les nénuphars froissés soupirent autour d'elle;
Elle éveille parfois, dans un aune qui dort,
Quelque nid, d'où s'échappe un petit frisson d'aile:
— Un chant mystérieux tombe des astres d'or.

II

Ô pâle Ophélia! belle comme la neige!
Oui tu maurus, enfant, par un fleuve emporté!
— C'est que les vents tombant des grands monts de Norwège
T'avaient parlé tout bas de l'âpre liberté;

C'est qu'un souffle, tordant ta grande chevelure,
À ton esprit rêveur portait d'étranges bruits;
Que ton cœur écoutait le chant de la Nature
Dans les plaintes de l'arbre et les soupirs des nuits;

OFÉLIA[1]

I

Nessa onda calma e escura em que as estrelas dormem,
Flutua a branca Ofélia igual a um grande lírio,
Flutua muito lenta, envolta em longos véus...
— Dos longes bosques vem o som dos halalis.[2]

Mais de mil anos há que essa tristonha Ofélia[3]
Passa, fantasma branco, ao léu do negro rio.
Mais de mil anos há que essa serena louca
Recita essa romança à brisa do poente.[4]

Beija-lhe o vento o seio e desdobra em corola
Os grandes véus que as águas molemente berçam;
Os frementes chorões soluçam-lhe nos ombros,
Sobre a fronte que sonha inclinam-se os caniços.

Frangalhos de ninféia em seu redor suspiram,
E ela desperta, além, num álamo que dorme,
Um ninho donde escapa o frêmito de uma asa:
— Dos astros de ouro desce um canto misterioso.

II

Ó tu, pálida Ofélia! és bela como a neve!
Sim, morreste arrastada, ó criança, por um rio!
— É que os ventos que vêm dos montes da Noruega[5]
Disseram-te baixinho o ardor da liberdade;

É que um sopro, envolvendo os teus cabelos longos,
À tu'alma sonhadora estranhos sons levou;
Ouviu teu coração cantar a Natureza
Nas queixas do arvoredo e no gemer das noites;

C'est que la voix des mers folles, immense râle,
Brisait ton sein d'enfant, trop humain et trop doux;
C'est qu'un matin d'avril, un beau cavalier pâle,
Un pauvre fou, s'assit muet à tes genoux!

Ciel! Amour! Liberté! Quel rêve, ô pauvre Folle!
Tu te fondais à lui comme une neige au feu:
Tes grandes visions étranglaient ta parole
– Et l'Infini terrible effara ton œil bleu!

III

– Et le Poète dit qu'aux rayons des étoiles
Tu viens chercher, la nuit, les fleurs que tu cueillis,
Et qu'il a vu sur l'eau, couchée en ses longs voiles,
La blanche Ophélia flotter, comme un grand lys.

É que esse imenso arquejo, a voz de loucos mares,
Feriu teu jovem seio, humano em demasia;
É que, em manhã de abril, um cavaleiro pálido,
Pobre louco, em silêncio, a teus pés se sentou![6]

Céu! Amor! Liberdade! Um sonho, pobre Louca![7]
Que te fez derreter qual faz o fogo à neve:
Tuas grandes visões sufocaram-te a fala
— E o Infinito aterrou os teus olhos azuis!

III

— E o Poeta é quem nos diz que aos raios das estrelas
Vens procurar, à noite, as flores que colheste,
E sobre as águas viu, em longos véus envolta,
Flutuar a branca Ofélia, igual a um grande lírio.

BAL DES PENDUS

Au gibet noir, manchot aimable,
Dansent, dansent les paladins,
Les maigres paladins du diable,
Les squelettes de Saladins.

Messire Belzébuth tire par la cravate
Ses petits pantins noirs grimaçant sur le ciel,
Et, leur claquant au front un revers de savate,
Les fait danser, danser aux sons d'un vieux Noël!

Et les pantins choqués enlacent leurs bras grêles:
Comme des orgues noirs, les poitrines à jour
Que serraient autrefois les gentes damoiselles,
Se heurtent longuement dans un hideux amour.

Hurrah! Les gais danseurs, qui n'avez plus de panse!
On peut cabrioler, les tréteaux sont si longs!
Hop! qu'on ne sache plus si c'est bataille ou dance!
Belzébuth enragé racle ses violons!

Ô durs talons, jamais on n'use sa sandale!
Presque tous ont quitté la chemise de peau:
Le reste est peu gênant et se voit sans scandale.
Sur les crânes, la neige applique un blanc chapeau:

Le corbeau fait panache à ces têtes fêlées,
Un morceau de chair tremble à leur maigre menton:
On dirait, tournoyant dans les sombres mêlées,
Des preux, raides, heurtant armures de carton.

BAILE DOS ENFORCADOS[1]

Na negra forca, o bom maneta,
Dançam, dançam os paladinos,
Os paladinos do capeta,
Esqueletos de Saladinos.[2]

Compadre Belzebu puxa pela gravata[3]
Seus fantoches que aos céus fazem negras caretas,
E açoitando-os na cara a golpes de sapata,
Fá-los dançar ao som de velhas cançonetas![4]

Enlaçam-se na dança os braços e as canelas,
Órgãos negros ao vento, os seus furos expondo,[5]
Esses peitos que outrora abraçaram donzelas
Se embatem lentamente em seu amor hediondo.

Hurra! alegres bufões, dançarinos sem pança!
O estrado é grande, andai a cabriolar, meninos!
Que não se saiba mais se isto é batalha ou dança!
Arranha Belzebu, com fúria, seus violinos!

Já não gasta a sandália o duro calcanhar!
A camisa de pele a maioria arranca;
O resto vê-se bem sem muito se acanhar.
Sobre as calvas, a neve aplica a touca branca;

Serve o corvo de pluma ao crânio a que se entrega;
De um magro queixo pende a carne nunca farta.
Dir-se-iam, a voltear em lúgubre refrega,
Campeões, hirtos, chocando armaduras de carta.[6]

Hurrah! La bise siffle au grand bal des squelettes!
Le gibet noir mugit comme un orgue de fer!
Les loups vont répondant des forêts violettes:
À l'horizon, le ciel est d'un rouge d'enfer...

Holà, secouez-moi ces capitans funèbres
Qui défilent, sournois, de leurs gros doigts cassés
Un chapelet d'amour sur leurs pâles vertèbres:
Ce n'est pas un moustier ici, les trépassés!

Oh! voilà qu'au milieu de la danse macabre
Bondit dans le ciel rouge un grand squelette fou
Emporté par l'élan, comme un cheval se cabre:
Et, se sentant encor la corde raide au cou,

Crispe ses petits doigts sur son fémur qui craque
Avec des cris pareils à des ricanements,
Et, comme un baladin rentre dans la baraque,
Rebondit dans le bal au chant des ossements.

> *Au gibet noir, manchot aimable,*
> *Dansent, dansent les paladins,*
> *Les maigres paladins du diable,*
> *Les squelettes de Saladins.*

Hurra! o vento a assoviar no baile de esqueletos!
A negra forca muge — é um férreo órgão de uivos!
Lobos respondem, longe, em seus bosques de abetos[7]
E o céu tem, no horizonte, a cor de infernos ruivos...

Vamos lá, balançai meus fúnebres farsantes[8]
Que desfiam, fingindo, em dedos desconjuntos
Um rosário de amor nas vértebras hiantes:
Não estais num mosteiro, ó restos de defuntos![9]

Nessa dança macabra, eis que então, repentino,
Um esqueleto salta aos céus em alvoroço[10]
Levado em seu afã, como um cavalo a pino;
E, sentindo inda a corda esticar-lhe o pescoço,

Crispa seus dedos sobre o fêmur que se solta
Com gritos que são mais chacotas e risadas,
E assim como o bufão que ao picadeiro volta,
Chocalha-se no baile ao canto das ossadas.

> Na negra forca, o bom maneta,
> Dançam, dançam os paladinos,
> Os paladinos do capeta,
> Esqueletos de Saladinos.

LE CHÂTIMENT DE TARTUFE

Tisonnant, tisonnant son cœur amoureux sous
Sa chaste robe noire, heureux, la main gantée,
Un jour qu'il s'en allait, effroyablement doux,
Jaune, bavant la foi de sa bouche édentée,

Un jour qu'il s'en allait, "Oremus", – un Méchant
Le prit rudement par son oreille benoîte
Et lui jeta des mots affreux, en arrachant
Sa chaste robe noire autour de sa peau moite!

Châtiment!... Ses habits étaient déboutonnés,
Et le long chapelet des péchés pardonnés
S'égrenant dans son cœur, Saint Tartufe était pâle!...

Donc, il se confessait, priait, avec un râle!
L'homme se contenta d'emporter ses rabats...
– Peuh! Tartufe était nu du haut jusques en bas!

O CASTIGO DE TARTUFO[1]

Na casta veste negra, atiçando, atiçando[2]
O amor no coração, feliz, mão enluvada,[3]
Um dia em que passava, horrivelmente brando,
Céreo, babando fé da boca desdentada,[4]

Um dia em que passava, "Oremus", — um Malvado[5]
Com rudeza o agarrou pela sagrada orelha
E nomes vis lançou-lhe, após ter arrancado
A casta veste negra à sua carne velha!

Castigo!... Os trajes seus estão desabotoados,
E o rosário sem fim dos pecados perdoados[6]
Desfia-se no chão... Tartufo perde a cor!...

E o Santo se confessa, e reza, em estertor![7]
O homem só lhe arrancara o colarinho, e, em vez[8]
— Tartufo estava nu desde a cabeça aos pés!

LE FORGERON

Palais des Tuileries, vers le 10 août [17]92.

Le bras sur un marteau gigantesque, effrayant
D'ivresse et de grandeur, le front vaste, riant
Comme un clairon d'airain, avec toute sa bouche,
Et prenant ce gros-là dans son regard farouche,
Le Forgeron parlait à Louis Seize,un jour
Que le Peuple était là, se tordant tout autour,
Et sur les lambris d'or traînant sa veste sale.
Or le bon roi, debout sur son ventre, était pâle,
Pâle comme un vaincu qu'on prend pour le gibet,
Et, soumis comme un chien, jamais ne regimbait,
Car ce maraud de forge aux énormes épaules
Lui disait de vieux mots et des choses si drôles,
Que cela l'empoignait au front, comme cela!

"Or, tu sais bien, Monsieur, nous chantions tra la la
Et nous piquions les bœufs vers les sillons des autres:
Le Chanoine au soleil filait des patenôtres
Sur des chapelets clairs grenés de pièces d'or.
Le Seigneur, à cheval, passait, sonnant du cor,
Et l'un avec la hart, l'autre avec la cravache
Nous fouaillaient. — Hébétés comme des yeux de vache,
Nos yeux ne pleuraient plus; nous allions, nous allions,
Et quand nous avions mis le pays en sillons,
Quand nous avions laissé dans cette terre noire
Un peu de notre chair... nous avions un pourboire:
On nous faisait flamber nos taudis dans la nuit;
Nos petits y faisaient un gâteau fort bien cuit.

..."Oh! je ne me plains pas. Je te dis mes bêtises,
C'est entre nous. J'admets que tu me contredises.
Or, n'est-ce pas joyeux de voir, au mois de juin

O FERREIRO

Palácio da Tulherias, cerca de 10 de agosto de |17|92'

O braço sobre o malho imenso, assustador
De embriaguez e garbo, a vasta fronte, rindo
Como um clarim de bronze, a boca escancarada,
Fitando o figurão com seu olhar bravio,
O Ferreiro falava ao rei Luís Dezesseis,
Nesse dia em que o Povo estava lá, em volta,
Nos dourados lambris roçando as roupas sujas.
Ora o bom rei, erguendo a pança, estava pálido,
Qual se fosse um vencido a caminho da forca,
E humilde como um cão, jamais recalcitrava,
Que o ferreiro insolente e de enormes espáduas
Lhe dizia brutais palavras, coisas chulas
Que era duro agüentar ditas na cara, assim!

"Senhor, tu sabes bem que a cantar trá-lá-lá,
Levávamos os bois para os sulcos alheios:
Nosso Cônego ao sol desfiava padre-nossos
No rosário a brilhar com suas contas de ouro.
O Patrão, a cavalo, ia tocando a trompa,
E este com seu baraço, aquele com a chibata,
Nos lanhava. — Imbecis, como os olhos das vacas,
Nossos olhos já não choravam; lá seguíamos,
E depois de ter feito a terra toda em sulcos,
Quando no solo negro havíamos deixado
De nossa carne um pouco... a espórtula nos davam:
Faziam nossa choça à noite arder em chamas;
De nossos filhos nela um bolo bem cozido.

..."Mas, ah! não me lamento. Eu digo-te besteiras,
Fica entre nós. Admito até que me contestes.
Não é bonito ver-se, em pleno mês de junho,

Dans les granges entrer des voitures de foin
Énormes? De sentir l'odeur de ce qui pousse,
Des vergers quand il pleut un peu, de l'herbe rousse?
De voir des blés, des blés, des épis pleins de grain,
De penser que cela prépare bien du pain?...
Oh! plus fort, on irait, au fourneau qui s'allume,
Chanter joyeusement en martelant l'enclume,
Si l'on était certain de pouvoir prendre un peu,
Étant homme, à la fin! de ce que donne Dieu!
– Mais voilà, c'est toujours la même vieille histoire!

"Mais je sais, maintenant! Moi, je ne peux plus croire,
Quand j'ai deux bonnes mains, mon front et mon marteau,
Qu'un homme vienne là, dague sur le manteau,
Et me dise: Mon gars, ensemence ma terre;
Que l'on arrive encor, quand ce serait la guerre,
Me prendre mon garçon comme cela, chez moi!
– Moi, je serais un homme, et toi, tu serais roi,
Tu me dirais: Je veux!... – Tu vois bien, c'est stupide.
Tu crois que j'aime voir ta baraque splendide,
Tes officiers dorés, tes mille chenapans,
Tes palsembleu bâtards tournant comme des paons:
Ils ont rempli ton nid de l'odeur de nos filles
Et de petits billets pour nous mettre aux Bastilles,
Et nous dirons: C'est bien: les pauvres à genoux!
Nous dorerons ton Louvre en donnant nos gros sous!
Et tu te soûleras, tu feras belle fête.
– Et ces Messieurs riront, les reins sur notre tête!

"Non. Ces saletés-là datent de nos papas!
Oh! Le Peuple n'est plus une putain. Trois pas
Et, tous, nous avons mis ta Bastille en poussière.
Cette bête suait du sang à chaque pierre
Et c'était dégoûtant, la Bastille debout
Avec ses murs lépreux qui nous racontaient tout
Et, toujours, nous tenaient enfermés dans leur ombre!
– Citoyen! citoyen! c'était le passé sombre
Qui croulait, qui râlait, quand nous prîmes la tour!
Nous avions quelque chose au cœur comme l'amour.

Pelas granjas entrando as carroças de feno
Enormes? E sentir o odor de quanto brota
Nos vergéis quando chove um pouco, e a grama é ruiva?
De ver o trigo, o trigo, as espigas repletas
De grãos, achando que isso é a promessa de pão?...
Ah! que mais forte então, junto à fornalha acesa,
Iríamos cantar, malhando nas bigornas,
Se uma certeza houvesse, homens sendo, de termos
Um pouco do que dá a todos homens Deus!
— Mas aí é que está, é sempre a velha história!...

"Mas agora sei bem! Não posso mais achar,
Tendo eu cá boas mãos, minha cabeça e o malho,
Que um homem venha aqui, de adaga sob o manto,
E me diga: Rapaz, anda a semear meu campo;
Ou que venham depois, quando houver uma guerra,
Carregar com meu filho, assim, sem mais nem menos!
— Digamos lá: eu sou um homem, tu és rei,
E me ordenas: Eu quero!... — É estúpido, vê bem.
Pensas que adoro ver tua barraca esplêndida,
Teus louros oficiais, teus mil apaniguados,
Teus bastardos que praga empavonando em volta?
Deixaram no teu ninho o odor de nossas filhas,
E cartas que nos põem nas grades das Bastilhas,
E inda vamos dizer: Certo! os pobres, de joelhos!
Teu Louvre vais dourar com nossos ricos soldos
E te embebedarás, em tua grande festa,
— E os Senhores rirão, sentando em nossas fuças!

"Não. Essa sordidez é coisa do passado!
O Povo não é mais uma puta. Três passos[2]
E pusemos no pó, nós todos, a Bastilha.
Esse monstro suava, em cada pedra, sangue
E era asqueroso ver a Bastilha de pé
Com seus muros que, a nós, nos revelavam tudo
E, sempre, nos mantendo à sombra encarcerados!
— Cidadão! cidadão! era o passado negro
Que tombava, esvaía, ao tomarmos a torre!
Em nosso coração algo havia de amor.

Nous avions embrassé nos fils sur nos poitrines.
Et, comme des chevaux, en soufflant des narines
Nous allions, fiers et forts, et ça nous battait là...
Nous marchions au soleil, front haut, – comme cela, –
Dans Paris! On venait devant nos vestes sales.
Enfin! Nous nous sentions Hommes! Nous étions pâles,
Sire, nous étions soûls de terribles espoirs:
Et quand nous fûmes là, devant les donjons noirs,
Agitant nos clairons et nos feuilles de chêne,
Les piques à la main; nous n'eûmes pas de haine,
– Nous nous sentions si forts, nous voulions être doux!
....
....

"Et depuis ce jour-là, nous sommes comme fous!
Le tas des ouvriers a monté dans la rue,
Et ces maudits s'en vont, foule toujours accrue
De sombres revenants, aux portes des richards.
Moi, je cours avec eux assommer les mouchards.
Et je vais dans Paris, noir, marteau sur l'épaule,
Farouche, à chaque coin balayant quelque drôle,
Et, si tu me riais au nez, je te tuerais!
– Puis, tu peux y compter, tu te feras des frais
Avec tes hommes noirs, que prennent nos requêtes
Pour se les renvoyer comme sur des raquettes
Et, tout bas, les malins! se disent: "Qu'ils sont sots!"
Pour mitonner des lois, coller de petits pots
Pleins de jolis décrets roses et de droguailles,
S'amuser à couper proprement quelques tailles,
Puis se boucher le nez quand nous marchons près d'eux,
– Nos doux représentants qui nous trouvent crasseux! –
Pour ne rien redouter, rien, que les baïonnettes...,
C'est très bien. Foin de leur tabatière à sornettes!
Nous en avons assez, là, de ces cerveaux plats
Et de ces ventres-dieux. Ah! ce sont là les plats
Que tu nous sers, bourgeois, quand nous sommes féroces,
Quand nous brisons déjà les sceptres et les crosses!..."
....

Tomamos sobre o peito os filhos num abraço.
E como os alazões, a fumegar as ventas,
Partimos, tendo fúria e força, dentro, aqui...
E marchamos ao sol, a fronte erguida — assim —
Sobre Paris! levando as nossas roupas sujas!
Sentimo-nos, enfim, Homens! Senhor, estávamos
Pálidos e ébrios, sim, de esperanças terríveis:
Quando chegamos lá, junto aos negros torreões,
Agitando clarins e as folhas de carvalho,
Nossas lanças à mão; não sentíamos ódio,
— Tão fortes nos achando, ansiávamos ser bons!....

....

....

"Depois daquele dia, andamos como loucos!
Obreiros aos montões se apinham pelas ruas,
E os miseráveis vão, turba sempre acrescida
De espectros fantasmais, à porta dos ricaços.
E junto deles corro a massacrar espias:
Sujo, vou por Paris, minha marreta ao ombro,
Feroz, em cada esquina abatendo um tratante;
Se me risses na cara, eu bem te mataria!
— Depois, estejas certo, hás de pagar bem caro
Com teus homens de negro, esses que fazem jogo
De péla, um vai-e-vem com as nossas petições,[3]
E, safados, em voz baixa exclamam: "Que tolos!"
A cozinhar as leis, a colar nas paredes
Seus decretinhos cor-de-rosa e a droga toda,
Felizes por cortar a seu gosto as medidas
E tapando o nariz se lhes passamos perto,
— Finos representantes que nos acham porcos! —
E nada os faz temer, senão as baionetas...
Pois bem. É o fim de seus rosários de intrujices![4]
Já tivemos de mais dessas cabeças ocas
E panças a estourar. Ah! esses são os pratos
Que nos serves, burguês, quando entrados em fúria,
Nos pomos a quebrar os báculos e os cetros!..."

....

Il le prend par le bras, arrache le velours
Des rideaux, et lui montre en bas les larges cours
Où fourmille, où fourmille, où se lève la foule,
La foule épouvantable avec des bruits de houle,
Hurlant comme une chienne, hurlant comme une mer,
Avec ses bâtons forts et ses piques de fer,
Ses tambours, ses grands cris de halles et de bouges,
Tas sombre de haillons saignant de bonnets rouges:
L'Homme, par la fenêtre ouverte, montre tout
Au roi pâle et suant qui chancelle debout,
Malade à regarder cela!

                            "C'est la Crapule,
Sire. Ça bave aux murs, ça monte, ça pullule:
— Puisqu'ils ne mangent pas, Sire, ce sont des gueux!
Je suis un forgeron: ma femme est avec eux,
Folle! Elle croit trouver du pain aux Tuileries!
— On ne veut pas de nous dans les boulangeries.
J'ai trois petits. Je suis crapule. — Je connais
Des vieilles qui s'en vont pleurant sous leurs bonnets
Parce qu'on leur a pris leur garçon ou leur fille:
C'est la crapule. — Un homme était à la Bastille,
Un autre était forçat: et tous deux, citoyens
Honnêtes. Libérés, ils sont comme des chiens:
On les insulte! Alors, ils ont là quelque chose
Qui leur fait mal, allez! C'est terrible, et c'est cause
Que se sentant brisés, que, se sentant damnés,
Il sont là, maintenant, hurlant sous votre nez!
Crapule — Là-dedans sont des filles, infâmes
Parce que, — vous saviez que c'est faible, les femmes, —
Messeigneurs de la cour, — que ça veut toujours bien, —
Vous [leur] avez craché sur l'âme, comme rien!
Vos belles, aujourd'hui, sont là. C'est la crapule.
....
....

"Oh! tous les Malheureux, tous ceux dont le dos brûle
Sous le soleil féroce, et qui vont, et qui vont,
Qui dans ce travail-là sentent crever leur front...
Chapeau bas, mes bourgeois! Oh! ceux-là, sont les Hommes!

E toma-o pelo braço, arranca com o veludo
Da cortina, e lhe mostra embaixo os amplos pátios
Onde formiga a turba e em peso se levanta,
Tremenda multidão com seu rugir de vagas,
Urlando como um cão, urrando como um mar,
Com cajados e paus e seus chuços de ferro,
Tambores e o refrão das feiras e cortiços,
Um monturo a sangrar de barretes vermelhos:
O Homem, pela janela aberta, mostra tudo
Ao rei pálido, em pé, que cambaleia e, suando,
Sente-se mal ao ver aquilo!
       "Eis a Canalha,
Senhor; que tudo mancha, expande-se, pulula:
Porque não comem mais, Senhor, são uma escória!
Eu sou ferreiro: está minha mulher na turba,
Pobre! pensa encontrar o pão nas Tulherias!
— Pois não querem saber de nós nas padarias.
Tenho três filhos. Sou dessa ralé. — Conheço
Muitas velhas que vão chorando sob as coifas
Porque levaram seu rapaz ou sua filha:
Eis a ralé. — Ali, um homem da Bastilha,
Outro que era forçado: e os dois, bons cidadãos,
Honestos. Mas depois de soltos, são dois cães:
Insultam-nos! Então sentem algo no peito
Que lhes faz mal, sabeis? E terríveis, porquanto,
Por se sentirem maus, destruídos, condenados,
É que se encontram lá, urrando à vossa cara!
A ralé. — Lá no meio estão moças, infames
Porque, — ah! bem sabeis quão fracas, as mulheres, —
Senhores cortesãos — que gostais que assim seja —,
Vós lhes haveis cuspido em plena alma, à toa!
Vossas amantes, hoje, estão lá. São ralé.
....
....

"Oh! todos esses lá, Infelizes, que o dorso
Inclinam sob o sol ferrenho, e continuam
Sentindo no trabalho o corpo aniquilar-se...
Tirai-lhes o chapéu, burgueses, pois são Homens!

Nous sommes Ouvriers, Sire! Ouvriers! Nous sommes
Pour les grands temps nouveaux où l'on voudra savoir,
Où l'Homme forgera du matin jusqu'au soir,
Chasseur des grands effets, chasseur des grandes causes,
Où, lentement vainqueur, il domptera les choses
Et montera sur Tout, comme sur un cheval!
Oh! splendides lueurs des forges! Plus de mal,
Plus! — Ce qu'on ne sait pas, c'est peut-être terrible:
Nous saurons! — Nos marteaux en main, passons ou crible
Tout ce que nous savons: puis, Frères, en avant!
Nous faisons quelquefois ce grand rêve émouvant
De vivre simplement, ardemment, sans rien dire
De mauvais, travaillant sous l'auguste sourire
D'une femme qu'on aime avec un noble amour:
Et l'on travaillerait fièrement tout le jour,
Écoutant le devoir comme un clairon qui sonne:
Et l'on se sentirait très heureux; et personne,
Oh! personne, surtout, ne vous ferait ployer!
On aurait un fusil au-dessus du foyer...

....

"Oh! mais l'air est tout plein d'une odeur de bataille!
Que te disais-je donc? Je suis de la canaille!
Il reste des mouchards et des accapareurs.
Nous sommes libres, nous! Nous avons des terreurs
Où nous nous sentons grands, oh! si grands! Tout à l'heure
Je parlais de devoir calme, d'une demeure...
Regarde donc le ciel! — C'est trop petit pour nous,
Nous crèverions de chaud, nous serions à genoux!
Regarde donc le ciel! — Je rentre dans la foule,
Dans la grande canaille effroyable, qui roule,
Sire, tes vieux canons sur les sales pavés:
— Oh! quand nous serons morts, nous les aurons lavés
— Et si, devant nos cris, devant notre vengeance,
Les pattes des vieux rois mordorés, sur la France
Poussent leurs régiments en habits de gala,
Eh bien, n'est-ce pas, vous tous? — Merde à ces chiens-là!"

Somos Obreiros, sim, Obreiros! Fomos feitos
Para os tempos a vir em que haverá saber,
Em que o Homem forjará do amanhecer à noite
Querendo o grande efeito, ansiando as grandes causas,
E, aos poucos, vencedor, há de domar as coisas,
Em Tudo há de montar qual montasse um corcel!
Esplêndido fulgor das forjas! Fim do mal,
Acabou-se! — Talvez o insabido é terrível:
Saberemos! Martelo à mão, vamos passar
No crivo o que se sabe: Irmãos, depois, avante!
Tenhamos quando em vez o sonho emocionante
De vivermos em paz, ardentes e sem nada
Maldizer, trabalhando ante o sorriso augusto
Da mulher que nos ama e nobremente amamos:
E iremos trabalhar altivos todo o dia,
Escutando o dever como um clarim que soa;
Iremo-nos sentir felizes; e ninguém,
Sobretudo, ninguém nos vai fazer curvar!
Teremos um fuzil por cima da lareira!
....

"Mas oh! que o ar se encheu de um cheiro de batalha!
Que estava a te dizer? Sou parte da canalha!
Restam ainda espiões e os açambarcadores,
Mas somos livres, nós! Conhecemos terrores
Que nos fazem sentir bem grandes! Inda há pouco
Falei-te de um dever tranqüilo, de uma casa...
Mas, olha para o céu! — É por demais pequeno;
Morreríamos nele asfixiados, de joelhos!
Olha pois para o céu! — Eu volto à populaça,
A essa grande canalha assombrosa, que rola
Teus cansados canhões por sobre as lajes sujas:
Pois bem! com a nossa morte havemos de lavá-las
— E se ante a nossa grita, ante a nossa vingança,
Brônzeas patas de reis, mandarem sobre a França
Regimentos marchar com seus trajes de gala,
Mandaremos, pois bem, — à Merda esses cachorros!"

– Il reprit son marteau sur l'épaule.
                              La foule
Près de cet homme-là se sentait l'âme soûle,
Et, dans la grande cour, dans les appartements,
Où Paris haletait avec des hurlements,
Un frisson secoua l'immense populace.
Alors, de sa main large et superbe de crasse,
Bien que le roi ventru suât, le Forgeron,
Terrible, lui jeta le bonnet rouge au front!

— Pôs de novo o martelo ao ombro.
                              A multidão
Junto a esse homem sentiu sua alma inebriada,
E no pátio da corte e no palácio inteiro,
Onde toda Paris urlava com seus uivos,
Um frêmito vibrou na imensa populaça.
Então, com a mão enorme e grossa de sujeira,
Estando o rei a suar, terrível o Ferreiro
Atirou-lhe na cara o barrete vermelho!

☆

"...Français de soixante-dix, bonapartistes,
républicains, souvenez -vouz de vos pères em 92, etc.

PAUL DE CASSAGNAC.
— Le Pays. —

Morts de Quatre-vingt-douze et de Quatre-vingt-treize,
Qui, pâles du baiser fort de la liberté,
Calmes, sous vos sabots, brisiez le joug qui pèse
Sur l'âme et sur le front de toute humanité;

Hommes extasiés et grands dans la tourmente,
Vous dont les cœurs sautaient d'amour sous les haillons,
Ô Soldats que la Mort a semés, noble Amante,
Pour les régénérer, dans tous les vieux sillons;

Vous dont le sang lavait toute grandeur salie,
Morts de Valmy, Morts de Fleurus, Morts d'Italie,
Ô million de Christs aux yeux sombres et doux;

Nous vous laissions dormir avec la République,
Nous, courbés sous les rois comme sous une trique:
— Messieurs de Cassagnac nous reparlent de vous!

Fait à Mazas, 3 septembre 1870.

☆ [1]

...Franceses de mil oitocentos e setenta, bonapartistas, republicanos, lembrai-vos de vossos pais em 92, etc.

—PAUL DE CASSAGNAC
— *Le Pays* —

Ó mortos de Noventa-e-dois/Noventa-e-três,
Que, pálidos do beijo audaz da liberdade,
Calmos, a vossos pés, quebrado o jugo haveis
Que baixara a cerviz de toda a humanidade;

Homens fortes, febris, que na tormenta, avante,
Corações a saltar de amor, e esfarrapados;
Ó soldados que a Morte espalhou, nobre Amante,
Para os fazer brotar, nos sulcos dos arados;[2]

Vosso sangue lavou a pecha da batalha,
Ó mortos de Valmy, de Fleurus e de Itália,
Ó Cristos aos milhões, sem olhos e sem voz;[3]

Com a República nós no sono vos deixamos
Curvados sobre os reis que estávamos, e estamos:[4]
— Voltam os Cassagnac a nos falar de vós![5]

Feito em Mazas, a 3 de setembro de 1870.

À LA MUSIQUE

Place de la gare. à Charleville.

Sur la place taillée en mesquines pelouses,
Square où tout est correct, les arbres et les fleurs.
Tous les bourgeois poussifs qu'étranglent les chaleurs
Portent, les jeudis soirs, leurs bêtises jalouses.

— L'orchestre militaire, au milieu du jardin,
Balance ses schakas dans la **Valse des fifres:**
— Autour, aux premiers rangs, parade le gandin;
Le notaire pend à ses breloques à chiffres;

Des rentiers à lorgnons soulignent tous les couacs:
Les gros bureaux bouffis traînent leurs grosses dames
Auprès desquelles vont, officieux cornacs,
Celles dont les volants ont des airs de réclames;

Sur les bancs verts, des clubs d'épiciers retraités
Qui tisonnent le sable avec leur canne à pomme,
Fort sérieusement discutent les traités,
Puis prisent en argent, et reprennent: "En somme!..."

Épatant sur son banc les rondeurs de ses reins,
Un bourgeois à boutons clairs, bedaine flamande,
Savoure son onnaing d'où le tabac par brins
Déborde — vous savez, c'est de la cantrebande;-

Le long des gazons verts ricanent les voyous;
Et, rendus amoureux par le chant des trombones,
Très naïfs, et fumant des roses, les pioupious
Caressent les bébés pour enjôler les bonnes...

À MÚSICA

Praça da estação, em Charleville[1]

Na praça retalhada em canteiros mesquinhos,
Onde tudo é correto, as árvores e as flores,
Burgueses ofegando asmáticos calores
Passeiam, quinta-feira à noite, os colarinhos.

— A orquestra militar, em meio da pracinha,
Balança seus bonés na *Valsa dos Flautins;*[2]
— À volta, a se exibir na frente, o "almofadinha";[3]
O notário que cai dos berloques chinfrins.[4]

Agiotas de lornhon sublinham notas fracas;[5]
Vão gordos escrivães levando de arrastão
Grossas damas, iguais a atenciosos cornacas,[6]
Dessas cujo trajar cheira à remarcação.[7]

Nos bancos verdes vêem-se, em grupo, aposentados
Hortelãos, futucando a bengala na areia,[8]
Discutem seriamente os últimos tratados,
Depois tomam rapé e rematam: "Pois creia!.."

No banco esparramando as nádegas obesas,
Um burguês, os botões brancos da pança inflando,
Saboreia o cachimbo onde pendem acesas[9]
Iscas de fumo — sim, fumo de contrabando;[10]

Pelas aléias riem-se os malandrins e as putas;[11]
Põe o som do trombone os corações em chamas,
E, fumando uma "rosa",[12] ingênuos, os recrutas[13]
Vão bulir com os bebés para embair as amas...

– Moi, je suis, débraillé comme un étudiant
Sous les marronniers verts les alertes fillettes:
Elles le savent bien, et tournent en riant,
Vers moi, leurs yeux tout pleins de choses indiscrètes.

Je ne dis pas un mot: je regarde toujours
La chair de leurs cous blancs brodés de mèches folles:
Je suis, sous le corsage et les frêles atours,
Le dos divin après la courbe des épaules.

J'ai bientôt déniché la bottine, le bas...
– Je reconstruis les corps, brûlé de belles fièvres.
Elles me trouvent drôle et se parlent tout bas...
– Et je sens les baisers qui me viennent aux lèvres...

— E eu ali — estouvado estudante, fingindo
Não ver que as moças vão sob as árvores quietas;
Mas elas sabem bem, e me dirigem rindo
Um carregado olhar de coisas indiscretas.

Não consigo falar: mas mudo, em meus assombros,
Vejo a carne de um colo entre cachos macios;
Sigo sob o corpete e os frágeis atavios
·Um dorso divinal na curva de seus ombros.

Com pouco lhes suprimo as botinhas, as meias...[13]
— Os corpos reconstruo ardendo em febre louca.
Achando-me um bobão, põem-se a falar a meias....
— E sinto um beijo vir chegando à minha boca.

VÉNUS ANADYOMÈNE

Comme d'un cercueil vert en fer blanc, une tête
De femme à cheveux bruns fortement pommadés
D'une vieille baignoire émerge, lente et bête,
Avec des déficits assez mal ravaudés;

Puis le col gras et gris, les larges omoplates
Qui saillent; le dos court qui rentre et qui ressort;
Puis les rondeurs des reins semblent prendre l'essor;
La graisse sous la peau paraît en feuilles plates;

L'échine est un peu rouge, et le tout sent un goût
Horrible étrangement; on remarque surtout
Des singularités qu'il faut voir à la loupe...

Les reins portent deux mots gravés: **Clara Venus;**
— Et tout ce corps remue et tend sa large croupe
Belle hideusement d'un ulcère à l'anus.

VÊNUS ANADIOMENE[1]

Qual de um verde caixão de zinco, uma cabeça[2]
Morena de mulher, cabelos emplastados,
Surge de uma banheira antiga, vaga e avessa,[3]
Com déficits que estão a custo retocados.[4]

Brota após grossa e gorda a nuca, as omoplatas[5]
Anchas; o dorso curto ora sobe ora desce;
Depois a redondez do lombo é que aparece;[6]
A banha sob a carne espraia em placas chatas;

A espinha é um tanto rósea, e o todo tem um ar[7]
Horrendo estranhamente; há, no mais, que notar[8]
Pormenores que são de examinar-se à lupa...

Nas nádegas gravou dois nomes: *Clara Vênus*[9];
— E o corpo inteiro agita e estende a ampla garupa
Com a bela hediondez de uma úlcera no ânus.[10]

PREMIÈRE SOIRÉE

– Elle était fort déshabillée
Et de grands arbres indiscrets
Aux vitres jetaient leur feuillée
Malinement, tout près, tout près.

Assise sur ma grande chaise,
Mi-nue, elle joignait les mains.
Sur le plancher frissonnaient d'aise
Ses petits pieds si fins, si fins.

– Je regardai, couleur de cire,
Un petit rayon buissonnier
Papillonner dans son sourire
Et sur son sein, – mouche au rosier.

– Je baisai ses fines chevilles.
Elle eut un doux rire brutal
Qui s'égrenait en claires trilles,
Un joli rire de cristal.

Les petits pieds sous la chemise
Se sauvèrent: "Veux-tu finir!"
– La première audace permise,
Le rire feignait de punir!

– Pauvrets palpitants sous ma lèvre,
Je baisai doucement ses yeux:
– Elle jeta sa tête mièvre
En arrière: "Oh! c'est encor mieux!...

PRIMEIRA TARDE[1]

Era bem leve a roupa dela
E um grande ramo muito esperto
Lançava as folhas na janela,[2]
Maldosamente perto, perto.

Quase desnuda, na cadeira
Cruzava as mãos, e os pequeninos
Pés esfregava na madeira
Do chão, libertos, finos, finos.

— Eu via pálido, indeciso,
Um raiozinho em seu gazeio[3]
Borboletear em seu sorriso
— Mosca na rosa — e no seu seio.

— Beijei-lhe então os tornozelos.
Deu ela um grito inatural
Que se esfolhou em ritornelos,
Um belo riso de cristal.

Os pés na camisola, arisca,
Logo escondeu: "Queres parar!"
— Primeira audácia que se arrisca
E o riso finge castigar!

Sinto-lhe os olhos palpitantes
Sob os meus lábios. Sem demora
Num de seus gestos petulantes,
Volta a cabeça: "Ora essa agora!...

Monsieur, j'ai deux mots à te dire..."
– Je lui jetai le reste au sein
Dans un baiser, qui la fit rire
D'un bon rire qui voulait bien...

– Elle était fort déshabillée
Et de grands arbres indiscrets
Aux vitres jetaient leur feuillée
Malinement, tout près, tout près.

Escuta aqui que vou dizer-te..."
Mas eu lhe aplico junto ao seio
Um beijo enorme, que a diverte
Fazendo-a rir agora em cheio...

Era bem leve a roupa dela
E um grande ramo muito esperto
Lançava as folhas na janela
Maldosamente, perto, perto.

LES REPARTIES DE NINA

....

LUI. – *Ta poitrine sur ma poitrine,*
Hein? nous irions,
Ayant de l'air plein la narine,
Aux frais rayons

Du bon matin bleu, qui vous baigne
Du vin de jour?...
Quand tout le bois frissonnant saigne
Muet d'amour

De chaque branche, gouttes vertes,
Des bourgeons clairs,
On sent dans les choses ouvertes
Frémir des chairs:

Tu plongerais dans la luzerne
Ton blanc peignoir,
Rosant à l'air ce bleu qui cerne
Ton grand œil noir,

Amoureuse de la campagne,
Semant partout,
Comme une mousse de champagne,
Ton rire fou:

Riant à moi, brutal d'ivresse,
Qui te prendrais.
Comme cela, – la belle tresse,
Oh! – qui boirais

AS RÉPLICAS DE NINA[1]

....

ELE. — Vamos, meu peito contra o teu,
Bem juntos, hã!?,
Gozar o ar puro, o azul do céu
Desta manhã

De fresco sol que banha o dia
De vinho?... e, por
Todo o bosque, que se inebria
Mudo de amor,

Ver cada galho que desperta,
Claros botões,
Sentindo, em cada coisa aberta,
Carne em tensões:

E atirarás para as urtigas
Teu penhoar,
Rosando o ar azul que abrigas
Em teu olhar,

Que pelos campos te acompanhe
Semeando em tudo,
Como uma espuma de champanhe
Teu riso agudo,

A rir de mim, ébrio que avança
— Assim vai ser! —
Para agarrar-te a bela trança,
Oh! — e beber

Ton goût de framboise et de fraise,
Ô chair de fleur!
Riant au vent vif qui te baise
Comme un voleur,

Au rose églantier qui t'embête
Aimablement:
Riant surtout, ô folle tête,
À ton amant!...

....

Dix-sept ans! Tu seras heureuse!
Oh! les grands prés!
La grande campagne amoureuse!
– Dis, viens plus près!...

– Ta poitrine sur ma poitrine,
Mêlant nos voix,
Lents, nous gagnerions la ravine,
Puis les grands bois!...

Puis, comme une petite morte,
Le cœur pâmé,
Tu me dirais que je te porte,
L'œil mi-fermé...

Je te porterais, palpitante,
Dans le sentier:
L'oiseau filerait son andante:
Au Noisetier...

Je te parlerais dans ta bouche:
J'irais, pressant
Ton corps, comme une enfant qu'on couche,
Ivre du sang

Qui coule, bleu, sous ta peau blanche
Aux tons rosés:
Et te parlant la langue franche...
Tiens!... – que tu sais...

Teu gosto de amora e cereja
        Carne em botão!
Que ris da brisa que te beija
        Como um ladrão,

Da rosa-brava que te invoca,
        Acariciante;
E, sobretudo, ó minha louca,
        De teu amante!...

....

Teus dezessete anos! Ditosos!
        Oh! que deserto
Nos grandes prados amorosos!...
        Chega mais perto!...

— Teu peito sobre o meu inclina;
        Numa só voz,
Lentos, ganhamos a ravina,
        E a mata após!...

Desfalecida e quase entregue,
        Em teus refolhos,
Me pedirás que te carregue
        Cerrando os olhos...

E vou levar-te, palpitante,
        Pelo sendeiro.
Uma ave canta o seu andante:[2]
        Ao Castanheiro...

Falar na boca, arfar na face
        Irei, premendo
Teu corpo como se o berçasse,
        Teu sangue vendo

Correr azul na pele branca
        De róseo tom;
E te falando a língua franca...
        Que sabes... — Bom!...

Nos grands bois sentiraient la sève
　　　　Et le soleil
Sablerait d'or fin leur grand rêve
　　　　Vert et vermeil.

....

Le soir?... Nous reprendrons la route
　　　　Blanche qui court
Flânant, comme un troupeau qui broute,
　　　　Tout à l'entour

Les bons vergers à l'herbe bleue
　　　　Aux pommiers tors!
Comme on les sent toute une lieue
　　　　Leurs parfums forts!

Nous regagnerons le village
　　　　Au ciel mi-noir;
Et ça sentira le laitage
　　　　Dans l'air du soir;

Ça sentira l'étable, pleine
　　　　De fumiers chauds,
Pleine d'un lent rythme d'haleine,
　　　　Et de grands dos

Blanchissant sous quelque lumière;
　　　　Et, tout là-bas,
Une vache fientera, fière,
　　　　À chaque pas...

– Les lunettes de la grand-mère
　　　　Et son nez long
Dans son missel; le pot de bière
　　　　Cerclé de plomb,

Moussant entre les larges pipes
　　　　Qui, crânement,
Fument: les effroyables lippes
　　　　Qui, tout fumant,

No bosque o odor de seivas ponho...
            Do sol o espelho
Polvilha de ouro o grande sonho
            Verde e vermelho.

....

À tarde?... A trilha branca em face,
            A serpentear
Como um rebanho que pastasse,
            Vamos tomar,

Vendo vergéis de erva azulada,
            Maçãs, agrumes,
Sentindo ao longe pela estrada
            Fortes perfumes!

O sol, de volta ao vilarejo,
            Já não mais arde;
E há de haver um cheiro a queijo
            No ar da tarde;

E nos estábulos, depois,
            A estrume morno;
E os lentos hálitos dos bois,
            Dorsos em torno

Brancos, à luz qué morre e seca;
            E, noutro espaço,
A vaca ufana que defeca
            A cada passo...

— As *cangalhas* da avó que arqueja[3]
            Sobre o missal;
E esses canecos de cerveja
            De aro em metal,

Que entre cachimbos que fumegam
            Vão espumando;
E os brutos beiços que se entregam,
            Sempre fumando,

Happent le jambon aux fourchettes
Tant, tant et plus:
Le feu qui claire les couchettes
Et les bahuts.

Les fesses luisantes et grasses
D'un gros enfant
Qui fourre, à genoux, dans les tasses,
Son museau blanc

Frôlé par un mufle qui gronde
D'un ton gentil,
Et pourlèche la face ronde
Du cher petit...

Noire, rogue au bord de sa chaise,
Affreux profil,
Une vieille devant la braise
Qui fait du fil;

Que de choses verrons-nous, chère,
Dans ces taudis,
Quand la flamme illumine, claire,
Les carreaux gris!...

– Puis, petite et toute nichée
Dans les lilas
Noirs et frais: la vitre cachée,
Qui rit là-bas...

Tu viendras, tu viendras, je t'aime!
Ce sera beau.
Tu viendras, n'est-ce pas, et même...

ELLE. —Et mon bureau?

Aos garfos grossos de presunto,
    Mais, mais; a luz
Do fogo estende um manto de unto
    Sobre os baús.

Nádegas gordas, luzidias,
    De carapuça,
Mete um bebé nas taças frias
    A branca fuça;

Roça-o rosnante um cão que ronda
    Com seu focinho
E lambe a cara bem redonda
    Do menininho...

Escura, altiva na cadeira,
    Perfil bravio,
Uma velha junto à lareira
    Carda seu fio;

Quantas coisas veremos, cara,
    Nos lares toscos,
Quando alumia a chama, clara,
    Os vidros foscos!...

— Então, minúscula, coberta
    De bogari,
Veremos a janela aberta
    Que nos sorri...

Virás, que o amor em mim não cabe,
    Não dá sossego!
Virás, não é? e até, quem sabe...

ELA.— *E o meu emprego?*

LES EFFARÉS

Noirs dans la neige et dans la brume,
Au grand soupirail qui s'allume,
　　　Leurs culs en rond

À genoux, cinq petits, — misère! —
Regardent le Boulanger faire
　　　Le lourd pain blond...

Ils voient le fort bras blanc qui tourne
La pâte grise et qui l'enfourne
　　　Dans un trou clair.

Ils écoutent le bon pain cuire.
Le Boulanger au gras sourire
　　　Grogne un vieil air.

Ils sont blottis, pas un ne bouge,
Au souffle du soupirail rouge,
　　　Chaud comme un sein.

Quand pour quelque médianoche
Façonné comme une brioche
　　　On sort le pain,

Quand, sous les poutres enfumées,
Chantent les croûtes parfumées,
　　　Et les grillons,

Que ce trou chaud souffle la vie
Ils ont leur âme si ravie
　　　Sous leurs haillons,

OS ALUMBRADOS[1]

Negros na neve e na neblina,
À clarabóia que ilumina,
     De cócoras se pondo,

Cinco meninos vêem — desgraça! —
Embaixo o padeiro que amassa
     O louro pão redondo.

O forte braço branco aperta
A massa cinza e a põe na aberta
     Furna em que arde um clarão.

Ouvem o gordo pão que coze.
Ri-se o padeiro à grossa voz e
     Engrola uma canção.

Grupo transido que se apóia
Ao rubro olor da clarabóia
     Como num seio morno.

Quando nas noites de consoada[2]
Sob o formato de uma empada,
     Se tira o pão do forno,

Sob vigas toscas e enfumadas
Cantam as crostas perfumadas[3]
     E também cantam grilos,

Como essa furna insufla vida,
A alma se põe tão comovida
     Nos trapos a cobri-los,

Ils se ressentent si bien vivre,
Les pauvres Jésus pleins de givre!
Qu'ils sont là, tous,

Collant leurs petits museaux roses
Au treillage, grognant des choses,
Entre les trous,

Tout bêtes, faisant leurs prières
Et repliés vers ces lumières
Du ciel rouvert,

Si fort, qu'ils crèvent leur culotte,
Et que leur chemise tremblote
Au vent d'hiver...

20 sepembre 1870.

Tão bem se sentem, ajoelhados,
Meninos-jesus engelhados,
    Ali sem se mover,

Colando as fuças cor-de-rosa,
E a murmurar alguma cousa,
    Entre os gradis, a ver,

Que tão simplórios dizem preces
E tanto se inclinam sobre esses
    Clarões de um céu interno,

Que as calças se lhes despedaçam
E suas camisas esvoaçam
    Ao vento vil do inverno.

20 de setembro de 1870.

ROMAN

I

On n'est pas sérieux, quand on a dix-sept ans.
– Un beau soir, foin des bocks et de la limonade,
Des cafés tapageurs aux lustres éclatants!
– On va sous les tilleuls verts de la promenade.

Les tilleuls sentent bon dans les bons soirs de juin!
L'air est parfois si doux, qu'on ferme la paupière;
Le vent chargé de bruits, – la ville n'est pas loin, –
A des parfums de vigne et des parfums de bière...

II

– Voilà qu'on aperçoit un tout petit chiffon
D'azur sombre, encadré d'une petite branche,
Piqué d'une mauvaise étoile, qui se fond
Avec de doux frissons, petite et toute blanche...

Nuit de juin! Dix-sept ans! – On se laisse griser.
La sève est du champagne et vous monte à la tête...
On divague; on se sent aux lèvres un baiser
Qui palpite là, comme une petite bête...

III

Le cœur fou Robinsonne à travers les romans,
– Lorsque, dans la clarté d'un pâle réverbère,
Passe une demoiselle aux petits airs charmants,
Sous l'ombre du faux col effrayant de son père...

Et, comme elle vous trouve immensément naïf,
Tout en faisant trotter ses petites bottines,
Elle se tourne, alerte et d'un mouvement vif...
– Sur vos lèvres alors meurent les cavatines...

ROMANCE[1]

I

Não se pode ser sério aos dezessete anos.
— Um dia, dá-se adeus ao chope e à limonada,
À bulha dos cafés de lustres suburbanos!
— E vai-se sob a verde aléia de uma estrada.

O quente odor da tília a tarde quente invade!
Tão puro e doce é o ar, que a pálpebra se arqueja;
De vozes prenhe, o vento — ao pé vê-se a cidade, —
Tem perfumes de vinha e cheiros de cerveja...

II

— Eis que então se percebe uma pequena tira
De azul escuro, em meio à ramaria franca,
Picotada por uma estrela má, que expira[2]
Em doce tremular, muito pequena e branca.

Noite estival! A idade! — A gente se inebria;
A seiva sobe em nós como um champanhe inquieto...
Divaga-se; e no lábio um beijo se anuncia,
A palpitar ali como um pequeno inseto...

III

O peito Robinsona em clima de romance,[3]
Quando — na palidez da luz de um poste, vai
Passando uma gentil mocinha, mas no alcance
Do colarinho duro e assustador do pai...

E como está te achando imensamente alheio,
Fazendo estrepitar as pequenas botinas,
Ela se vira, alerta, em rápido meneio...
— Em teus lábios então soluçam cavatinas...

Vous êtes amoureux. Loué jusqu'au mois d'août.
Vous êtes amoureux. — Vos sonnets La font rire.
Tous vos amis s'en vont, vous êtes mauvais goût.
— Puis l'adorée, un soir, a daigné vous écrire...!

— Ce soir-là,... — vous rentrez aux cafés éclatants,
Vous demandez des bocks ou de la limonade...
— On n'est pas sérieux, quand on a dix-sept ans
Et qu'on a des tilleuls verts sur la promenade.

29 septembre 1870.

IV

Estás apaixonado. Até o mês de agosto.[4]
Fisgado. — Ela com teus sonetos se diverte.
Os amigos se vão: és tipo de mau gosto.
— Um dia, a amada enfim se digna de escrever-te!...

Nesse dia, ah! meu Deus... — com teus ares ufanos,
Regressas aos cafés, ao chope, à limonada...
— Não se pode ser sério aos dezessete anos
Quando a tília perfuma as aléias da estrada.

29 de setembro de 1870.

LE MAL

Tandis que les crachats rouges de la mitraille
Sifflent tout le jour par l'infini du ciel bleu;
Qu'écarlates ou verts, près du Roi qui les raille,
Croulent les bataillons en masse dans le feu;

Tandis qu'une folie épouvantable, broie
Et fait de cent milliers d'hommes un tas fumant;
– Pauvres morts! dans l'été, dans l'herbe, dans ta joie,
Nature! ô toi qui fis ces hommes saintement!...

– Il est un Dieu, qui rit aux nappes damassées
Des autels, à l'encens, aux grands calices d'or;
Qui dans le bercement des hosannah s'endort,

Et se réveille, quand des mères, ramassées
Dans l'angoisse, et pleurant sous leur vieux bonnet noir
Lui donnent un gros sou lié dans leur mouchoir!

O MAL[1]

Enquanto esse cuspir vermelho da metralha
Silva no céu azul o dia inteiro, e logo,
Verdes ou rubros, junto ao Rei que os achincalha,[2]
Tombam os batalhões em massa sob o fogo;

Enquanto a insânia horrenda arde num fogaréu
Cem mil homens e os deixa a fumegar, demente,
— Pobres mortos! na relva, ao sol do estio, em teu
Seio, Natura, ó tu que os criaste santamente!... —

— Existe um Deus, que ri nas toalhas dos altares
Num cálice dourado, entre incensos, e nesse
Tranqüilo acalentar de hossanas adormece;

E acorda quando as mães, morrendo de pesares,[3]
Choram de angústia, sob o negro xale imenso,
E Lhe dão uma moeda, amarrada no lenço!

RAGES DE CÉSARS

L'homme pâle, le long des pelouses fleuries,
Chemine, en habit noir, et le cigare aux dents:
L'Homme pâle repense aux fleurs des Tuileries
– Et parfois son œil terne a des regards ardents...

Car l'Empereur est soûl de ses vingt ans d'orgie!
Il s'était dit: "Je vais souffler la Liberté
Bien délicatement, ainsi qu'une bougie!"
La Liberté revit! Il se sent éreinté!

Il est pris. – Oh! quel nom sur ses lèvres muettes
Tressaille? Quel regret implacable le mord?
On ne le saura pas. L'Empereur a l'œil mort.

Il repense peut-être au Compère en lunettes...
– Et regarde filer de son cigare en feu,
Comme aux soirs de Saint-Cloud, un fin nuage bleu...

IRAS DE CÉSARES[1]

O homem pálido segue em longas galerias[2]
Floridas, traje negro e o charuto nos dentes:
O homem pálido pensa em suas Tulherias
— E às vezes tem no frouxo olhar brilhos ardentes...

Um ébrio Imperador em vinte anos de orgia!
Dissera: "Eu vou soprar, mas com muito cuidado,
A Liberdade, assim como uma vela, um dia!"
Revive a Liberdade! Está descadeirado![3]

Está preso. — Que nome em seus lábios, absorto,
Esboça? Que lembrança implacável retorce-o?
Não sabereis. O Imperador tem o olho morto.

Recorda-se talvez dos óculos do Sócio...[4]
E fica a contemplar do charuto que esvoaça
— Ah! noites de Saint-Cloud! — a azulada fumaça.[5]

RÊVÉ POUR L'HIVER

À... Elle.

L'hiver, nous irons dans un petit wagon rose
        Avec des coussins bleus.
Nous serons bien. Un nid de baisers fous repose
        Dans chaque coin moelleux.

Tu fermeras l'œil, pour ne point voir, par la glace,
        Grimacer les ombres des soirs,
Ces monstruosités hargneuses, populace
        De démons noirs et de loups noirs.

Puis tu te sentiras la joue égratignée...
Un petit baiser, comme une folle araignée,
        Te courra par le cou...

Et tu me diras: "Cherche!" en inclinant la tête,
– Et nous prendrons du temps à trouver cette bête
        – Qui voyage beaucoup...

En Wagon, le 7 octobre [18]70.

A VER-NOS NO INVERNO[1]

A ... Ela.

No inverno, iremos num trenzinho cor-de-rosa,
      De almofadas azuis.
Só para nós. Um ninho ébrio de beijos pousa
      Nos fofos que possuis.

Os olhos fecharás, à noite, na vidraça,
      Para não veres as caretas
Das sombras, esse esgar de monstros — populaça
      De negros lobos e capetas.

E logo sentirás que tua face arranha...
Um beijo pequenino, igual a louca aranha,
      A correr no pescoço...

E me dirás: "Procura!", inclinando a cabeça;
— E levaremos tempo a encontrar a travêssa
      Que viaja um colosso...[2]

No trem, 7 de outubro de [18]70.

LE DORMEUR DU VAL

C'est un trou de verdure où chante une rivière
Accrochant follement aux herbes des haillons
D'argent; où le soleil, de la montagne fière,
Luit: c'est un petit val qui mousse de rayons.

Un soldat jeune, bouche ouverte, tête nue,
Et la nuque baignant dans le frais cresson bleu,
Dort; il est étendu dans l'herbe, sous la nue,
Pâle dans son lit vert où la lumière pleut.

Les pieds dans les glaïeuls, il dort. Souriant comme
Sourirait un enfant malade, il fait un somme:
Nature, berce-le chaudement: il a froid.

Les parfums ne font pas frissonner sa narine;
Il dort dans le soleil, la main sur sa poitrine
Tranquille. Il a deux trous rouges au côté droit.

Octobre 1870.

O ADORMECIDO DO VALE[1]

Era um recanto verde onde um regato canta
Doidamente a enredar nas ervas seus pendões[2]
De prata; e onde o sol, no monte que suplanta,
Brilha: um pequeno vale a espumejar clarões.[3]

Jovem soldado, boca aberta, fronte ao vento,[4]
E a refrescar a nuca entre os agriões azuis,
Dorme; estendido sobre as relvas, ao relento,
Branco em seu leito verde onde chovia luz.[5]

Os pés nos juncos, dorme. E sorri no abandono,
De uma criança que risse, enferma, no seu sono:
Tem frio, ó Natureza — aquece-o no teu leito.

Os perfumes não mais lhe fremem as narinas;
Dorme ao sol, suas mãos a repousar supinas
Sobre o corpo. E tem dois furos rubros no peito.[6]

Outubro de 1870.

AU-CABARET-VERT

cinq heures du soir

Depuis huit jours, j'avais déchiré mes bottines
Aux cailloux des chemins. J'entrais à Charleroi.
– Au Cabaret-Vert: je demandai des tartines
De beurre et du jambon qui fût à moitié froid.

Bienheureux, j'allongeai les jambes sous la table
Verte: je contemplai les sujets très naïfs
De la tapisserie. — Et ce fut adorable,
Quand la fille aux tétons énormes, aux yeux vifs,

— Celle-là, ce n'est pas un baiser qui l'épeure! —
Rieuse, m'apporta des tartines de beurre,
Du jambon tiède, dans un plat colorié,

Du jambon rose et blanc parfumé d'une gousse
D'ail, — et m'emplit la chope immense, avec sa mousse
Que dorait un rayon de soleil arriéré.

Octobre [18]70.

NO CABARÉ VERDE [1]
Cinco horas da manhã

Oito dias a pé, as botinas rasgadas
Nas pedras do caminho: em Charleroi arrio
— No Cabaré Verde: pedi umas torradas[2]
Na manteiga e presunto, embora meio frio.

Reconfortado, estendo as pernas sob a mesa
Verde e me ponho a olhar os ingênuos motivos
De uma tapeçaria. — E, adorável surpresa,
Quando a moça de peito enorme e de olhos vivos

— Essa, não há de ser um beijo que a amedronte!—[3]
Sorridente me trás as torradas e um monte
De presunto bem morno, em prato colorido;

Um presunto rosado e branco, a que perfuma
Um dente de alho, e um chope enorme, cuja espuma
Um raio vem doirar do sol amortecido.[4]

Outubro de |18|70.

LA MALINE

Dans la salle à manger brune, que parfumait
Une odeur de vernis et de fruits, à mon aise
Je ramassais un plat de je ne sais quel met
Belge, et je m'épatais dans mon immense chaise.

En mangeant, j'écoutais l'horloge, — heureux et coi.
La cuisine s'ouvrit avec une bouffée,
 — Et la servante vint, je ne sais pas pourquoi,
Fichu moitié défait, malinement coiffée

Et, tout en promenant son petit doigt tremblant
Sur sa joue, un velours de pêche rose et blanc,
En faisant, de sa lèvre enfantine, une moue,

Elle arrangeait les plats, près de moi, pour m'aiser;
 — Puis, comme ça, — bien sûr, pour avoir un baiser, —
Tout bas: "Sens donc, j'ai pris **une** froid sur la joue..."

Charleroi, octobre [18]70.

A MALICIOSA[1]

Na escura sala de jantar, que recendia
Um forte odor a fruta e a verniz de madeira,
Peguei um prato de não sei qual iguaria
Belga, e me esparramei numa enorme cadeira.

Escutava o relógio, ao comer — pensativo
E feliz — quando a porta abrindo em baforada
Vem da cozinha a criada e, sem qualquer motivo,
— Xale frouxo, excitante e muito bem penteada;

A passear um dedinho em sua veludosa
Face, que era um pêssego branco e cor-de-rosa,
E a fazer um muxoxo infantil, que era um gosto, —

Arranjar ao meu lado o prato, dando ensejo,[2]
E me diz:— claro, eu sei, para ganhar um beijo —
Baixinho: "Vê, peguei uma *friage* no rosto..."[3]

Charleroi, outubro de |18]70.

L'ÉCLATANTE VICTOIRE DE SARREBRÜCK

REMPORTÉE AUX CRIS DE VIVE L'EMPEREUR!

Gravure belge brillamment coloriée, se vend à Charleroi, 35 centimes.

Au milieu, l'Empereur, dans une apothéose
Bleue et jaune, s'en va, raide, sur son dada
Flamboyant; très heureux, — car il voit tout en rose,
Féroce comme Zeus et doux comme un papa;

En bas, les bons Pioupious qui faisaient la sieste
Près des tambours dorés et des rouges canons,
Se lèvent gentiment. Pitou remet sa veste,
Et, tourné vers le Chef, s'étourdit de grands noms!

À droite, Dumanet, appuyé sur la crosse
De son chassepot, sent frémir sa nuque en brosse,
Et: "Vive l'Empereur!!" — Son voisin reste coi...

Un schako surgit, comme un soleil noir... — Au centre,
Boquillon rouge et bleu, très naïf sur son ventre
Se dresse, et, — présentant ses derrières —: "De quoi?..."

Octobre 70.

A ESTRONDOSA VITÓRIA DE SARREBRÜCK[1]

OBTIDA AOS GRITOS DE "VIVA O IMPERADOR!"

Gravura belga profusamente colorida, à venda em Charleroi por 35 cêntimos.

No centro, o Imperador, numa visão gloriosa
De ouro e azul, lá se vai, teso, em seu cavalinho
Flamejante; feliz — vê tudo cor-de-rosa! —,
Altivo como Zeus e bom como um paizinho;

Na base, a soldadesca, ainda em meio à sesta,
Junto aos rubros canhões e os dourados taróis,
Levanta-se gentil. Pitou logo se apresta,[2]
E, olhos fitos no Chefe, evoca seus heróis!

Dumanet, à direita, apoiado à coronha
Do trabuco, sentindo a nuca fremir, ruge[3]
Um: "Viva o Imperador!!" — Seu vizinho nem tuge...

Um quepe surge, como um sol negro... — De pé,[4]
Todo vermelho e azul, Bouquillon, o pamonha[5]
Erguendo-se, apresenta os fundilhos —: "De quê?..."

Outubro de 70.

LE BUFFET

C'est un large buffet sculpté; le chêne sombre,
Très vieux, a pris cet air si bon des vieilles gens;
Le buffet est ouvert, et verse dans son ombre
Comme un flot de vin vieux, des parfums engageants;

Tout plein, c'est un fouillis de vieilles vieilleries,
De linges odorants et jaunes, de chiffons
De femmes ou d'enfants, de dentelles flétries,
De fichus de grand'mère où sont peints des griffons;

– C'est là qu'on trouverait les médaillons, les mèches
De cheveux blancs ou blonds, les portraits, les fleurs sèches
Dont le parfum se mêle à des parfums de fruits.

– Ô buffet du vieux temps, tu sais bien des histoires,
Et tu voudrais conter tes contes, et tu bruis
Quand s'ouvrent lentement tes grandes portes noires.

Octobre 70.

O ARMÁRIO[1]

Grande armário esculpido: o carvalho sombreado,
Muito antigo, adquiriu esse ar bom dos idosos;
E, aberto, o armário espraia em sua sombra ao lado,
Como um jorro de vinho, odores capitosos;

Repleto, é uma babel de velhas velharias,[2]
Recendentes lençóis encardidos, fustões
De infante ou feminis, as rendas alvadias
E os xales das avós pintados de dragões;

— Em ti podem-se achar os medalhões, as mechas,
Os retratos, a flor ressequida que fechas,
Cujo perfume lembra o dos frutos dormidos.

— Ó armário de outrora, as histórias que exortas
E amarias contar, com teus roucos gemidos,
Quando se abrem de leve as tuas negras portas.

Outubro de 70.

MA BOHÈME
(Fantaisie)

Je m'en allais, les poings dans mes poches crevées;
Mon paletot aussi devenait idéal;
J'allais sous le ciel, Muse! et j'étais ton féal;
Oh! là! là! que d'amours splendides j'ai rêvées!

Mon unique culotte avait un large trou.
– Petit-Poucet rêveur, j'égrenais dans ma course
Des rimes. Mon auberge était à la Grande-Ourse.
– Mes étoiles au ciel avaient un doux frou-frou

Et je les écoutais, assis au bord des routes,
Ces bons soirs de septembre où je sentais des gouttes
De rosée à mon front, comme un vin de vigueur;

Où, rimant au milieu des ombres fantastiques,
Comme des lyres, je tirais les élastiques
De mes souliers blessés, un pied près de mon cœur!

MINHA BOÊMIA[1]
(Fantasia)

Lá ia eu, de mãos nos bolsos descosidos;
Meu paletó também tornava-se ideal;
Sob o céu, Musa, eu fui teu súdito leal,
Puxa vida! a sonhar amores destemidos!

O meu único par de calças tinha furos.
— Pequeno Polegar do sonho ao meu redor
Rimas espalho. Albergo-me à Ursa Maior.
— Os meus astros no céu rangem frêmitos puros.

Sentado, eu os ouvia, à beira do caminho,
Nas noites de setembro, onde senti qual vinho
O orvalho a rorejar-me a fronte em comoção;

Onde, rimando em meio a imensidões fantásticas,
Eu tomava, qual lira, as botinas elásticas
E tangia um dos pés junto ao meu coração!

LES CORBEAUX

Seigneur, quand froide est la prairie,
Quand dans les hameaux abattus,
Les longs angelus se sont tus...
Sur la nature défleurie
Faites s'abattre des grands cieux
Les chers corbeaux délicieux.

Armée étrange aux cris sévères,
Les vents froids attaquent vos nids!
Vous, les long des fleuves jaunis,
Sur les routes aux vieux calvaires,
Sur les fossés et sur les trous
Dispersez-vous, ralliez-vous!

Par milliers, sur les champs de France,
Où dorment des morts d'avant-hier,
Tournoyez, n'est-ce pas, l'hiver,
Pour que chaque passant repense!
Sois donc le crieur du devoir,
Ô notre funèbre oiseau noir!

Mais, saints du ciel, en haut du chêne,
Mât perdu dans le soir charmé,
Laissez les fauvettes de mai
Pour ceux qu'au fond du bois enchaîne,
Dans l'herbe d'où l'on ne peut fuir,
La défaite sans avenir.

OS CORVOS[1]

Senhor, quando há frio no prado,
Quando nos vilarejos pobres,
Dos ângelus calam-se os dobres...
Sobre esse mundo desolado
Fazei cair dos céus ciosos[2]
Os caros corvos deliciosos.

Hordas hostis de uivos sicários,[3]
Invadem vosso ninho os frios
Ventos! e vós, beirando os rios
E as velhas vias dos calvários,
Por sobre fossas, sobre clivos,
Disseminai-vos, convergi-vos![4]

Aos bandos, nos campos de França,
Em que os heróis jazem sepultos,
Quem vir, no inverno, os vossos vultos
Ao passar, repasse na lembrança!
Sê pois o arauto do dever,
Ô fúnebre ave de se ver!

Santos do céu, de altos carvalhos,
Mastro perdido em noites negras,
Deixai em maio as toutinegras
Aos que estão presos nos atalhos
Sob o relvado em fosso escuro,
Pela derrota sem futuro.

LES ASSIS

Noirs de loupes, grêlés, les yeux cerclés de bagues
Vertes, leurs doigts boulus crispés à leurs fémurs,
Le sinciput plaqué de hargnosités vagues
Comme les floraisons lépreuses des vieux murs;

Ils ont greffé dans des amours épileptiques
Leur fantasque ossature aux grands squelettes noirs
De leurs chaises; leurs pieds aux barreaux rachitiques
S'entrelacent pour les matins et pour les soirs!

Ces vieillards ont toujours fait tresse avec leurs sièges,
Sentant les soleils vifs percaliser leur peau,
Ou, les yeux à la vitre où se fanent les neiges,
Tremblant du tremblement douloureux du crapaud.

Et les Sièges leur ont des bontés: culottée
De brun, la paille cède aux angles de leurs reins;
L'âme des vieux soleils s'allume emmaillotée
Dans ces tresses d'épis où fermentaient les grains.

Et les Assis, genoux aux dents, verts pianistes,
Les dix doigts sous leur siège aux rumeurs de tambour,
S'écoutent clapoter des barcarolles tristes,
Et leurs caboches vont dans des roulis d'amour.

– Oh! ne les faites pas lever! C'est le naufrage...
Ils surgissent, grondant comme des chats giflés,
Ouvrant lentement leurs omoplates, ô rage!
Tout leur pantalon bouffe à leurs reins boursouflés.

OS ASSENTADOS[1]

Negras verrugas, bexigosos, as olheiras
Verdes, dedos com nós nos fêmures seguros,
Cocuruto a escamar imprecisas piolheiras[2]
Como essas florações leprosas que há nos muros;

Enxertaram, nos seus amores epilépticos,
A hílare ossatura aos negros esqueletos
Das cadeiras; os pés entre os varais caquéticos
Se entrançam todo o tempo em lúgubres duetos!

Sempre esses velhos se enlaçaram com os assentos,
Quer fosse aos vivos sóis percalinando os papos,[3]
Quer, de olhos na vidraça, olhando a neve e os ventos,
A tremer do tremor nevrálgico dos sapos.

E as Cadeiras não lhes negam nada: manchada[4]
De escuro, a palha cede às nádegas nos vãos;
A alma de antigos sóis incende-se enfaixada
Nessas tranças de espiga onde brotavam grãos.

E Eles, verdes pianistas, ritmando as cacholas,[5]
E os dedos sob o assento em toques de tambor,
Escutam marulhar as tristes barcarolas
E deixam-se berçar ao balouçar do amor.

— Oh! não façais que se levantem! É o naufrágio...[6]
Vão erguer-se a rosnar iguais a gatos loucos,
Abrindo as omoplatas lentamente, ultraje! O
fofo das calças bufa em seus traseiros ocos.

Et vous les écoutez, cognant leurs têtes chauves
Aux murs sombres, plaquant et plaquant leurs pieds tors,
Et leurs boutons d'habit sont des prunelles fauves
Qui vous accrochent l'œil du fond des corridors!

Puis ils ont une main invisible qui tue:
Au retour, leur regard filtre ce venin noir
Qui charge l'œil souffrant de la chienne battue,
Et vous suez pris dans un atroce entonnoir.

Rassis, les poings noyés dans des manchettes sales,
Ils songent à ceux-là qui les ont fait lever
Et, de l'aurore au soir, des grappes d'amygdales
Sous leurs mentons chétifs s'agitent à crever.

Quand l'austère sommeil a baissé leurs visières,
Ils rêvent sur leur bras de sièges fécondés,
De vrais petits amours de chaises en lisière
Par lesquelles de fiers bureaux seront bordés;

Des fleurs d'encre crachant des pollens en virgule
Les bercent, le long des calices accroupis
Tels qu'au fil des glaïeuls le vol des libellules
— Et leur membre s'agace à des barbes d'épis.

E os fiscais a escutar, dando as cabeças calvas
Contra a parede, os pés chapeando o chão com ardor,
E em seus botões da roupa ardem pupilas malvas
Que atraem o vosso olhar do fim do corredor.

Ademais têm a mão invisível que mata:
Filtram, voltando à calma, esse veneno vil
Que há no olhar sofredor do cão que se maltrata,
E sentimo-nos suar, dentro de atroz funil.

Sentados novamente, as mangas encardidas,
Ruminam contra quem causou seu levantar.
E, desde a aurora à noite, amígdalas ardidas
Sob os seus queixos maus, se põem a espaventar.

E quando o sono vem baixar-lhes as viseiras,
Sonham nos braços delas com poltronas grávidas,
Com pequenos amores de bebés-cadeiras
Em torno a grandes mesas-de-escritório impávidas;

Com flores de tinta a cuspir vírgulas-pólen
Que os embalam, tais libélulas que exercitam
Seu vôo ao longo de cálices que se encolhem
— E ao roçarem na palha os seus membros se excitam.

TÊTE DE FAUNE

Dans la feuillée, écrin vert taché d'or,
Dans la feuillée incertaine et fleurie
De fleurs splendides où le baiser dort,
Vif et crevant l'exquise broderie,

Un faune effaré montre ses deux yeux
Et mord les fleurs rouges de ses dents blanches.
Brunie et sanglante ainsi qu'un vin vieux
Sa lèvre éclate en rires sous les branches.

Et quand il a fui — tel qu'un écureuil —
Son rire tremble encore à chaque feuille
Et l'on voit épeuré par un bouvreuil
Le Baiser d'or du Bois, qui se recueille.

CABEÇA DE FAUNO[1]

Na ramagem, escrínio verde e informe,
Na ramagem, manchada de ouro e flores
Esplendorosas onde o beijo dorme,
Vivo e partindo insólitos lavores,

Um fauno aflora os olhos e o chavelho
E morde a rubra flor com dentes brancos.
Lisa e sangrante como um vinho velho
No bosque a boca explode em risos francos.

E quando foge então — como um esquilo —
Seu riso deita em cada folha um trilo;
Vê-se o prisco assustar o então tranqüilo
Beijo-de-ouro-do-boque, e contraí-lo.

LES DOUANIERS

Ceux qui disent: Cré Nom, ceux qui disent macache,
Soldats, marins, débris d'Empire, retraités,
Sont nuls, très nuls, devant les Soldats des Traités
Qui tailladent l'azur frontière à grands coups d'hache.

Pipe aux dents, lame en main, profonds, pas embêtés,
Quand l'ombre bave aux bois comme un mufle de vache,
Ils s'en vont, amenant leurs dogues à l'attache,
Exercer nuitamment leurs terribles gaîtés!

Ils signalent aux lois modernes les faunesses.
Ils empoignent les Fausts et les Diavolos.
"Pas de ça, les anciens! Déposez les ballots!"

Quand sa sérénité s'approche des jeunesses,
Le Douanier se tient aux appas contrôlés!
Enfer aux Délinquants que sa paume a frôlés!

OS ADUANEIROS[1]

Os que dizem: Por Deus!, os que dizem: Escracha![2]
Marinheiros, escória imperial, reformados,
São nulos, diante dos Soldados dos Tratados
Que abrem fronteira azul a grandes golpes de acha.

Faca à mão, pito à boca, andar zambo, pesados,
Quando a sombra a babar, qual de um focinho, baixa
Sobre o bosque, eles vão exercer sua macha
Alegria noturna, aos seus cães atrelados!

Denunciam às leis modernas as faunesas.[3]
Vão de um Fausto ou de um Frá-Diávolo ao cangote.[4]
"Nada disso, meu velho! Abra logo o pacote!"

Mas ao se aproximar dos jovens, gentilezas:
O Aduaneiro se atém no apalpo controlado!
Inferno ao Delinqüente a que tenha apalpado!

ORAISON DU SOIR

Je vis assis, tel qu'un ange aux mains d'un barbier,
Empoignant une chope à fortes cannelures,
L'hypogastre et le col cambrés, une Gambier
Aux dents, sous l'air gonflé d'impalpables voilures.

Tels que les excréments chauds d'un vieux colombier,
Mille Rêves en moi font de douces brûlures:
Puis par instants mon cœur triste est comme un aubier
Qu'ensanglante l'or jeune et sombre des coulures.

Puis, quand j'ai ravalé mes rêves avec soin,
Je me tourne, ayant bu trente ou quarante chopes,
Et me recueille, pour lâcher l'âcre besoin:

Doux comme le Seigneur du cèdre et des hysopes,
Je pisse vers les cieux bruns, très haut et très loin,
Avec l'assentiment des grands héliotropes.

ORAÇÃO DA TARDE[1]

Vivo sentado como um anjo no barbeiro,
Empunhando um caneco ornado a caneluras;[2]
Hipogástrio e pescoço arcados, um grosseiro
Cachimbo o espaço a inflar de tênues urdiduras.[3]

Qual de um velho pombal o cálido esterqueiro,
Mil sonhos dentro em mim são brandas queimaduras.
E o triste coração às vezes é um sobreiro
Sangrando de ouro escuro e jovem nas nervuras.

Afogo com cuidado os sonhos, e depois
De ter bebido uns trinta ou bem quarenta chopes,
Oculto, satisfaço o meu aperto amargo:

Doce como o Senhor do cedro e dos hissopes,[4]
Eu mijo para os céus cinzentos, alto e largo,
Com a plena aprovação dos curvos girassóis.[5]

CHANT DE GUERRE PARISIEN

Le Printemps est évident, car
Du cœur des Propriétés vertes,
Le vol de Thiers et de Picard
Tient ses splendeurs grandes ouvertes

Ô Mai! quels délirants culs-nus!
Sèvres, Meudon, Bagneux, Asnières,
Écoutez donc les bienvenus
Semer les choses printanières!

Ils ont schako, sabre et tam-tam,
Non la vieille boîte à bougies
Et des yoles qui n'ont jam, jam...
Fendent le lac aux eaux rougies!

Plus que jamais nous bambochons
Quand arrivent sur nos tanières
Crouler les jaunes cabochons
Dans des aubes particulières!

Thiers et Picard sont des Éros,
Des enleveurs d'héliotropes,
Au pétrole ils font des Corots:
Voici hannetonner leurs tropes...

Ils sont familiers du Grand Truc!...
Et couché dans les glaïeuls, Favre
Fait son cillement aqueduc,
Et ses reniflements à poivre!

CANTO DE GUERRA PARISIENSE[1]

A Primavera está no ar, pois
Na alma das verdes Propriedades,
O vôo de Thiers e de Picard
Abre as mais amplas claridades![2]

Ó Maio! os trapos delirantes![3]
Sèvres, Meudon, Bagneux, Asnières,
Escutai pois os bem-chegantes
Semeando em tudo mal-me-queres!

Têm quepe, sabre e tem tantã[4]
Não a velha caixa de velas
E os ioles que jamais jam... jam...[5]
Fendem o lago de água...relas!

Fazemos mais que nunca arruaças
Quando caem sobre as nossas tocas
As amarelas calabaças[6]
Nas alvoradas meio loucas!

Thiers e Picard são como os Eros[7]
Que vão levando os girassóis,
Seus petróleos dão Corots feros:
E as tropas tocam seus taróis...

São familiares do Grão Truque!...[8]
E, entre os gladíolos, Favre tenta[9]
Arrancar lágrimas a muque
Com umas pitadas de pimenta!

La grand'ville a le pavé chaud,
Malgré vos douches de pétrole,
Et décidément, il nous faut
Vous secouer dans votre rôle...

Et les Ruraux qui se prélassent
Dans de longs accroupissements,
Entendront des rameaux qui cassent
Parmi les rouges froissements!

Tem a cidade quente o piso
Embora a duchas de óleo exposto,
E com certeza que é preciso
Vos sacudir em vosso posto.[10]

E esses Rústicos que se agacham[11]
Como os prelados mais contritos,
Ouvirão ramos que se racham
Em meio ao rubro dos atritos!

MES PETITES AMOUREUSES

Un hydrolat lacrymal lave
　　Les cieux vert-chou:
Sous l'arbre tendronnier qui bave,
　　Vos caoutchoucs

Blancs de lunes particulières
　　Aux pialats ronds,
Entrechoquez vos genouillères
　　Mes laiderons!

Nous nous aimions à cette époque,
　　Bleu laideron!
On mangeait des œufs à la coque
　　Et du mouron!

Un soir, tu me sacras poète,
　　Blond laideron:
Descends ici, que je te fouette
　　En mon giron;

J'ai dégueulé ta bandoline,
　　Noir laideron;
Tu couperais ma mandoline
　　Au fil du front.

Pouah! mes salives desséchées,
　　Roux laideron,
Infectent encor les tranchées
　　De ton sein rond!

MINHAS POBRES NAMORADAS [1]

O hidrolato lacrimal lava[2]
    Os céus de graxa:
Sob a árvore-em-brotão que baba
    Vossa borracha.[3]

Brancos de luas domingueiras
    De ovais patelas,
Entrechocai as joelheiras,
    Minhas megeras.[4]

Naquele tempo nos amávamos,
    Azul bruaca,
E os ovos quentes que tomávamos
    Na própria casca.

Um dia poeta me sagraste,
    Louro bagaço,
Ora vem cá que eu te vergaste
    Em meu regaço.

Atrapalhei-te a brilhantina,
    Negro cariz;
Podes quebrar-me a mandolina[5]
    Com teu nariz.

Minhas salivas derradeiras,
    Ruiva coruja,
Ainda infectam-te as trincheiras
    Das mamas sujas.

Ô mes petites amoureuses,
        Que je vous hais!
Plaquez de fouffes douloureuses
        Vos tétons laids!

Piétinez mes vieilles terrines
        De sentiment;
— Hop donc! soyez-moi ballerines
        Pour un moment!...

Vos omoplates se déboîtent,
        Ô mes amours!
Une étoile à vos reins qui boitent,
        Tournez vos tours!

Et c'est pourtant pour ces éclanches
        Que j'ai rimé!
Je voudrais vous casser les hanches
        D'avoir aimé!

Fade amas d'étoiles ratées,
        Comblez les coins!
— Vous crèverez en Dieu, bâtées
        D'ignobles soins!

Sous les lunes particulières
        Aux pialats ronds,
Entrechoquez vos genouillères,
        Mes laiderons!

Ó minhas pobres namoradas,
Eu vos odeio!
Enchei de tristes almofadas
Os magros seios!

Pisoteai-me as velhas térrinas[6]
De sentimento!
Pois bem! Posai de bailarinas
Por um momento!...

Vossa omoplata se desata,[7]
Amores feios!
Com uma estrela na anca que salta,
Fazei volteios!

Contudo, foi para essas mancas
Meu verso alado!
Quebrar pudesse as vossas ancas
De haver amado!

Monte insulso de estrelas falhas,
Ficai de lado!
— Morrei em Deus, sob as cangalhas[8]
De vis cuidados!

E sob as luas domingueiras
De ovais patelas,
Entrechocai as joelheiras,
Minhas cadelas!

ACCROUPISSEMENTS

Bien tard, quand il se sent l'estomac écœuré,
Le frère Milotus, un œil à la lucarne
D'où le soleil, clair comme un chaudron récuré,
Lui darde une migraine et fait son regard darne,
Déplace dans les draps son ventre de curé.

Il se démène sous sa couverture grise
Et descend, ses genoux à son ventre tremblant,
Effaré comme un vieux qui mangerait sa prise,
Car il lui faut, le poing à l'anse d'un pot blanc,
À ses reins largement retrousser sa chemise!

Or, il s'est accroupi, frileux, les doigts de pied
Repliés, grelottant au clair soleil qui plaque
Des jaunes de brioche aux vitres de papier;
Et le nez du bonhomme où s'allume la laque
Renifle aux rayons, tel qu'un charnel polypier.

....

Le bonhomme mijote au feu, bras tordus, lippe
Au ventre: il sent glisser ses cuisses dans le feu,
Et ses chausses roussir, et s'éteindre sa pipe;
Quelque chose comme un oiseau remue un peu
À son ventre serein comme un monceau de tripe!

Autour, dort un fouillis de meubles abrutis
Dans des haillons de crasse et sur de sales ventres;
Des escabeaux, crapauds étranges, sont blottis
Aux coins noirs: des buffets ont des gueules de chantres
Qu'entrouvre un sommeil plein d'horribles appétits.

AGACHAMENTOS[1]

Bem tarde, quando sente o estômago em gastura,
O frade Militão, — com um olho na lucarna
De onde o sol, caldeirão bem areado, fulgura,
Lhe flecha uma enxaqueca e sua vista escarna, —[2]
Desloca entre os lençóis seu barrigão de cura.

Do pardo cobertor um pé ao chão desliza
Dos joelhos afastando o ventre de mongol;
Treme, qual se rapé comesse, pois precisa,
Enquanto que arregaça as fraldas da camisa,
Empunhar com a direita a alça do urinol!

De cócoras, friorento, uma câimbra cruel
Nos artelhos, tirita ao claro sol que placa
Nos papéis da vidraça amarelos-pastel;
E o nariz do coitado a rebrilhar de laca,
Polipeiro de carne, ao sol, espirra mel.
....

O coitado ferventa ao fogo, baba a pipa
Do ventre, as coxas vê que vão se arder em breve,
As nádegas tostar, e o pito se constipa;
Sente algo como uma ave a se agitar de leve
No calmo ventre seu como um montão de tripa!

Em torno dorme um caos de móveis abobados
Em meio de imundície e nódoas amarelas,
Banquetas, sapos-bois estranhos, agachados
Pelos cantos, bufês a arreganhar as goelas
De cantores de igreja em sonos esfomeados.

L'écœurante chaleur gorge la chambre étroite;
Le cerveau du bonhomme est bourré de chiffons.
Il écoute les poils pousser dans sa peau moite,
Et parfois, en hoquets fort gravement bouffons,
S'échappe, secouant son escabeau qui boite...
....

Et le soir, aux rayons de lune, qui lui font
Aux contours du cul des bavures de lumière,
Une ombre avec détails s'accroupit, sur un fond
De neige rose ainsi qu'une rose trémière...
Fantasque, un nez poursuit Vénus au ciel profond.

O calor escorchante o quarto estreito atranca;
Tem o pobre a cabeça enrolada de fita.
Ouve os pêlos crescendo em sua pele branca
E às vezes, num soluço hilárico, se agita
E escapa, sacudindo o escabelo que manca...
....

E à noite, a lua luz e lhe faz, gemebundo,
Nos contornos do rabo estrias luminosas,
Uma sombra se agacha em silhueta num fundo
De neve rósea igual à cor das malvas-rosas...
Nariz a perseguir Vênus no céu profundo.

LES POÈTES DE SEPT ANS

À M. Paul Demeny

Et la Mère, fermant le livre du devoir,
S'en allait satisfaite et très fière, sans voir,
Dans les yeux bleus et sous le front plein d'éminences,
L'âme de son enfant livrée aux répugnances.

Tout le jour il suait d'obéissance; très
Intelligent; pourtant des tics noirs, quelques traits
Semblaient prouver en lui d'âcres hypocrisies.
Dans l'ombre des couloirs aux tentures moisies,
En passant il tirait la langue, les deux poings
À l'aine, et dans ses yeux fermés voyait des points.
Une porte s'ouvrait sur le soir: à la lampe
On le voyait, là-haut, qui râlait sur la rampe,
Sous un golfe de jour pendant du toit. L'été
Surtout, vaincu, stupide, il était entêté
À se renfermer dans la fraîcheur des latrines:
Il pensait là, tranquille et livrant ses narines.

Quand, lavé des odeurs du jour, le jardinet
Derrière la maison, en hiver, s'illunait,
Gisant au pied d'un mur, enterré dans la marne
Et pour des visions écrasant son œil darne,
Il écoutait grouiller les galeux espaliers.
Pitié! Ces enfants seuls étaient ses familiers
Qui, chétifs, fronts nus, œil déteignant sur la joue,
Cachant de maigres doigts jaunes et noirs de boue
Sous des habits puant la foire et tout vieillots,
Conversaient avec la douceur des idiots!
Et si, l'ayant surpris à des pitiés immondes,
Sa mère s'effrayait; les tendresses, profondes,
De l'enfant se jetaient sur cet étonnement.
C'etait bon. Elle avait le bleu regard, – qui ment!

OS POETAS DE SETE ANOS[1]

Ao Sr. P. Demeny

E então a Mãe, fechando o livro de dever,
Lá se ia satisfeita e orgulhosa, sem ver
Em seus olhos azuis, sob as protuberâncias[2]
Da face, a alma do filho entregue a repugnâncias.

O dia inteiro ele suou de obediência; que
Inteligente! e entanto, uns tiques maus, um quê
Já demonstravam nele acres hipocrisias.
No escuro corredor, junto às tapeçarias
Mofadas, estirava a língua, os punhos fundos
Nos bolsos e, fechando os olhos, via mundos.[3]
Sobre a noite uma porta abria-se: na rampa da
Escada, a resmungar, o viam, sob a lâmpada,
Como um golfo de luz a pender do teto. E no
Verão, abatido, ar estúpido, o menino
Teimava em se trancar no frescor das latrinas[4]
Para pensar em paz, arejando as narinas.

Quando o jardim de trás da casa se lavava
Dos odores do dia e, no inverno, aluarava,[5]
Jazendo ao pé do muro, enterrado na argila,
Para atrair visões esfregava a pupila
E ouvia o esturricar das plantas nas treliças.
Pobre! para brincar só crianças enfermiças
De fronte nua, olhar vazio que lhes erra
Pela face, escondendo as mãos sujas de terra
Nas roupas a cheirar a fezes, todas rotas,[6]
Falando com essa voz melosa dos idiotas!
E quando o surpreendia em práticas imundas,
A mãe se horrorizava; o menino, profundas
Carícias lhe fazia, a apaziguar-lhe a mente.
Era bom. Ela tinha o olhar azul, — que mente!

À sept ans, il faisait des romans, sur la vie
Du grand désert, où luit la Liberté ravie,
Forêts, soleils, rives, savanes! – Il s'aidait
De journaux illustrés où, rouge, il regardait
Des Espagnoles rire et des Italiennes.
Quand venait, l'œil brun, folle, en robes d'indiennes,
– Huit ans, – la fille des ouvriers d'à côté,
La petite brutale, et qu'elle avait sauté,
Dans un coin, sur son dos, en secouant ses tresses,
Et qu'il était sous elle, il lui mordait les fesses,
Car elle ne portait jamais de pantalons;
– Et, par elle meurtri des poings et des talons,
Remportait les saveurs de sa peau dans sa chambre.

Il craignait les blafards dimanches de décembre,
Où, pommadé, sur un guéridon d'acajou,
Il lisait une Bible à la tranche vert-chou;
Des rêves l'oppressaient chaque nuit dans l'alcôve.
Il n'aimait pas Dieu; mais les hommes, qu'au soir fauve,
Noirs, en blouse, il voyait rentrer dans le faubourg
Où les crieurs, en trois roulements de tambour,
Font autour des édits rire et gronder les foules.
– Il rêvait la prairie amoureuse, où des houles
Lumineuses, parfums sains, pubescences d'or,
Font leur remuement calme et prennent leur essor!

Et comme il savourait surtout les sombres choses,
Quand, dans la chambre nue aux persiennes closes,
Haute et bleue, âcrement prise d'humidité,
Il lisait son roman sans cesse médité,
Plein de lourds ciels ocreux et de forêts noyées,
De fleurs de chair aux bois sidérals déployées,
Vertige, écroulements, déroutes et pitié!
– Tandis que se faisait la rumeur du quartier,
En bas, – seul, et couché sur des pièces de toile
Écrue, et pressentant violemment la voile!

26 mai 1871.

Aos sete anos compunha histórias sobre a vida[7]
No deserto, onde esplende a Liberdade haurida,
Florestas, rios, sóis, savanas! Recorria
A revistas nas quais, encabulado, via
Italianas a rir e espanholas bonitas.
Quando vinha, olhos maus, louca, em saias de chitas,[8]
A filha — oito anos já! — do operário do lado,
A pirralha infernal, que após lhe haver pulado
Às costas, de algum canto, a sacudir as roupas,
Ele por baixo então lhe mordiscava as popas,
Porquanto ela jamais andava de calcinha.
— Cheio de pontapés e socos, ele vinha
Trazendo esse sabor de carne para o quarto.

Da viuvez invernal dos domingos já farto,
Junto à mesa de mogno, empomadado, a ter de
Recitar a Bíblia encadernada em verde
E a sofrer a opressão dos sonhos maus em que arde,
Já não amava Deus; mas os homens, que à tarde,
Via, sujos, chegando em suas casas baixas,
Quando vinha o pregoeiro, entre ruflar de caixas,
A ler seus editais entre risos e pragas.
— Sonhava as vastidões de prados onde as vagas
De luz, perfumes bons, douradas lactescências
Se movem calmamente e evolam como essências!

E como saboreava antes de tudo arcanas
Coisas, se punha, após baixar as persianas,
A ler no quarto azul, que cheirava a mofado,
Seu romance sem cessa em sonhos meditado,
Cheio de plúmbeos céus, florestas, pantanais,
Flores de carne viva em bosques siderais,
Vertigens, comoções, derrotas, falcatruas!
— Enquanto progredia a agitação das ruas
Embaixo, — só, deitado entre peças de tela[9]
De lona, a pressentir intensamente a vela!

26 de maio de 1871.

LES PAUVRES À L'ÉGLISE

Parqués entre des bancs de chêne, aux coins d'église
Qu'attiédit puamment leur souffle, tous leurs yeux
Vers le chœur ruisselant d'orrie et la maîtrise
Aux vingt gueules gueulant les cantiques pieux;

Comme un parfum de pain humant l'odeur de cire,
Heureux, humiliés comme des chiens battus,
Les Pauvres au bon Dieu, le patron et le sire,
Tendent leurs oremus risibles et têtus.

Aux femmes, c'est bien bon de faire des bancs lisses,
Après les six jours noirs où Dieu les fait souffrir!
Elles bercent, tordus dans d'étranges pelisses,
Des espèces d'enfants qui pleurent à mourir.

Leurs seins crasseux dehors, ces mangeuses de soupe,
Une prière aux yeux et ne priant jamais,
Regardent parader mauvaisement un groupe
De gamines avec leurs chapeaux déformés.

Dehors, le froid, la faim, l'homme en ribote:
C'est bon. Encore une heure; après, les maux sans noms!
– Cependant, alentour, geint, nasille, chuchote
Une collection de vieilles à fanons:

Ces effarés y sont et ces épileptiques
Dont on se détournait hier aux carrefours;
Et, fringalant du nez dans des missels antiques,
Ces aveugles qu'un chien introduit dans les cours.

OS POBRES NA IGREJA[1]

Amontoados a um canto, entre os bancos da igreja,
Que seu fétido bafo aquece, olhos curiosos[2]
Postos no coro oirado e no mestre que harpeja[3]
De vinte goelas vis os cânticos piedosos.[4]

Sentindo o odor da cera igual perfume a pão,[5]
Felizes, como cães humilhados, acuando,
Os Pobres do bom Deus, seu amo e seu patrão,
Vão risíveis améns e oremus recitando.

Às mulheres faz bem esse alisar dos bancos
Depois que Deus lhes deu seis dias de penar!
E berçam, enrolando em tristes cueiros brancos,
Espécies infantis que choram sem parar;

Comedoras de sopa, o sujo seio arqueando,
Uma prece no olhar mas nunca orando aos céus,
Observam desfilar maldosamente um bando
De meninas com seus excêntricos chapéus.

Lá fora, o frio, a fome, o marido na farra.[6]
É bom. Uma hora mais. Depois, pobres coitadas!
— Enquanto isto, ao redor, sussurra, geme, escarra
A pobre coleção de velhas de papadas:[7]

Os estupores lá estão e os epilépticos,[8]
Dos quais, nalguma esquina, ao vê-los, se desvia;
E raspando o nariz em seus missais caquéticos,[9]
Esses cegos que o cão conduz à sacristia.

Et tous, bavant la foi mendiante et stupide,
Récitent la complainte infinie à Jésus
Qui rêve en haut, jauni par le vitrail livide,
Loin des maigres mauvais et des méchants pansus,

Loin des senteurs de viande et d'étoffes moisies,
Farce prostrée et sombre aux gestes repoussants;
– Et l'oraison fleurit d'expressions choisies,
Et les mysticités prennent des tons pressants,

Quand, des nefs où périt le soleil, plis de soie
Banals, sourires verts, les Dames des quartiers
Distingués, – ô Jésus! – les malades du foie
Font baiser leurs longs doigts jaunes aux bénitiers.

1871.

Todos, babando fé de mendicante e inválido,
Recitam sua queixa infinita a Jesus
Que sonha, amarelado à luz do vitral pálido,
Longe dos magros maus e dos hostis pandus,[10]

Do bafio da carne e das roupas infectas,
Farsa prostrada e triste em gestos repugnantes:
— E a oração desabrocha em expressões seletas,
E o misticismo assume uns tons atormentantes,

Quando, no adro sombrio, o riso verde, erráticas,
As Damas da Paróquia a ostentar a sebenta
Seda banal, — Jesus! — as senhoras hepáticas[11]
Os longos dedos põem na pia de água-benta.

1871.

LE CŒUR VOLÉ

Mon triste cœur bave à la poupe,
Mon cœur couvert de caporal:
Ils y lancent des jets de soupe,
Mon triste cœur bave à la poupe:
Sous les quolibets de la troupe
Qui pousse un rire général,
Mon triste cœur bave à la poupe,
Mon cœur couvert de caporal!

Ithyphalliques et pioupiesques
Leurs insultes l'ont dépravé!
À la vesprée ils font des fresques
Ithyphalliques et pioupiesques.
Ô flots abracadabrantesques,
Prenez mon cœur, qu'il soit sauvé:
Ithyphalliques et pioupiesques
Leurs insultes l'ont dépravé!

Quand ils auront tari leurs chiques,
Comment agir, ô cœur volé?
Ce seront des refrains bachiques
Quand ils auront tari leurs chiques:
J'aurai des sursauts stomachiques,
Si mon cœur triste est ravalé:
Quand ils auront tari leurs chiques,
Comment agir, ô cœur volé?

Mai 1871.

CORAÇÃO LOGRADO

Meu coração baba na popa,
Triste e cheirando a caporal:[2]
Vêm-lhe jogar jatos de sopa,
Meu coração baba na popa:
Sob os apupos dessa tropa
Que lança risos em geral,
Meu coração baba na popa,
Triste e cheirando a caporal!

Itifálicos, soldadescos,[3]
Foi por insultos depravado!
Fazem, chegando a tarde, afrescos
Itifálicos, soldadescos.
Fluxos abracadabrantescos,[4]
Salvai meu coração coitado:
Itifálicos, soldadescos,
Foi por insultos depravado!

Quando mascar não possam mais,
Como agir, coração logrado?
Serão refrães de bacanais,
Quando mascar não possam mais:
Crises terei estomacais
Se o coração for degradado:
Quando mascar não possam mais,
Como agir, coração logrado?

Maio de 1871.

L'ORGIE PARISIENNE
OU
PARIS SE REPEUPLE

Ô lâches, la voilà! Dégorgez dans les gares!
Le soleil essuya de ses poumons ardents
Les boulevards qu'un soir comblèrent les Barbares.
Voilà la Cité sainte, assise à l'occident!

Allez! on préviendra les reflux d'incendie,
Voilà les quais, voilà les boulevards, voilà
Les maisons sur l'azur léger qui s'irradie
Et qu'un soir la rougeur des bombes étoila!

Cachez les palais morts dans des niches de planches!
L'ancien jour effaré rafraîchit vos regards.
Voici le troupeau roux des tordeuses de hanches:
Soyez fous, vous serez drôles, étant hagards!

Tas de chiennes en rut mangeant des cataplasmes,
Le cri des maisons d'or vous réclame. Volez!
Mangez! Voici la nuit de joie aux profonds spasmes
Qui descend dans la rue. Ô buveurs désolés,

Buvez! Quand la lumière arrive intense et folle,
Fouillant à vos côtés les luxes ruisselants,
Vous n'allez pas baver, sans geste, sans parole,
Dans vos verres, les yeux perdus aux lointains blancs?

Avalez, pour la Reine aux fesses cascadantes!
Écoutez l'action des stupides hoquets
Déchirants! Écoutez sauter aux nuits ardentes
Les idiots râleux, vieillards, pantins, laquais!

A ORGIA PARISIENSE[1]
ou
PARIS SE REPOVOA

Covardes, ei-la aí! Descarregai nas gares![2]
O sol limpou com seus pulmões ardentes
Essas ruas que um dia os Bárbaros juncaram.[3]
Eis a Cidade santa, assentada a ocidente!

Ide! que evitarão o refluir do incêndio,
Aí estão os cais, as grandes avenidas,
As casas contra o azul que tênue se irradia
E uma noite o clarão das bombas estrelou![4]

Nos tapumes fechai os palácios defuntos!
Que o horror do dia antigo o vosso olhar retarde.
Eis as ruivas em bando a requebrar as ancas:[5]
Sede loucos, sereis basbaques se espantardes!

Quais cadelas em cio a comer cataplasmas,
O grito das pensões alegres vos reclama.
Ide! Comei! É a noite ardente dos espasmos
Que desce à rua. Vinde, ó bêbedos nostálgicos,

Bebei! Pois quando a luz chegar intensa e louca,
Palpando a vosso lado os luxos farfalhantes,
Não ireis mais babar, sem gestos, sem palavras,
Em vosso copo, o olhar perdido nas distâncias?

Da Rainha brindai as nádegas cadentes!
Ouvi o estremecer de estúpidos soluços
Lacerantes! Ouvi saltar nas noites cálidas
Os velhos resmungões, os trouxas, os lacaios!

Ô cœurs de saleté, bouches épouvantables,
Fonctionnez plus fort, bouches de puanteurs!
Un vin pour ces torpeurs ignobles, sur ces tables...
Vos ventres sont fondus de hontes, ô Vainqueurs!

Ouvrez votre narine aux superbes nausées!
Trempez de poisons forts les cordes de vos cous!
Sur vos nuques d'enfants baissant ses mains croisées
Le Poète vous dit: "Ô lâches, soyez fous!

Parce que vous fouillez le ventre de la Femme,
Vous craignez d'elle encore une convulsion
Qui crie, asphyxiant votre nichée infâme
Sur sa poitrine, en une horrible pression.

Syphilitiques, fous, rois, pantins, ventriloques,
Qu'est-ce que ça peut faire à la putain Paris,
Vos âmes et vos corps, vos poisons et vos loques?
Elle se secouera de vous, hargneux pourris!

Et quand vous serez bas, geignant sur vos entrailles,
Les flancs morts, réclamant votre argent, éperdus,
La rouge courtisane aux seins gros de batailles
Loin de votre stupeur tordra ses poings ardus!

Quand tes pieds ont dansé si fort dans les colères,
Paris! quand tu reçus tant de coups de couteau,
Quand tu gis, retenant dans tes prunelles claires
Un peu de la bonté du fauve renouveau,

Ô cité douloureuse, ô cité quasi morte,
La tête et les deux seins jetés vers l'Avenir
Ouvrant sur ta pâleur ses milliards de portes,
Cité que le Passé sombre pourrait bénir:

Corps remagnétisé pour les énormes peines,
Tu rebois donc la vie effroyable! tu sens
Sourdre le flux des vers livides en tes veines,
Et sur ton clair amour rôder les doigts glaçants!

Ó turvos corações, ó bocas pavorosas,
Estertorai mais forte, ó bocas de fedores!
Um vinho, nesta mesa, aos torpores ignóbeis...
Vosso ventre derrete opróbrio, ó Vencedores!

Abri vossa narina às náuseas soberanas!
Embebei de veneno os nervos do pescoço!
Nas nucas infantis baixando as mãos cruzadas,
Eis que o Poeta vos diz: "Covardes, sede loucos!

Porque vos chafurdais nas entranhas da Fêmea,
Dela temeis ainda uma outra convulsão
Aos gritos, a asfixiar vossa ninhada infame,
Contra o peito apertando-a em horrível pressão.

Sifilíticos, reis, loucos, bufões, ventríloquos,
Que lhe importa, a Paris-a-puta, os vossos corpos,
Vossas almas, e mais vosso veneno e andrajos?
De vós se livrará, ó podres resmungões!

E quando já no chão, gemendo sobre o ventre,
Feridos, reclamando, em desvario, a paga,
A ruiva cortesã de seios belicosos
Os punhos cerrará, alheia ao vosso espanto!

Paris, quando teus pés frenéticos dançaram
Na ira, e recebeste os golpes de cutelo,
Caíste, mas retendo um pouco de bondade
Do fulvo renascer no claro das pupilas;

Cidade dolorosa, ó quase-moribunda,
A face tens e o seio erguidos ao Porvir
Abrindo ao teu palor miríades de portas,
Cidade que o Passado obscuro bendiria :

Corpo que um sofrimento enorme magnetiza,
Tu voltas a sorver a vida horrenda! e sentes
Surdir no sangue o flux da lívida vermina,
Sobre teu claro amor roçarem dedos gélidos!

Et ce n'est pas mauvais. Les vers, les vers livides
Ne gêneront pas plus ton souffle de Progrès
Que les Stryx n'éteignaient l'œil des Cariatides
Où des pleurs d'or astral tombaient des bleus degrés."

Quoique ce soit affreux de te revoir couverte
Ainsi; quoiqu'on n'ait fait jamais d'une cité
Ulcère plus puant à la Nature verte,
Le Poète te dit: "Splendide est ta Beauté!"

L'orage te sacra suprême poésie;
L'immense remuement des forces te secourt;
Ton œuvre bout, la mort gronde, Cité choisie!
Amasse les strideurs au cœur du clairon sourd.

Le Poète prendra le sanglot des Infâmes,
La haine des Forçats, la clameur des Maudits;
Et ses rayons d'amour flagelleront les Femmes.
Ses strophes bondiront: Voilà! voilà! bandits!

– Société, tout est rétabli: – les orgies
Pleurent leur ancien râle aux anciens lupanars:
Et les gaz en délire, aux murailles rougies,
Flambent sinistrement vers les azurs blafards!

Mai 1871.

E nada disto é mau. Os vermes, vermes lívidos
Não irão perturbar teu sopro de Progresso,
Que os Estriges jamais ofuscam as Cariátides [6]
Por cujos olhos o ouro astral desce do azul.

Embora seja atroz rever-te assim coberta
De úlceras, e jamais tivesse uma cidade
O odor da chaga exposto à verde Natureza,
Eis que o Poeta te diz: "Que esplêndida Beleza!"

Sagrou-te a tempestade em suprema poesia; [7]
Imenso revolver de forças te sacode;
Tu'obra ferve, a morte argúi, Cidade eleita!
Recolhe nos clarins os surdos sons estrídulos.

O Poeta irá tomar o pranto dos Infames,
Os ódios do Forçado, as queixas dos Malditos;
E as Mulheres serão flageladas de amor.
Seus versos saltarão: Ei-los! ei-los! bandidos!

— Sociedade, está tudo em ordem: — as orgias
Estertoram de novo em velhos lupanares:
E, delirante, o gás nos muros encarnados
Arde sinistramente à palidez dos céus!

Maio de 1871.

LES MAINS DE JEANNE-MARIE

Jeanne-Marie a des mains fortes,
Mains sombres que l'été tanna,
Mains pâles comme des mains mortes.
– Sont-ce des mains de Juana?

Ont-elles pris les crèmes brunes
Sur les mares des voluptés?
Ont-elles trempé dans des lunes
Aux étangs de sérénités?

Ont-elles bu des cieux barbares,
Calmes sur les genoux charmants?
Ont-elles roulé des cigares
Ou trafiqué des diamants?

Sur les pieds ardents de Madones
Ont-elles fané des fleurs d'or?
C'est le sang noir des belladones
Qui dans leur paume éclate et dort.

Mains chasseresses des diptères
Dont bombinent les bleuisons
Aurorales, vers les nectaires?
Mains décanteuses de poisons?

Oh! quel Rêve les a saisies
Dans les pandiculations?
Un rêve inouï des Asies,
Des Khenghavars ou des Sions?

AS MÃOS DE JEANNE-MARIE[1]

Jeanne-Marie tem a mão forte,
Escuras mãos que o sol atana,[2]
Pálida mão qual mão da morte.
— Serão acaso as mãos de Juana?[3]

Terão tomado as cores cruas
Do charco da sensualidade?
Ou mergulharam-se nas luas
Dos lagos da serenidade?

Beberam céus bárbaros, brutos;
Calmas, em joelhos deslumbrantes?
Terão enrolado charutos[4]
Ou traficado com diamantes?

Nos pés ardentes das Madonas
Fanaram flores de ouro informe,
Negro sangrar das beladonas[5]
Em suas palmas surge e dorme.

Mãos caçadoras de apiários
Onde aurorais azuis serenos
Zumbem, em busca dos nectários?
Mãos que decantam os venenos?[6]

Que Sonho as fez assim contritas
Em suas pandiculações?[7]
Sonho das Ásias inauditas,
Dos Khenghavares ou dos Siões?[8]

– Ces mains n'ont pas vendu d'oranges,
Ni bruni sur les pieds des dieux:
Ces mains n'ont pas lavé les langes
Des lourds petits enfants sans yeux.

Ce ne sont pas mains de cousine
Ni d'ouvrières aux gros fronts
Que brûle, aux bois puant l'usine,
Un soleil ivre de goudrons.

Ce sont des ployeuses d'échines,
Des mains qui ne font jamais mal,
Plus fatales que des machines,
Plus fortes que tout un cheval!

Remuant comme des fournaises,
Et secouant tous ses frissons,
Leur chair chante des Marseillaises
Et jamais les Eleisons!

Ça serrerait vos cous, ô femmes
Mauvaises, ça broierait vos mains,
Femmes nobles, vos mains infâmes
Pleines de blancs et de carmins.

L'éclat de ces mains amoureuses
Tourne le crâne des brebis!
Dans leurs phalanges savoureuses
Le grand soleil met un rubis!

Une tache de populace
Les brunit comme un sein d'hier;
Le dos de ces Mains est la place
Qu'en baisa tout Révolté fier!

Elles ont pâli, merveilleuses,
Au grand soleil d'amour chargé,
Sur le bronze des mitrailleuses
À travers Paris insurgé!

Mãos que jamais vendem laranjas,
Nem que dos deuses brunem sólios;
Que não lavaram nunca em sanjas
As fraldas de nenéns sem olhos.

Não têm das primas as mãos finas
Nem da operária a rude tez
Que, em fornos fétidos de usinas,
Rescalda um sol ébrio de pez.

São curvadoras de dorsais,
Que de fazer o bem têm calo,
Mais do que as máquinas, fatais,
E fortes, mais do que um cavalo!

Ardendo em fornalhas acesas
E a sacudir todos seus tons,
Canta essa carne Marselhesas
E jamais canta os Eleisons![9]

Podem vos enforcar, madames
Más, e esmagar vossas mãos ruins,
Ó nobres damas, mãos infames
Cheias de brancos e carmins.

O seu clarão de amor constrange[10]
Ovelhas longe em seus redis!
O sol depõe-lhe na falange
O brilho rubro de rubis!

Uma nódoa de populaça
Qual seio antigo as anegreja;
O dorso dessas mãos é a praça
Que um revoltado altivo beija!

Desfaleceram, sonhadoras,
Ao sol do amor que então surgia
No bronze das metralhadoras
Pela Paris que se insurgia!

Ah! quelquefois, ô Mains sacrées,
À vos poings, Mains où tremblent nos
Lèvres jamais désenivrées,
Crie une chaîne aux clairs anneaux!

Et c'est un soubresaut étrange
Dans nos êtres, quand, quelquefois,
On veut vous déhâler, Mains d'ange,
En vous faisant saigner les doigts!

Ah! que por vezes, Mãos sagradas,
Em vosso punho, onde acolheis
Nossas bocas jamais saciadas,
Gritam grilhões de alvos anéis!

E há um Sobressalto que constrange
Os nossos seres, quando os medos
Querem vos consumir, mãos de anjos,
Fazendo-vos sangrar os dedos.[11]

LES SŒURS DE CHARITÉ

Le jeune homme dont l'œil, la peau brune,
Le beau corps de vingt ans qui devrait aller nu,
Et qu'eût, le front cerclé de cuivre, sous la lune
Adoré, dans la Perse, un Génie inconnu,

Impétueux avec des douceurs virginales
Et noires, fier de ses premiers entêtements,
Pareil aux jeunes mers, pleurs de nuits estivales
Qui se retournent sur des lits de diamants;

Le jeune homme, devant les laideurs de ce monde
Tressaille dans son cœur largement irrité,
Et plein de la blessure éternelle et profonde,
Se prend à désirer sa sœur de charité.

Mais, ô Femme, monceau d'entrailles, pitié douce,
Tu n'es jamais la sœur de charité, jamais,
Ni regard noir, ni ventre où dort une ombre rousse,
Ni doigts légers, ni seins splendidement formés.

Aveugle irréveillée aux immenses prunelles,
Tout notre embrassement n'est qu'une question:
C'est toi qui pends à nous, porteuse de mamelles,
Nous te berçons, charmante et grave Passion.

Tes haines, tes torpeurs fixes, tes défaillances,
Et les brutalités souffertes autrefois,
Tu nous rends tout, ô Nuit pourtant sans malveillances,
Comme un excès de sang épanché tous les mois.

AS IRMÃS DE CARIDADE[1]

Esse jovem, de olhar brilhante, a tez queimada,
Que, aos vinte anos, andar de corpo nu devia,
E que na Pérsia, um Gênio ignoto, a fronte ornada
De cobre, à luz da lua, ao certo adoraria,

E que impetuoso em seus arroubos virginais
E tristes, a exultar seus primeiros rompantes,
Mar que o pranto gerou das noites estivais,
E que se assenta sob um leito de diamantes;

Esse jovem, exposto às misérias do mundo,
No irado coração sente um tremor que o invade
E com a ferida eterna a lhe sangrar no fundo,
Se põe a desejar a irmã de caridade.

Mas, ó Mulher, montão de entranhas, doce e pia,
Jamais serás, jamais, a Irmã de caridade,
Nem negro olhar, nem ventre em que uma sombra estria,
Dedos leves, seios de esplêndida beldade.

Cega sem despertar que as pupilas inflamas,[2]
Todo o nosso contato está nesta questão:
Tu pendes sobre nós, portadora de mamas,
Ou te berçamos nós, grave e bela Paixão?

Teus ódios, teu torpor, teus desfalecimentos,
E tudo que sofreste outrora de rudez,
Nos devolves, ó Noite entanto sem tormentos,
Como excesso de sangue expulso todo mês.

– Quand la femme, portée un instant, l'épouvante,
Amour, appel de vie et chanson d'action,
Viennent la Muse verte et la Justice ardente
Le déchirer de leur auguste obsession.

Ah! sans cesse altéré des splendeurs et des calmes,
Délaissé des deux Sœurs implacables, geignant
Avec tendresse après la science aux bras almes,
Il porte à la nature en fleur son front saignant.

Mais la noire alchimie et les saintes études
Répugnent au blessé, sombre savant d'orgueil;
Il sent marcher sur lui d'atroces solitudes.
Alors, et toujours beau, sans dégoût du cercueil,

Qu'il croie aux vastes fins, Rêves ou Promenades
Immenses, à travers les nuits de Vérité,
Et t'appelle en son âme et ses membres malades,
Ô Mort mystérieuse, ô sœur de charité.

Juin 1871.

— Quando a Mulher, vencendo o receio um instante,
Amor, grito de vida e cântico de ação,
A Musa verde vem e a Justiça flamante,[3]
Para o despedaçar dessa augusta obsessão.

Sedento sem cessar dos esplendores calmos,
Sem as duas Irmãs implacáveis, gemente
De ternura, a buscar da ciência os braços almos,[4]
À Natureza em flor mostra a sangrada frente.

Mas a negra alquimia e a leitura dos santos
Repugnam ao ferido, altivo desse acúmulo:
Sente vir sobre si a solidão e espantos.
Que ele então, sempre belo, e sem temer o túmulo,

Crendo nos vastos fins, como Sonhos ou ermos
Passeios através das noites da Verdade,
Te acolha em sua alma e em seus membros enfermos,
Ó Morte misteriosa, ó irmã de caridade!

Junho de 1871.

VOYELLES

A noir, E blanc, I rouge, U vert, O bleu: voyelles,
Je dirai quelque jour vos naissances latentes:
A, noir corset velu des mouches éclatantes
Qui bombinent autour des puanteurs cruelles,

Golfes d'ombre; E, candeurs des vapeurs et des tentes,
Lances des glaciers fiers, rois blancs, frissons d'ombelles;
I, pourpres, sang craché, rire des lèvres belles
Dans la colère ou les ivresses pénitentes;

U, cycles, vibrements divins des mers virides,
Paix des pâtis semés d'animaux, paix des rides
Que l'alchimie imprime aux grands fronts studieux;

O, suprême Clairon plein des strideurs étranges,
Silences traversés des Mondes et des Anges:
– O l'Oméga, rayon violet de Ses Yeux!

L'étoile a pleuré rose au cœur de tes oreilles,
L'infini roulé blanc de ta nuque à tes reins
La mer a perlé rousse à tes mammes vermeilles
El l'Homme saigné noir à ton flanc souverain.

VOGAIS[1]

A negro, E branco, I rubro, U verde, O azul: vogais,
Um dia hei de dizer vossas fontes latentes:[2]
A, negro e veludoso enxame de esplendentes
Moscas a varejar em torno aos chavascais,[3]

Golfos de sombra; E, alvor de tendas tumescentes,
Lanças de gelo altivo, arfar de umbelas reais;[4]
I, púrpuras, cuspir de sangue, arcos labiais[5]
Sorrindo em fúria ou nos transportes penitentes;

U, ciclos, vibrações dos mares verdes, montes
Semeados de animais pastando, paz das frontes
Rugosas de buscar alquímicos refolhos;

O, supremo Clarim de estridores profundos,
Silêncios a esperar pelos Anjos e os Mundos:
— O, o Ômega, clarão violáceo de Seus Olhos![6]

☆ [1]

A estrela chorou rosa ao fundo de tua orelha,
O espaço rolou branco entre a nuca e o quadril
O mar perolou ruivo a mamila vermelha
E o Homem sangrou negro o flanco senhoril.

[L'HOMME JUSTE]

Le Juste restait droit sur ses hanches solides:
Un rayon lui dorait l'épaule; des sueurs
Me prirent: "Tu veux voir rutiler les bolides?
Et, debout, écouter bourdonner les flueurs
D'astres lactés, et les essaims d'astéroïdes?

"Par des farces de nuit ton front est épié,
Ô Juste! Il faut gagner un toit. Dis ta prière,
La bouche dans ton drap doucement expié;
Et si quelque égaré choque ton ostiaire,
Dis: Frère, va plus loin, je suis estropié!"

Et le Juste restait debout, dans l'épouvante
Bleuâtre des gazons après le soleil mort:
"Alors, mettrais-tu tes genouillères en vente,
Ô Vieillard? Pèlerin sacré! Barde d'Armor!
Pleureur des Oliviers! Main que la pitié gante!

"Barbe de la famille et poing de la cité,
Croyant très doux: ô cœur tombé dans les calices,
Majestés et vertus, amour et cécité,
Juste! plus bête et plus dégoûtant que les lices!
Je suis celui qui souffre et qui s'est révolté!

"Et ça me fait pleurer sur mon ventre, ô stupide,
Et bien rire, l'espoir fameux de ton pardon!
Je suis maudit, tu sais! Je suis soûl, fou, livide,
Ce que tu veux! Mais va te coucher, voyons donc,
Juste! Je ne veux rien à ton cerveau torpide.

[O HOMEM JUSTO][1]

Sentou-se o Justo ereto em seus esteios sólidos.
O sol veio dourar-lhe os ombros; e tomaram-me
Os suores: "Queres ver o rutilar dos bólidos?
E, de pé, escutar o fervilhar em mênstruos
Dos astros lácteos, dos enxames de asteróides?[2]

"Pelas farsas da noite a tua fronte é vista,
Ó Justo! Volta à casa. E diz tua oração,
A boca no lençol em doce expiação;
E se algum desgarrado ocorre a teu ostiário,[3]
Diz-lhe: "Irmão, segue em frente, estou estropiado!"

E o Justo lá ficou, de pé, no aterrador
Azuláceo da relva às sombras do sol-posto:
"Então, irás vender as tuas joelheiras,
Ó Velho? Peregrino ancião! Bardo de Armor![4]
Pranto do Monte! Mãos nas luvas da piedade!

"A barba da família e o punho da cidade!
Crente bom: coração mergulhado nos cálices,
Virtude e majestade, amores e cegueiras,
Justo! mais imbecil e náuseo que as cadelas![5]
Sou aquele que sofre e que se revoltou!

"Isso me faz chorar sobre o ventre, ó estúpido,
E rir-me, na esperança ideal de teu perdão!
Sabes que sou maldito! E louco, e ébrio, e lívido,
O que quiseres! Mas, vai lá, deixa-me em paz,
Ó Justo! Não me atrai teu torpe pensamento.

"C'est toi le Juste, enfin, le Juste! C'est assez!
C'est vrai que ta tendresse et ta raison sereines
Reniflent dans la nuit comme des cétacés!
Que tu te fais proscrire, et dégoises des thrènes
Sur d'effroyables becs de canne fracassés!

"Et c'est toi l'œil de Dieu! le lâche! Quand les plantes
Froides des pieds divins passeraient sur mon cou,
Tu es lâche! Ô ton front qui fourmille de lentes!
Socrates et Jésus, Saints et Justes, dégoût!
Respectez le Maudit suprême aux nuits sanglantes!"

J'avais crié cela sur la terre, et la nuit
Calme et blanche occupait les cieux pendant ma fièvre.
Je relevai mon front: le fantôme avait fui,
Emportant l'ironie atroce de ma lèvre...
– Vents nocturnes, venez au Maudit! Parlez-lui!

Cependant que, silencieux sous les pilastres
D'azur, allongeant les comètes et les nœuds
D'univers, remuement énorme sans désastres,
L'ordre, éternel veilleur, rame aux cieux lumineux
Et de sa drague en feu laisse filer les astres!

Ah! qu'il s'en aille, lui, la gorge cravatée
De honte, ruminant toujours mon ennui, doux
Comme le sucre sur la denture gâtée.
– Tel que la chienne après l'assaut des fiers toutous,
Léchant son flanc d'où pend une entraille emportée.

Qu'il dise charités crasseuses et progrès...
– J'exècre tous ces yeux de chinois à bedaines,
Puis qui chante: nana, comme un tas d'enfants près
De mourir, idiots doux aux chansons soudaines:
Ô Justes, nous chierons dans vos ventres de grès!

"Tu és o Justo, enfim, o Justo! Isto é bastante!
Certo, a tua razão e a ternura serena
Que tens fungam na noite assim como os cetáceos!
Fazes-te proscrever e em lamúrias te carpes
Por horrendos mandriões e velhos fracassados![6]

"E és o olho de Deus! covarde! Ainda que as frias
Plantas dos santos pés a nuca me tocassem,
Serias um covarde! Ó cabeça de lêndeas!
Sócrates e Jesus, santos e justos, asco!
Respeitai o Maldito audaz da noite em sangue."

Eu havia gritado isto na terra, e a noite
Calma e branca ocupava os céus em minha febre.
A fronte levantei: o fantasma fugira,
Carregando a ironia atroz de minha boca...
— Ventos noturnos, vinde ao maldito! Falai-lhe,

Enquanto que, em silêncio, embaixo das pilastras
Do azul, a desfilar os cometas e enigmas
Do universo, tumulto enorme sem desastres,
A ordem, vigia eterno, aos céus em luz navega
Com sua draga em fogo a esparramar estrelas!

Pois ele que se vá, garganta engravatada
De vergonha, a remoer sempre o meu nojo, doce
Como o açúcar em sua usada dentadura.
— Tal a cadela após o assalto dos cachorros,
Lambendo o flanco donde alguma entranha pende.

Que pregue a caridade asquerosa e o progresso...
— Execro esse olho mau de cínico chinês.
Pois que cante naná, como um bando de crianças
À morte, a improvisar doces canções: Ó Justos,[7]
Iremos defecar nesses ventres de grês!

CE QU'ON DIT AU POÈTE
À PROPOS DE FLEURS

À Monsieur Théodore de Banville

I

Ainsi, toujours, vers l'azur noir
Où tremble la mer des topazes,
Fonctionneront dans ton soir
Les Lys, ces clystères d'extases!

À notre époque de sagous,
Quand les Plantes sont travailleuses,
Le Lys boira les bleus dégoûts
Dans tes Proses religieuses!

— Le lys de monsieur de Kerdrel,
Le Sonnet de mil huit cent trente,
Le Lys qu'on donne au Ménestrel
Avec l'œillet et l'amarante!

Des lys! Des lys! On n'en voit pas!
Et dans ton Vers, tel que les manches
Des Pécheresses aux doux pas,
Toujours frissonnent ces fleurs blanches!

Toujours, Cher, quand tu prends un bain,
Ta chemise aux aisselles blondes
Se gonfle aux brises du matin
Sur les myosotis immondes!

L'amour ne passe à tes octrois
Que les Lilas, — ô balançoires!
Et les Violettes du Bois,
Crachats sucrés des Nymphes noires!...

O QUE DIZEM AO POETA[1]
A RESPEITO DAS FLORES

Ao Senhor Théodore de Banville

I

Assim, por sempre, ao negro azul[2]
Onde treme o mar de topázios,
Funcionarão em tua noite os
Lírios, esses clisteres de êxtase![3]

Em nossos tempos de sagu,[4]
Quando as plantas são operárias,
O Lírio bebe azuis fastios
Em tuas prosas religiosas!

— O lírio do senhor Kerdrel,[5]
O Soneto dos anos trinta,
O lírio dado ao menestrel
Junto com o cravo e o amaranto!

Lírios! Lírios! Já não os vemos!
Mas no teu Verso, iguais às mangas
Das Pecadoras de andar suave,
Sempre essas flores brancas fremem![6]

Sempre, Caro, quando te banhas,[7]
A camisa de axilas louras
Infla-se às brisas matutinas
Sobre os imundos miosótis!

O amor envia à tua outorga
Só os Lilases, — ó baloiços!
E às doces Violetas Silvestres,
Os escarros das Ninfas negras!...

II

Ô Poètes, quand vous auriez
Les Roses, les Roses soufflées,
Rouges sur tiges de lauriers,
Et de mille octaves enflées!

Quand BANVILLE en ferait neiger,
Sanguinolentes, tournoyantes,
Pochant l'œil fou de l'étranger
Aux lectures mal bienveillantes!

De vos forêts et de vos prés,
Ô très paisibles photographes!
La Flore est diverse à peu près
Comme des bouchons de carafes!

Toujours les végétaux Français,
Hargneux, phtisiques, ridicules,
Où le ventre des chiens bassets
Navigue en paix, aux crépuscules;

Toujours, après d'affreux dessins
De Lotos bleus ou d'Hélianthes,
Estampes roses, sujets saints
Pour de jeunes communiantes!

L'Ode Açoka cadre avec la
Strophe en fenêtre de lorette;
Et de lourds papillons d'éclat
Fientent sur la Pâquerette.

Vieilles verdures, vieux galons!
Ô croquignoles végétales!
Fleurs fantasques des vieux Salons!
– Aux hannetons, pas aux crotales,

II

Ó Poetas, quando tiverdes
As Rosas, as Rosas tufadas,
Rubras nos talos dos loureiros,
De mil oitavas inflamadas![8]

Se BANVILLE as fizer nevar,
Sanguinolentas, rodopiantes,
Pisando o olho mau do ignaro
Com leituras pouco benévolas!

De vossos bosques, vossos prados,
Vós, ó fotógrafos passíveis!
A Flora é quase tão diversa
Quanto as cortiças das garrafas!

Os vegetais franceses, sempre
Mirrados, tísicos, ridículos,
Em que a barriga dos bassês
Resvala em paz, sob os crepúsculos;

Sempre, quais horrendos desenhos
De Lótus azuis ou de Heliantos,
Estampas róseas, temas santos
Para as meninas comungantes!

A Ode Açoka cai bem com a estrofe
Tipo janela de dondocas;[9]
E as grandes borboletas fúlgidas
Defecam sobre a Margarida.[10]

Velho verdor, velhos ornatos!
Ó salgadinhos vegetais!
Flores-fantasmas dos Salões!
— Aos coleópteros, não aos crótalos,

Ces poupards végétaux en pleurs
Que Grandville eût mis aux lisières,
Et qu'allaitèrent de couleurs
De méchants astres à visières!

Oui, vos bavures de pipeaux
Font de précieuses glucoses!
— Tas d'œufs frits dans de vieux chapeaux,
Lys, Açokas, Lilas et Roses!...

III

Ô blanc Chasseur, qui cours sans bas
À travers le Pâtis panique,
Ne peux-tu pas, ne dois-tu pas
Connaître un peu ta botanique?

Tu ferais succéder, je crains,
Aux Grillons roux les Cantharides,
L'or des Rios au bleu des Rhins, —
Bref, aux Norwèges les Florides:

Mais, Cher, l'Art n'est plus, maintenant,
— C'est la vérité, — de permettre
À l'Eucalyptus étonnant
Des constrictors d'un hexamètre;

Là!... Comme si les Acajous
Ne servaient, même en nos Guyanes,
Qu'aux cascades des sapajous,
Au lourd délire des lianes!

— En somme, une Fleur, Romarin
Ou Lys, vive ou morte, vaut-elle
Un excrément d'oiseau marin?
Vaut-elle un seul pleur de chandelle?

Essas bombocas lacrimosas
Que Granville em debruns poria,[11]
E cujas cores aleitaram
Astros malvados com viseiras!

Sim, a baba de vossas flautas
Fornece glucoses preciosas!
— Ovos fritos sobre os chapéus,
Lírio, Açokas, Lilases, Rosas!...[12]

III

Ó Caçador, que vais sem meias[13]
A correr pelo Pasto pânico,
Não podes acaso, ou não deves
Saber um pouco de botânica?

Farias suceder, eu temo,
Aos Grilos ruivos as Cantáridas,
Os Rios de ouro aos azuis Renos, —
Em suma, às Noruegas as Flóridas:

Mas, Caro, a Arte não pode mais
— Eis a verdade, — submeter
Um Eucalipto portentoso
À boa-constríctor do hexâmetro;

Sim!... Como se os troncos de Mogno
Só servissem, mesmo nas Guianas,
Como balanços de macacos
No delírio lento das lianas!

— Em suma, uma Flor, Rosmaninho
Ou Lírio, viva ou morta, vale
O excremento da ave marinha?[14]
Uma só lágrima da vela?

— Et j'ai dit ce que je voulais!
Toi, même assis là-bas, dans une
Cabane de bambous, — volets
Clos, tentures de perse brune, —

Tu torcherais des floraisons
Dignes d'Oises extravagantes!...
— Poète! ce sont des raisons
Non moins risibles qu'arrogantes!...

IV

Dis, non les pampas printaniers
Noirs d'épouvantables révoltes,
Mais les tabacs, les cotonniers!
Dis les exotiques récoltes!

Dis, front blanc que Phébus tanna,
De combien de dollars se rente
Pedro Velasquez, Habana;
Incague la mer de Sorrente

Où vont les Cygnes par milliers;
Que tes strophes soient des réclames
Pour l'abatis des mangliers
Fouillés des hydres et des lames!

Ton quatrain plonge aux bois sanglants
Et revient proposer aux Hommes
Divers sujets de sucres blancs,
De pectoraires et de gommes!

Sachons par Toi si les blondeurs
Des Pics neigeux, vers les Tropiques,
Sont ou des insectes pondeurs
Ou des lichens microscopiques!

— E agora disse o que queria!
Tu, mesmo lá sentado numa
Cabana de bambu, — persianas
Baixas, forros de chita escura, —

Retorcerias florações
Dignas de Oises extravagantes!...[15]
— Poeta! estes são argumentos
Tão risíveis quanto arrogantes!...

IV

Diz, não dos pampas florescentes
Negros de lutas espantosas,
Mas dos tabacos, algodoais!
Diz das exóticas colheitas!

Diz, fronte branca ao Sol curtida,
Quanto ganha por ano em dólares
Pedro Velásquez, em Havana;
Manda à merda o mar de Sorrento[16]

Onde vão Cisnes aos milhares;
Sirvam teus versos de reclame
Para os despojos dos manguais
Batidos por hidras e vagas![17]

Que teu quarteto afunde em bosques
De sangue e volte expondo aos Homens
Os vários temas dos açúcares
Brancos, os peitorais e as gomas![18]

Que saibamos por Ti se o branco
Dos Picos nevados, nos Trópicos,
É o fruto de insetos ovíparos
Ou de líquenes microscópicos!

Trouve, ô Chasseur, nous le voulons,
Quelques garances parfumées
Que la Nature en pantalons
Fasse éclore! — pour nos Armées!

Trouve, aux abords du Bois qui dort,
Les fleurs, pareilles à des mufles,
D'où bavent des pommades d'or
Sur les cheveux sombres des Buffles!

Trouve, aux prés fous, où sur le Bleu
Tremble l'argent des pubescences,
Des calices pleins d'œufs de feu
Qui cuisent parmi les essences!

Trouve, des Chardons cotonneux
Dont dix ânes aux yeux de braises
Travaillent à filer les nœuds!
Trouve des Fleurs qui soient des chaises!

Oui, trouve au cœur des noirs filons
Des fleurs presque pierres, — fameuses! —
Qui vers leurs durs ovaires blonds
Aient des amygdales gemmeuses!

Sers-nous, ô Farceur, tu le peux,
Sur un plat de vermeil splendide
Des ragoûts de Lys sirupeux
Mordant nos cuillers Alfénide!

V

Quelqu'un dira le grand Amour,
Voleur des sombres Indulgences:
Mais ni Renan, ni le chat Murr
N'ont vu les Bleus Thyrses immenses!

Ó Caçador, queremos que aches
Umas garanças perfumadas
Que a Natureza exploda em calças
Vermelhas! — para o nosso Exército![19]

Que aches no bosque, após, que dorme,[20]
Flores iguais a esses focinhos
Donde espumam pomadas de ouro
Sobre os negros pêlos dos Búfalos!

Que aches, no Azul dos loucos prados,
Onde arfa a prata em pubescências,
Ovos de fogo em cheios cálices
Que vão cozendo entre as essências!

Que aches os Cardos penugentos
De que dez asnos de olhos rubros
Se esforçam por fiar os nós!
Que aches flores para sentar-nos!

Que aches no imo dos filões negros
Flores quase pedras, — famosas! —
Que em seus duros ovários louros
Tenham amígdalas gemosas![21]

A ver, Farsante, se nos serves
Num prato de *vermeil* esplêndido
Ragus de Lírios xaroposos
Que róem colheres de alfenide![22]

V

Qualquer dirá do grande Amor,
Ladrão de escuras Indulgências:
Mas nem Renan ou o gato Murr[23]
Viram azuis Tirsos imensos!

Toi, fais jouer dans nos torpeurs,
Par les parfums les hystéries;
Exalte-nous vers des candeurs
Plus candides que les Maries...

Commerçant! colon! médium!
Ta Rime sourdra, rose ou blanche,
Comme un rayon de sodium,
Comme un caoutchouc qui s'épanche!

De tes noirs Poèmes, — Jongleur!
Blancs, verts, et rouges dioptriques,
Que s'évadent d'étranges fleurs
Et des papillons électriques!

Voilà! c'est le Siècle d'enfer!
Et les poteaux télégraphiques
Vont orner. — lyre aux chants de fer,
Tes omoplates magnifiques!

Surtout, rime une version
Sur le mal des pommes de terre!
— Et, pour la composition
De Poèmes pleins de mystère

Qu'on doive lire de Tréguier
À Paramaribo, rachète
Des Tomes de Monsieur Figuier,
— Illustrés! — chez Monsieur Hachette!

Alcide Bava.

A. R.

14 juillet 1871.

Faze avivar nossos torpores,
Pelo perfume as histerias;
Exalta-nos para os candores
Ainda mais puros que as Marias...

Comerciante! colono! médium!
Saia-te a rima, rosa ou branca,
Como fosse um raio de sódio,
Como a borracha que se expande!

De teus negros Poemas, — Funâmbulo!
Brancos, verdes, vermelhos dióptricos,
Que se evadam flores estranhas
E voem borboletas elétricas!

É isto! É o Século do inferno!
E irão seus postes telegráficos
Ornar, — lira de cantos férreos,
Tuas omoplatas magníficas!

Antes de tudo, faze rimas
Tratando a praga das batatas!
— E, mais, para a composição
De Poemas cheios de mistério

A serem lidos de Tréguier[24]
A Paramaribo, que adquiras
Os Tomos do Senhor Figuier,[25]
— Ilustrados! — da Casa Hachette!

Alcides Bava.
A. R.
14 de julho de 1871.

LES PREMIÈRES COMMUNIONS

I

Vraiment, c'est bête, ces églises des villages
Où quinze laids marmots encrassant les piliers
Écoutent, grasseyant les divins babillages,
Un noir grotesque dont fermentent les souliers:
Mais le soleil éveille, à travers des feuillages
Les vieilles couleurs des vitraux irréguliers.

La pierre sent toujours la terre maternelle.
Vous verrez des monceaux de ces cailloux terreux
Dans la campagne en rut qui frémit solennelle
Portant près des blés lourds, dans les sentiers ocreux,
Ces arbrisseaux brûlés où bleuit la prunelle,
Des nœuds de mûriers noirs et de rosiers fuireux.

Tous les cent ans on rend ces granges respectables
Par un badigeon d'eau bleue et de lait caillé:
Si des mysticités grotesques sont notables
Près de la Notre-Dame ou du Saint empaillé,
Des mouches sentant bon l'auberge et les étables
Se gorgent de cire au plancher ensoleillé.

L'enfant se doit surtout à la maison, famille
Des soins naïfs, des bons travaux abrutissants;
Ils sortent, oubliant que la peau leur fourmille
Où le Prêtre du Christ plaqua ses doigts puissants.
On paie au Prêtre un toit ombré d'une charmille
Pour qu'il laisse au soleil tous ces fronts brunissants.

AS PRIMEIRAS COMUNHÕES[1]

I

São realmente um horror as igrejas das vilas
Onde quinze guris, ensebando as pilastras,
Escutam, a estropiar as arengas divinas,
Um negro pregador que fede nos sapatos.[2]
Porém o sol desperta, através das folhagens,
Essas cores senis dos vitrais imperfeitos.

A pedra cheira sempre a terra maternal.
Haveis de ver montões desses calhaus terrosos
Pelos campos em cio a palpitar solenes,
E neles, junto ao trigo em messe, em ocres sendas
Arbustos em tição onde o abrunheiro azula
Entre amoras do campo e roseiras silvestres.[3]

Essas granjas, de cem em cem anos, se fazem
Respeitáveis por mão de cal e anil aguado:
Se misticismos tais, grotescos, têm sentido
Junto a Nossa Senhora ou de um Santo empalhado,
As moscas, que acham bons albergues e currais,
Saciam-se de cera em cima dos assoalhos.

A criança se dedica à casa, uma família
De cuidados banais, de trabalho grosseiros.
Esquecem-se, ao sair, que a pele lhes formiga
Onde o Padre de Cristo estampou fortes dedos.
E paga-se a esse padre um teto à sombra de árvores
Para que deixa ao sol essas frontes curtidas.

Le premier habit noir, le plus beau jour de tartes,
Sous le Napoléon ou le Petit Tambour
Quelque enluminure où les Josephs et les Marthes
Tirent la langue avec un excessif amour
Et que joindront, au jour de science, deux cartes,
Ces seuls doux souvenirs lui restent du grand Jour.

Les filles vont toujours à l'église, contentes
De s'entendre appeler garces par les garçons
Qui font du genre après messe ou vêpres chantantes.
Eux qui sont destinés au chic des garnisons
Ils narguent au café les maisons importantes,
Blousés neuf, et gueulant d'effroyables chansons.

Cependant le Curé choisit pour les enfances
Des dessins; dans son clos, les vêpres dites, quand
L'air s'emplit du lointain nasillement des danses,
Il se sent, en dépit des célestes défenses,
Les doigts de pied ravis et le mollet marquant;
– La Nuit vient, noir pirate aux cieux d'or débarquant.

II

Le Prêtre a distingué parmi les catéchistes,
Congrégés des Faubourgs ou des Riches Quartiers,
Cette petite fille inconnue, aux yeux tristes,
Front jaune. Les parents semblent de doux portiers.
"Au grand Jour, le marquant parmi les Catéchistes,
Dieu fera sur ce front neiger ses bénitiers."

III

La veille du grand Jour, l'enfant se fait malade.
Mieux qu'à l'Église haute aux funèbres rumeurs,
D'abord le frisson vient, – le lit n'etant pas fade –
Un frisson surhumain qui retourne: "Je meurs..."

Primeira roupa escura, o dia bom das tortas,
Sob Napoleão ou o Menino-do-Tambor,[4]
Alguma iluminura em que os Josés e as Martas
A língua estiram com um excessivo amor,
E à qual a ciência, um dia, ajuntará dois mapas:[5]
Doce e única lembrança a ter do grande Dia.

As meninas vão sempre à igreja, satisfeitas
De se ouvirem chamar sapecas pelos moços
Cheios de si, depois da Missa ou das novenas.
Destinados que são ao luxo dos quartéis,
Trocam pelos cafés as casas de família,
Roupa nova, a esgoelar execráveis canções.

Enquanto isto o Vigário uns santinhos escolhe
Para as crianças; em seu canto, após a reza, o ar
Enchendo-se do som fanhoso das festanças,
Ele sente, apesar das proibições celestes,
Que o pé marca, contente, o ritmo da música;
— À noite vem, pirata em céu dourado, aproando.[6]

II

O Padre distinguiu em meio às catequistas,[7]
Que vieram do Arrabalde ou de Arredores Chiques,
Essa moça sem nome e de sorriso triste
Na tez doentia. Os pais parecem bons porteiros.
"No Dia, distinguindo-a em meio às Catequistas,
Deus virá nessa fronte esparzir água-benta."

III

Na véspera do Dia, a moça cai enferma.
Melhor do que na Igreja ampla em rumores fúnebres,
Lhe chega esse arrepio, — o leito não a enfada —
Sobre-humano arrepio intermitente: "Eu morro..."

Et, comme un vol d'amour fait à ses sœurs stupides,
Elle compte, abattue et les mains sur son cœur,
Les Anges, les Jésus et ses Vierges nitides
Et, calmement, son âme a bu tout son vainqueur.

Adonaï!... – Dans les terminaisons latines,
Des cieux moirés de vert baignent les Fronts vermeils
Et tachés du sang pur des célestes poitrines,
De grands linges neigeux tombent sur les soleils!

– Pour ses virginités présentes et futures
Elle mord aux fraîcheurs de ta Rémission,
Mais plus que les lys d'eau, plus que les confitures,
Tes pardons sont glacés, ô Reine de Sion!

IV

Puis la Vierge n'est plus que la vierge du livre.
Les mystiques élans se cassent quelquefois...
Et vient la pauvreté des images, que cuivre
L'ennui, l'enluminure atroce et les vieux bois;

Des curiosités vaguement impudiques
Épouvantent le rêve aux chastes bleuités
Qui s'est surpris autour des célestes tuniques,
Du linge dont Jésus voile ses nudités.

Elle veut, elle veut, pourtant, l'âme en détresse,
Le front dans l'oreiller creusé par les cris sourds,
Prolonger les éclairs suprêmes de tendresse,
Et bave... – L'ombre emplit les maisons et les cours.

Et l'enfant ne peut plus. Elle s'agite, cambre
Les reins et d'une main ouvre le rideau bleu
Pour amener un peu la fraîcheur de la chambre
Sous le drap, vers son ventre et sa poitrine en feu...

Como um roubo de amor feito às irmãs estultas,
Ela conta, prostrada e tendo as mãos ao peito,
Os Anjos, os Jesus e suas Virgens nítidas[8]
E na alma bebe inteiro, em calma, o vencedor.

Adonai!... — Ondulando em sufixos latinos,[9]
Os céus banham de verde as Frontes encarnadas,
E manchados do sangue alvar dos sacros peitos,
Grandes lençóis de neve abatem sobre os sóis!

— Por sua virgindade, agora e no futuro,
Ela morde o frescor de tua Remissão,
Porém mais do que o lírio e mais do que os confeitos,
O teu perdão é doce, ó Rainha de Sião!

IV

Depois a Virgem volta a ser virgem de livro.
Os místicos elãs às vezes se estilhaçam...
E vem o sensabor da imagem, acobreada
De tédio, a iluminura atroz e as velhas talhas.

Levemente impudica, uma curiosidade
Assombra o sonho bom de azulidades castas[10]
Que aparece em redor das túnicas celestes,
Do linho em que Jesus vela a sua nudez.[11]

Ela quer, ela quer, no entanto, alma em angústia,
O travesseiro arfando aos seus soluços surdos,
Prolongar os clarões supremos de ternura,
E baba... — A sombra invade as casas e os quintais.[12]

A moça não agüenta mais. Ergue-se, arqueia
As ancas e com a mão abre a cortina azul
Para levar um pouco do frescor do quarto,
Sob o lençol, ao ventre e ao seu regaço em fogo...

V

À son réveil, – minuit, – la fenêtre était blanche.
Devant le sommeil bleu des rideaux illunés,
La vision la prit des candeurs du dimanche;
Elle avait rêvé rouge. Elle saigna du nez,

Et se sentant bien chaste et pleine de faiblesse
Pour savourer en Dieu son amour revenant,
Elle eut soif de la nuit où s'exalte et s'abaisse
Le cœur, sous l'œil des cieux doux, en les devinant;

De la nuit, Vierge-Mère impalpable, qui baigne
Tous les jeunes émois de ses silences gris;
Elle eut soif de la nuit forte où le cœur qui saigne
Écoule sans témoin sa révolte sans cris.

Et faisant la victime et la petite épouse,
Son étoile la vit, une chandelle aux doigts,
Descendre dans la cour où séchait une blouse,
Spectre blanc, et lever les spectres noirs des toits.

VI

Elle passa sa nuit sainte dans des latrines.
Vers la chandelle, aux trous du toit coulait l'air blanc,
Et quelque vigne folle aux noirceurs purpurines,
En deçà d'une cour voisine s'écroulant.

La lucarne faisait un cœur de lueur vive
Dans la cour où les cieux bas plaquaient d'ors vermeils
Les vitres; les pavés puant l'eau de lessive
Soufraient l'ombre des murs bondés de noirs sommeils.

....

V

Desperta, — meia-noite, — a janela embranquece.
Diante do sono azul de sedas alunadas,[13]
A visão do candor dominical domina-a;
Sonhara um sonho rubro. O seu nariz sangrava,

E sentindo-se casta e cheia de fraqueza
Para provar em Deus essa volta do amor,
Sentiu sede da noite em que se exalta e humilha
O coração, ao doce olhar dos céus sonhando;

Da noite, Virgem-Mãe impalpável, que banha
As jovens emoções com seus silêncios cinzas;
Sede da noite em que seu coração que sangra
Sem testemunha escoa uma revolta muda.

E, vítima que banca ao mesmo tempo a esposa,
A sua estrela a viu, uma candeia à mão,
Descer ao corador onde secava a blusa,
Espetro branco, e erguer do teto espetros negros.

V I

Ela passou a noite santa na sentina.[14]
Sobre a vela, dos vãos do teto vinha o ar puro
E alguma folha incerta e rubra da parreira
Que no quintal vizinho, além, se despencara.

A clarabóia abria um coração de brilhos
No pátio onde o céu baixo aplica ouros vermelhos
Nas vidraças; e o chão, cheirando de lixívia,
Enxofra os paredões cheios de sonhos negros.

VII

Qui dira čes langueurs et ces pitiés immondes,
Et ce qu'il lui viendra de haine, ô sales fous
Dont le travail divin déforme encor les mondes,
Quand la lèpre à la fin mangera ce corps doux?

....

VIII

Et quand, ayant rentré tous ses nœuds d'hystéries,
Elle verra, sous les tristesses du bonheur,
L'amant rêver au blanc million des Maries,
Au matin de la nuit d'amour, avec douleur:

"Sais-tu que je t'ai fait mourir? J'ai pris ta bouche,
Ton cœur, tout ce qu'on a, tout ce que vous avez;
Et moi, je suis malade: Oh! je veux qu'on me couche
Parmi les Morts des eaux nocturnes abreuvés!

"J'étais bien jeune, et Christ a souillé mes haleines.
Il me bonda jusqu' à la gorge de dégoûts!
Tu baisais mes cheveux profonds comme les laines
Et je me laissais faire... ah! va, c'est bon pour vous,

"Hommes! qui songez peu que la plus amoureuse
Est, sous sa conscience aux ignobles terreurs,
La plus prostituée et la plus douloureuse,
Et que tous nos élans vers vous sont des erreurs!

"Car ma Communion première est bien passée.
Tes baisers, je ne puis jamais les avoir sus:
Et mon cœur et ma chair par ta chair embrassée
Fourmillent du baiser putride de Jésus!"

VII

Quem dirá do langor, das comoções imundas
E do ódio que terá, seus porcos imbecis[15]
Cujo divino obrar deforma ainda os mundos,
Quando a lepra por fim seu corpo devorar?

....

VIII

E quando, após comer seus bolos de histeria.
Ela há de ver, sob as tristezas da ventura,
Esse amante a sonhar com milhões de Marias
Na manhã dessa noite amorosa, com dó.

"Eu te faço morrer, sabias? Tua boca"
Tomei-te, e o coração, e o que se tem, que rendes:
Porém estou enferma: Oh! quero que me deitem
Junto aos Mortos que estão entre as águas noturnas!

"Era bem moça, e Cristo enxovalhou-me os hálitos.
Abarrotou-me até à glote de desgostos!
Beijavas-me o cabelo espesso como lãs,
E deixei-me levar... Sei que é bom para vos,

"Homens! pouco importais que a mais apaixonada
Seja, em sua consciência entre ignóbeis terrores,
A mais prostituída e a mais atormentada
E que nosso fervor por vós seja erro apenas!

"Há muito que passou a Comunhão primeira.
Teus beijos, eu jamais os pude conhecer.
Meu peito e o coração que a tua carne inflamam
Pululam desse beijo infecto de Jesus!"

IX

Alors l'âme pourrie et l'âme désolée
Sentiront ruisseler tes malédictions.
– Ils auront couché sur ta Haine inviolée,
Échappés, pour la mort, des justes passions.

Christ! ô Christ, éternel voleur des énergies,
Dieu qui pour deux mille ans vouas à ta pâleur,
Cloués au sol, de honte et de céphalalgies,
Ou renversés, les fronts des femmes de douleur.

Julliet 1871.

IX

Então a alma corrupta e a alma desolada
Sentirão transbordar as tuas maldições.
— Eles terão dormido em tua Raiva intacta,
Pela morte escapado às lídimas paixões,

Cristo, ó Cristo, ladrão eterno de energias,
Há dois mil anos Deus que à palidez votaste
As faces que no chão encravam, de vergonha
E de cefalalgia, as mulheres em dor.[17]

Julho de 1871.

LES CHERCHEUSES DE POUX

Quand le front de l'enfant, plein de rouges tourmentes,
Implore l'essaim blanc des rêves indistincts,
Il vient près de son lit deux grandes sœurs charmantes
Avec de frêles doigts aux ongles argentins.

Elles assoient l'enfant devant une croisée
Grande ouverte où l'air bleu baigne un fouillis de fleurs,
Et dans ses lourds cheveux où tombe la rosée
Promènent leurs doigts fins, terribles et charmeurs.

Il écoute chanter leurs haleines craintives
Qui fleurent de longs miels végétaux et rosés,
Et qu'interrompt parfois un sifflement, salives
Reprises sur la lèvre ou désirs de baisers.

Il entend leurs cils noirs battant sous les silences
Parfumés; et leurs doigts électriques et doux
Font crépiter parmi ses grises indolences
Sous leurs ongles royaux la mort des petits poux.

Voilà que monte en lui le vin de la Paresse,
Soupir d'harmonica qui pourrait délirer;
L'enfant se sent, selon la lenteur des caresses,
Sourdre et mourir sans cesse un désir de pleurer.

AS CATADEIRAS DE PIOLHOS[1]

Quando a fronte do infante, em fúlgidas tormentas,
Implora a procissão dos sonhos peregrinos,
Junto ao seu leito vêm duas irmãs atentas
Com suas frágeis mãos de dedos argentinos

E o põem sentado ao pé de uma janela aberta
Para o ar azul que banha um confundir de flores;
Na cabeleira espessa e de suor coberta
Passeiam dedos cruéis, finos e encantadores.

A trescalarem méis de plantas muito ativas,
Escuta-lhes cantar os tímidos arquejos,
Que interrompem, por vez, um sibilar, salivas
Retidas sobre o lábio ou desejar de beijos.

Ouve o silente arfar dos cílios em cadências
Perfumosas; e vê seus dedos, junto aos olhos,
Elétricos e bons, nas mornas indolências,
Entre as unhas reais estralejando os piolhos.

O vinho da Moleza invade-o de delícias,[2]
Harmônico suspiro o leva a delirar;
E nele então, conforme o espaço das carícias,
Surde e morre sem cessa o anseio de chorar.

LE BATEAU IVRE

Comme je descendais des Fleuves impassibles,
Je ne me sentis plus guidé par les haleurs:
Des Peaux-Rouges criards les avaient pris pour cibles
Les ayant cloués nus aux poteaux de couleurs.

J'étais insoucieux de tous les équipages,
Porteur de blés flamands ou de cotons anglais.
Quand avec mes haleurs ont fini ces tapages
Les Fleuves m'ont laissé descendre où je voulais.

Dans les clapotements furieux des marées,
Moi, l'autre hiver, plus sourd que les cerveaux d'enfants,
Je courus! Et les Péninsules démarrées
N'ont pas subi tohu-bohus plus triomphants.

La tempête a béni mes éveils maritimes.
Plus léger qu'un bouchon j'ai dansé sur les flots
Qu'on appelle rouleurs éternels de victimes,
Dix nuits, sans regretter l'œil niais des falots!

Plus douce qu'aux enfants la chair des pommes sures,
L'eau verte pénétra ma coque de sapin
Et des taches de vins bleus et des vomissures
Me lava, dispersant gouvernail et grappin.

Et dès lors, je me suis baigné dans le Poème
De la Mer, infusé d'astres, et lactescent,
Dévorant les azurs verts; où, flottaison blême
Et ravie, un noyé pensif parfois descend;

O BARCO ÉBRIO[1]

Como descesse ao léu nos Rios impassíveis,
Não me sentia mais atado aos sirgadores;[2]
Tomaram-nos por alvo os Índios irascíveis,
Depois de atá-los nus em postes multicores.[3]

Estava indiferente às minhas equipagens,
Fossem trigo flamengo ou algodão inglês.
Quando morreu com a gente a grita dos selvagens,
Pelos Rios segui, liberto desta vez.

No iroso marulhar dessa maré revolta,[4]
Eu, que mais lerdo fui que o cérebro de infantes,[5]
Corria agora! e nem Penínsulas à solta
Sofreram convulsões que fossem mais triunfantes.[6]

A borrasca abençoou minhas manhãs marítimas.
Como uma rolha andei das vagas nos lençóis
Que dizem transportar eternamente as vítimas,
Dez noites sem lembrar o olho mau dos faróis![7]

Mais doce que ao menino os frutos não maduros,
A água verde entranhou-se em meu madeiro, e então
De azuis manchas de vinho e vômitos escuros
Lavou-me, dispersando a fateixa e o timão.[8]

Eis que a partir daí eu me banhei no Poema
Do Mar que, latescente e infuso de astros, traga
O verde-azul, por onde, aparição extrema
E lívida, um cadáver pensativo vaga;

Où, teignant tout à coup les bleuités, délires
Et rhythmes lents sous les rutilements du jour,
Plus fortes que l'alcool, plus vastes que nos lyres,
Fermentent les rousseurs amères de l'amour!

Je sais les cieux crevant en éclairs; et les trombes
Et les ressacs et les courants: je sais le soir,
L'Aube exaltée ainsi qu'un peuple de colombes,
Et j'ai vu quelquefois ce que l'homme a cru voir!

J'ai vu le soleil bas, taché d'horreurs mystiques,
Illuminant de longs figements violets,
Pareils à des acteurs de drames très-antiques
Les flots roulant au loin leurs frissons de volets!

J'ai rêvé la nuit verte aux neiges éblouies,
Baiser montant aux yeux des mers avec lenteurs,
La circulation des sèves inouïes,
Et l'éveil jaune et bleu des phosphores chanteurs!

J'ai suivi, des mois pleins, pareille aux vacheries
Hystériques, la houle à l'assaut des récifs,
Sans songer que les pieds lumineux des Maries
Pussent forcer le mufle aux Océans poussifs!

J'ai heurté, savez-vous, d'incroyables Florides
Mêlant aux fleurs des yeux de panthères à peaux
D'hommes! Des arcs-en-ciel tendus comme des brides
Sous l'horizon des mers, à de glauques troupeaux!

J'ai vu fermenter les marais énormes, nasses
Où pourrit dans les joncs tout un Léviathan!
Des écroulements d'eaux au milieu des bonaces,
Et les lointains vers les gouffres cataractant!

Onde, tingindo em cheio a colcha azulecida,
Sob as rutilações do dia em estertor,
Maior que a inspiração, mais forte que a bebida,
Fermenta esse amargoso enrubescer do amor.[9]

Sei de céus a estourar de relâmpagos, trombas,
Ressacas e marés; eu sei do entardecer,
Da Aurora a crepitar como um bando de pombas,
E vi alguma vez o que o homem pensou ver!

Eu vi o sol baixar, sujo de horrores místicos,
Para se iluminar de coagulações cianas,[10]
E como um velho ator de dramas inartísticos
As ondas a rolar quais trêmulas persianas!

Sonhei com a noite verde em neves infinitas,
Beijo a subir do mar aos olhos com langores.
Toda a circulação das seivas inauditas
E a explosão auriazul dos fósforos cantores![11]

Segui, meses a fio, iguais a vacarias
Histéricas, a vaga a avançar nos rochedos,
Sem cogitar que os pés piedosos das Marias
Pudessem forcejar a fauce aos Mares tredos![12]

Bati, ficai sabendo, em Flóridas perdidas
Ante os olhos em flor de feras disfarçadas
De homens! Eu vi abrir-se o arco-íris como bridas
Refreando, no horizonte, as gláucicas manadas![13]

E vi o fermentar de enormes charcos, ansas
Onde apodrece, nos juncais, um Leviatã!
E catadupas dágua em meio das bonanças;
Longes cataratando em golfos de titã![14]

Glaciers, soleils d'argent, flots nacreux, cieux de braises!
Échouages hideux au fond des golfes bruns
Où les serpents géants dévorés des punaises
Choient, des arbres tordus, avec de noirs parfums!

J'aurais voulu montrer aux enfants ces dorades
Du flot bleu, ces poissons d'or, ces poissons chantants.
– Des écumes de fleurs ont bercé mes dérades
Et d'ineffables vents m'ont ailé par instants.

Parfois, martyr lassé des pôles et des zones,
La mer dont le sanglot faisait mon roulis doux
Montait vers moi ses fleurs d'ombre aux ventouses jaunes
Et je restais, ainsi qu'une femme à genoux...

Presque île, ballottant sur mes bords les querelles
Et les fientes d'oiseaux clabaudeurs aux yeux blonds.
Et je voguais, lorsqu'à travers mes liens frêles
Des noyés descendaient dormir, à reculons!

Or moi, bateau perdu sous les cheveux des anses,
Jeté par l'ouragan dans l'éther sans oiseau,
Moi dont les Monitors et les voiliers des Hanses
N'auraient pas repêché la carcasse ivre d'eau;

Libre, fumant, monté de brumes violettes,
Moi qui trouais le ciel rougeoyant comme un mur
Qui porte, confiture exquise aux bons poètes,
Des lichens de soleil et des morves d'azur,

Qui courais, taché de lunules électriques,
Planche folle, escorté des hippocampes noirs,
Quand les juillets faisaient crouler à coups de triques
Les cieux ultramarins aux ardents entonnoirs;

Geleiras, sóis de prata, os bráseos céus! Abrolhos
Onde encalhes fatais fervilham de esqueletos;[15]
Serpentes colossais devoradas de piolhos
A tombar dos cipós com seus perfumes pretos!

Bem quisera mostrar às crianças as douradas
Da onda azul, peixes de ouro, esses peixes cantantes.
— A espuma em flor berçou-me à saída de enseadas[16]
E inefável o vento alçou-me por instantes.

Mártir que se cansou das zonas perigosas,
Aos soluços do mar em balouços parelhos,
Vi-o erguer para mim negra flor de ventosas
E ali fiquei qual fosse uma mulher de joelhos...

Quase ilha, a sacudir das bordas as arruaças
E o excremento a tombar dos pássaros burlões,[17]
Vogava a ver passar, entre as cordagens lassas,
Afogados dormindo a descer aos recuões!...

Ora eu, barco perdido entre as comas das ansas,
Jogado por tufões no éter de aves ausente,
Sem ter um Monitor ou veleiro das Hansas
Que pescasse a carcaça, ébria de água, à corrente;[18]

Livre, a fumar, surgindo entre as brumas violetas,
Eu que rasguei os rúbeos céus qual muro hostil
Que ostentasse, iguaria invulgar aos bons poetas,[19]
Os líquenes do sol e as excreções do anil;

Que ia, de lúnulas elétricas manchado,
Prancha doida, a arrastar hipocampos servis,
Quando o verão baixava a golpes de cajado
O céu ultramarino em árdegos funis.[20]

Moi qui tremblais, sentant geindre à cinquante lieues
Le rut des Béhémots et les Maelstroms épais,
Fileur éternel des immobilités bleues,
Je regrette l'Europe aux anciens parapets!

J'ai vu des archipels sidéraux! et des îles
Dont les cieux délirants sont ouverts au vogueur:
— Est-ce en ces nuits sans fond que tu dors et t'exiles,
Million d'oiseaux d'or, ô future Vigueur? —

Mais, vrai, j'ai trop pleuré! Les Aubes sont navrantes.
Toute lune est atroce et tout soleil amer:
L'âcre amour m'a gonflé de torpeurs enivrantes.
Ô que ma quille éclate! Ô que j'aille à la mer!

Si je désire une eau d'Europe, c'est la flache
Noire et froide où vers le crépuscule embaumé
Un enfant accroupi plein de tristesses, lâche
Un bateau frêle comme un papillon de mai.

Je ne puis plus, baigné de vos langueurs, ô lames,
Enlever leur sillage aux porteurs de cotons,
Ni traverser l'orgueil des drapeaux et des flammes,
Ni nager sous les yeux horribles des pontons.

Que tremia, de ouvir, a distâncias incríveis,
O cio dos Behemots e os Maelstroms suspeitos,
Eterno tecelão de azuis inamovíveis,
Da Europa eu desejava os velhos parapeitos![21]

Vislumbrei siderais arquipélagos! ilhas
De delirantes céus se abrindo ao vogador:
— Nessas noites sem fundo é que dormes e brilhas,
Ó Milhão de aves de ouro, ó futuro Vigor? —[22]

Certo, chorei demais! As albas são cruciantes.
Amargo é todo sol e atroz é todo luar!
Agre amor embebeu-me em torpores ebriantes:
Que minha quilha estale! e que eu jaza no mar![23]

Se há na Europa uma água a que eu aspire, é a mansa,
Fria e escura poça, ao crepúsculo em desmaio,
A que um menino chega e tristemente lança
Um barco frágil como a borboleta em maio.[24]

Não posso mais, banhado em teu langor, ó vagas,
A esteira perseguir dos barcos de algodões,
Nem fender a altivez das flâmulas pressagas,
Nem vogar sob a vista horrível dos pontões.[25]

VERS NOUVEAUX ET CHANSONS
(NOVOS VERSOS E CANÇÕES)

☆

Qu'est-ce pour nous, mon cœur, que les nappes de sang
Et de braise, et mille meurtres, et les longs cris
De rage, sanglots de tout enfer renversant
Tout ordre; et l'Aquilon encor sur les débris

Et toute vengeance? Rien!... — Mais si, tout encor,
Nous la voulons! Industriels, princes, sénats,
Périssez! puissance, justice, histoire, à bas!
Ça nous est dû. Le sang! le sang! La flamme d'or!

Tout à la guerre, à la vengeance, à la terreur,
Mon Esprit! Tournons dans la Morsure: Ah! passez,
Républiques de ce monde! Des empereurs,
Des régiments, des colons, des peuples, assez!

Qui remuerait les tourbillons de feu furieux,
Que nous et ceux que nous nous imaginons frères?
À nous! Romanesques amis: ça va nous plaire.
Jamais nous ne travaillerons, ô flots de feux!

Europe, Asie, Amérique, disparaissez.
Notre marche vengeresse a tout occupé,
Cités et campagnes! — Nous serons écrasés!
Les volcans sauteront! et l'océan frappé...

Oh! mes amis! — mon cœur, c'est sûr, ils sont des frères:
Noirs inconnus, si nous allions! allons! allons!
Ô malheur! je me sens frémir, la vieille terre,
Sur moi de plus en plus à vous! la terre fond,

Ce n'est rien! j'y suis! j'y suis toujours.

☆[1]

Que importa a nós, meu coração, esses lençóis
De sangue e brasa, os gritos de ódio, as assassinas
Mãos, os soluços desse inferno em que destróis
Toda ordem; e o Aquilão a soprar sobre as ruínas;[2]

Toda a vingança? Nada!...Mas, ainda assim, acho
Que a queremos! Industriais, príncipes, pelouro,[3]
Perecei! potência, justiça, história: abaixo!
É-nos devido. O sangue! o sangue! a chama de ouro!

·Dar tudo à guerra, ó meu espírito, aos terrores,
Às vinganças! Voltemos à mordida, ao pega.
Passai repúblicas do mundo! Imperadores,
Regimentos, colonos, e até povos, chega!

Quem revolve o furor dos turbilhões no afogo,
Senão nós e aqueles que irmãos imaginamos?
A nós, românticos amigos: eia! vamos!
Jamais trabalharemos, ó fluxos de fogo!

América, Europa, Ásia, desaparecei.
Nossa marcha vingadora tudo devasta,
Cidade e campo! Vão esmagar-nos, eu sei!
Os vulcões saltarão! E o oceano que vergasta...

Amigos! — São irmãos, meu coração não erra:
Negros desconhecidos, se formos! À luta!
Ó desgraça! Eu estou tremendo, a velha terra,
Sobre mim, cada vez mais vosso, se transmuta,

Não é nada! aqui estou! aqui sempre estarei.

LARME

Loin des oiseaux, des troupeaux, des villageoises,
Je buvais, accroupi dans quelque bruyère
Entourée de tendres bois de noisetiers,
Par un brouillard d'aprés-midi tiède et vert.

Que pouvais-je boire dans cette jeune Oise,
Ormeaux sans voix, gazon sans fleurs, ciel couvert.
Que tirais-je à la gourde de colocase?
Quelque liqueur d'or, fade et qui fait suer.

Tel, j'eusse été mauvaise enseigne d'auberge.
Puis l'orage changea le ciel, jusqu'au soir.
Ce furent des pays noirs, des lacs, des perches,
Des colonnades sous la nuit bleue, des gares.

L'eau des bois se perdait sur des sables vierges.
Le vent, du ciel, jetait des glaçons aux mares...
Or! tel qu'un pêcheur d'or ou de coquillages,
Dire que je n'ai pas eu souci de boire!

Mai 1872.

LÁGRIMA[1]

Longe de pássaros, pastores e aldeãs,
Eu bebia, de cócoras, nalgum ermo
Rodeado de suaves bosques de avelãs,
Na cerração de uma tarde morna e verde.

Que havia de beber desse jovem Oise,[2]
Olmos sem voz, relvas sem flor, céu sem ar.
Que tirava à cabaça de colocásia?[3]
Algum licor de ouro, insulso, que faz suar.[4]

Terei sido, assim, má insígnia de albergue.
Depois o temporal mudou os céus e aos poucos
Fizeram-se em regiões negras, lagos, perchas,
Colunadas sob a noite azul, em docas.

Perdiam-se as águas em virgens recôncavos.
E flocos no charco o vento fez descer...
Ora! como um pescador de ouro ou de conchas,
Dizer que não tive anseio de beber![5]

Maio de 1872.

LA RIVIÈRE DE CASSIS

La Rivière de Cassis roule ignorée
    En des vaux étranges:
La voix de cent corbeaux l'accompagne, vraie
    Et bonne voix d'anges:
Avec les grands mouvements des sapinaies
    Quand plusieurs vents plongent.

Tout roule avec des mystères révoltants
    De campagnes d'anciens temps;
De donjons visités, de parcs importants:
    C'est en ces bords qu'on entend
Les passions mortes des chevaliers errants:
    Mais que salubre est le vent!

Que le piéton regarde à ces clairevoies:
    Il ira plus courageux.
Soldats des forêts que le Seigneur envoie,
    Chers corbeaux délicieux!
Faites fuir d'ici le paysan matois
    Qui trinque d'un moignon vieux.

Mai 1872.

O RIACHO DE CASSIS[1]

O Riacho de Cassis ignorado ecoa
    Por vales estranhos;
A voz de cem corvos o acompanha, boa
    E certa voz de anjos;
Com as grandes flexões de abetos e taboas[2]
    Quando os ventos tangem.

Tudo escoa com mistérios revoltantes
    De campanhas de outros tempos;[3]
Visitados torreões, parques importantes;
    Na borda ouve-se o lamento
De idas paixões de cavaleiros errantes:
    Mas que salubre que é o vento!

Que nessas clarabóias os peões espiem:[4]
    Seguirão mais corajosos.
Soldados das matas que o Senhor envia,
    Caros corvos deliciosos![5]
Fazei o manhoso camponês fugir,
    Que brinda com o velho cotó.

Maio de 1872

COMÉDIE DE LA SOIF

I. LES PARENTS

Nous sommes tes Grands-Parents,
Les Grands!
Couverts des froides sueurs
De la lune et des verdures.
Nos vins secs avaient du cœur!
Au soleil sans imposture
Que faut-il à l'homme? boire.

MOI. — *Mourir aux fleuves barbares.*

Nous sommes tes Grands-Parents
Des champs.
L'eau est au fond des osiers:
Vois le courant du fossé
Autour du château mouillé.
Descendons en nos celliers;
Après, le cidre et le lait.

MOI. — *Aller où boivent les vaches.*

Nous sommes tes Grands-Parents;
Tiens, prends
Les liqueurs dans nos armoires:
Le Thé, le Café, si rares,
Frémissent dans les bouilloires.
— Vois les images, les fleurs.
Nous rentrons du cimetière.

MOI. — *Ah! tarir toutes les urnes!*

COMÉDIA DA SEDE[1]

I. OS PAIS

Nós somos os teus Avós,
    Sim, nós!
Cobertos de frios suores
    Das luas e das verduras.
Nosso vinho tinha humores!
Posto ao sol sem imposturas,
Que ocorre ao homem? Beber.

EU. — Nos ínvios rios morrer.

Nós somos os teus Avós,
    A voz.
A água no fundo dos cestos:
Vê a corrente do fossado
Junto ao castelo molhado,
Desçamos às caves, prestos;
Depois, leite e cidras fracas.

EU. — Ir onde bebem as vacas.

Nós somos os teus Avós,
    Após
Os licores dos armários:
O Chá, o Café, tão raros,
Ferve em chaleiras noturnas.
— Vê as flores, rostos sérios.
Voltamos do cemitério.

EU. — Ah! haurir todas as urnas!

2. L' ESPRIT

Éternelles Ondines
    Divisez l'eau fine.
Vénus, sœur de l'azur,
    Émeus le flot pur.

Juifs errants de Norwège,
    Dites-moi la neige.
Anciens exilés chers,
    Dites-moi la mer.

MOI. – Non, plus ces boissons pures,
    Ces fleurs d'eau pour verres;
Légendes ni figures
    Ne me désaltèrent;

    Chansonnier, ta filleule
    C'est ma soif si folle
    Hydre intime sans gueules
    Qui mine et désole.

3. LES AMIS

Viens, les vins vont aux plages,
Et les flots par millions!
Vois le Bitter sauvage
Rouler du haut des monts!

Gagnons, pèlerins sages,
L'absinthe aux verts piliers...

MOI. – Plus ces paysages.
    Qu'est l'ivresse, Amis?

J'aime autant, mieux, même,
Pourrir dans l'étang,
Sous l'affreuse crème,
Près des bois flottants.

2. O ESPÍRITO

Ó eternas Ondinas,
Fendei águas finas.
Vênus, irmã da altura,
Impele a onda pura.

Aasverus da Noruega,
Da neve que cega.
Exilados do lar,
Falai-me do mar.

EU. — Não, que as bebidas puras
Copos-de-leite eram;
Nem lendas nem figuras
Já me desalteram.

Menestrel, tua bela
É esta sede louca,
Hidra íntima sem goela
Que nos mina e apouca.

3. OS AMIGOS

Vem, vinhos em voragem
E as ondas em mil jorros!
Ver o Bitter selvagem
Rolar dos altos morros!

Peregrinos, em viagem
Ao verde adro do Absinto...

EU. — Chega de paisagem,
Que é a ebriez, Amigos?

Apodrecer numa
Lagoa quero antes,
Sob a horrenda espuma
De troncos flutuantes.

4. LE PAUVRE SONGE

Peut-être un Soir m'attend
Où je boirai tranquille
En quelque vieille Ville,
Et mourrai plus content:
Puisque je suis patient!

Si mon mal se résigne,
Si j'ai jamais quelque or,
Choisirai-je le Nord
Ou le Pays des Vignes?...
– Ah! songer est indigne

Puisque c'est pure perte!
Et si je redeviens
Le voyageur ancien,
Jamais l'auberge verte
Ne peut bien m'être ouverte.

5. CONCLUSION

Les pigeons qui tremblent dans la prairie,
Le gibier, qui court et qui voit la nuit,
Les bêtes des eaux, la bête asservie,
Les derniers papillons!... ont soif aussi.

Mais fondre où fond ce nuage sans guide,
– Oh! favorisé de ce qui est frais!
Expirer en ces violettes humides
Dont les aurores chargent ces forêts?

Mai 1872.

4. O POBRE SONHO

Talvez me espere à frente
Uma tarde à vontade
A beber na Cidade
E morrerei contente:
Porquanto sou paciente!

Se do mal me resigno,
Ou tendo alguma sorte,
Escolherei o Norte
Ou o País do meu Signo?...
— Ah! que sonhar é indigno[2]

Porquanto só se perde!
E se eu voltar a ser
De novo um ser incerto,
Jamais o albergue verde[3]
Vai me ficar aberto.

5. CONCLUSÃO

Os pombos que tremem no prado puro,
A caça que corre e enxerga no escuro,
Os bichos das águas, que caem na rede,
Borboletas no fim!... também têm sede.

Mas fundir-se qual nuvem que se funde
— Por força do frescor que se transfunde!
Morrer entre úmidas violetas, destas
De que as auroras enchem as florestas?[4]

Maio de 1872.

BONNE PENSÉE DU MATIN

À quatre heures du matin, l'été,
Le sommeil d'amour dure encore.
Sous les bosquets l'aube évapore
    L'odeur du soir fêté.

Mais là-bas dans l'immense chantier
Vers le soleil des Hespérides,
En bras de chemise, les charpentiers
    Déjà s'agitent.

Dans leur désert de mousse, tranquilles,
Ils préparent les lambris précieux
Où la richesse de la ville
    Rira sous de faux cieux.

Ah! pour ces Ouvriers charmants
Sujets d'un roi de Babylone,
Vénus! laisse un peu les Amants,
    Dont l'âme est en couronne.

    Ô reine des Bergers!
  Porte aux travailleurs l'eau-de-vie,
  Pour que leurs forces soient en paix
En attendant le bain dans la mer, à midi.

Mai 1872

BOM AUGÚRIO MATUTINO[1]

Verão, às quatro da madrugada,
O sono do amor ainda demora.
Sob os bosques dispersa a aurora
  O odor da noite festejada.

Mas lá, em seus imensos canteiros
De obras, em mangas de camisa,
Ao sol das Hespérides, já se agitam[2]
  Os carpinteiros.

Em seus desertos de serragem,[3]
Caros lambris preparam, lentos,
Em que a riqueza da cidade
  Verá falsos firmamentos.

Ah! por esses belos Fabricantes,
Súditos de um rei da Babilônia,[4]
Vênus! deixa um pouco os Amantes
  Com as almas em coroa.

  Rainha dos Pastores![5]
Dai-lhes o trago deste dia,
Para que em paz recobrem forças
À espera do banho de mar, ao meio-dia.[6]

Maio de 1872.

FÊTES DE LA PATIENCE

1. BANNIÈRES DE MAI.
2. CHANSON DE LA PLUS HAUTE TOUR.
3. L'ÉTERNITÉ.
4. ÂGE D'OR.

BANNIÈRES DE MAI

Aux branches claires des tilleuls
Meurt un maladif hallali.
Mais des chansons spirituelles
Voltigent parmi les groseilles.
Que notre sang rie en nos veines,
Voici s'enchevêtrer les vignes.
Le ciel est joli comme un ange.
L'azur et l'onde communient.
Je sors. Si un rayon me blesse
Je succomberai sur la mousse.

Qu'on patiente et qu'on s'ennuie
C'est trop simple. Fi de mes peines.
Je veux que l'été dramatique
Me lie à son char de fortune.
Que par toi beaucoup, ô Nature,
— Ah moins seul et moins nul! — je meure.
Au lieu que les Bergers, c'est drôle,
Meurent à peu près par le monde.

FESTAS DA PACIÊNCIA[1]

1. BANDEIRAS DE MAIO.
2. CANÇÃO DA TORRE MAIS ALTA
3. ETERNIDADE
4. IDADE DE OURO

BANDEIRAS DE MAIO

Nas tílias claras e rituais
Morre enfermiço um halali.
Mas as canções espirituais
Livres volteiam pelos vales.
Que ria o sangue em nossas veias,
Eia se enrosquem, verguem vinhas.
O céu é rico igual a um anjo.
O azul e o mar se comunicam.
Eu saio. Se um raio me rasga
Irei sucumbir sobre o musgo.[2]

Para se ter paciência e tédio.
É bem simples. Adio as penas.
Mas quero que o verão dramático
Prenda-me ao carro da fortuna.
Por ti ao menos, Natureza,
— Ah! menos só e nulo! — eu morra.
Enquanto os Pastores, que absurdo,
Quase que morrem pelo mundo.

Je veux bien que les saisons m'usent.
À toi, Nature, je me rends;
Et ma faim et toute ma soif.
Et, s'il te plaît, nourris, abreuve.
Rien de rien ne m'illusionne;
C'est rire aux parents, qu'au soleil,
Mais moi je ne veux rire à rien;
Et libre soit cette infortune.

Mai 1872.

Que as estações bem me consumam.
Ó natureza, a ti me entrego;
E a minha fome e toda a sede.
Nutre-a, sacia-a, se puderes.
Nada de nada mais me ilude;
Bem ri aos pais quem ri ao sol,
Mas eu não quero rir a nada;
E livre seja este infortúnio.

Maio de 1872.

CHANSON DE LA PLUS HAUTE TOUR

Oisive jeunesse
À tout asservie,
Par délicatesse
J'ai perdu ma vie.
Ah! Que le temps vienne
Où les cœurs s'éprennent.

Je me suis dit: laisse,
Et qu'on ne te voie:
Et sans la promesse
De plus hautes joies.
Que rien ne t'arrête
Auguste retraite.

J'ai tant fait patience
Qu'à jamais j'oublie;
Craintes et souffrances
Aux cieux sont parties.
Et la soif malsaine
Obscurcit mes veines.

Ainsi la Prairie
À l'oubli livrée,
Grandie, et fleurie
D'encens et d'ivraies
Au bourdon farouche
De cent sales mouches.

CANÇÃO DA TORRE MAIS ALTA[1]

Mocidade presa
A tudo oprimida,
Por delicadeza
Eu perdi a vida.
Ah! que o tempo venha
Em que a alma se empenha.

Eu me disse: cessa[2]
Que ninguém te veja,
E sem a promessa
De algum bem que seja,
A ti só aspiro,
Augusto retiro.

Tamanha paciência
Não me hei de esquecer.
Temor e dolência
Aos céus fiz erguer.
E esta sede estranha
A ofuscar-me a entranha.

Qual o Prado imenso
Condenado a olvido,
Que cresce florido
De joio e de incenso
Ao feroz zunzum das
Moscas imundas.

Ah! Mille veuvages
De la si pauvre âme
Qui n'a que l'image
De la Notre-Dame!
Est-ce que l'on prie
La Vierge Marie?

Oisive jeunesse
À tout asservie
Par délicatesse
J'ai perdu ma vie.
Ah! Que le temps vienne
Où les cœurs s'éprennent!

Mai 1872.

Ah! viuvez selvagem[3]
Desta alma que chora
Tendo só a imagem
De Nossa Senhora!
Mas quem rezaria
À Virgem Maria?

Mocidade presa
A tudo oprimida,
Por delicadeza
Eu perdi a vida.
Ah! que o tempo venha
Em que alma se empenha!

Maio de 1872.

L'ÉTERNITÉ

Elle est retrouvée.
Quoi? – L'Éternité.
C'est la mer allée
Avec le soleil.

Âme sentinelle,
Murmurons l'aveu
De la nuit si nulle
Et du jour en feu.

Des humains suffrages,
Des communs élans
Là tu te dégages
Et voles selon.

Puisque de vous seules,
Braises de satin,
Le Devoir s'exhale
Sans qu'on dise: enfin.

Là pas d'espérance,
Nul orietur.
Science avec patience,
Le supplice est sûr.

Elle est retrouvée.
Quoi? – L'éternité.
C'est la mer allée
Avec le soleil.

Mai 1872.

A ETERNIDADE[1]

Achada, é verdade?
Quem? A Eternidade.
É o mar que se evade
Com o sol à tarde.

Alma sentinela
Murmura teu rogo
De noite tão nula
E um dia de fogo.

A humanos sufrágios,
E impulsos comuns
Que então te avantajes
E voes segundo...

Pois que apenas delas,
Brasas de cetim,
O Dever se exala
Sem dizer-se: enfim.

Nada de esperança,
E nenhum *oriétur.*
Ciência em paciência,
Só o suplício é certo.

Achada, é verdade?
Quem? A Eternidade.
É o mar que se evade
Com o sol à tarde.

Maio de 1872.

ÂGE D'OR

Quelqu'une des voix
Toujours angélique
– Il s'agit de moi, –
Vertement s'explique:

Ces mille questions
Qui se ramifient
N'amènent, au fond,
Qu'ivresse et folie;

Reconnais ce tour
Si gai, si facile:
Ce n'est qu'onde, flore,
Et c'est ta famille!

Puis elle chante. Ô
Si gai, si facile,
Et visible à l'œil nu...
– Je chante avec elle, –

Reconnais ce tour
Si gai, si facile,
Ce n'est qu'onde, flore,
Et c'est ta famille!...etc...

Et puis une voix
– Est-elle angélique! –
Il s'agit de moi,
Vertement s'explique;

IDADE DE OURO[1]

Qualquer voz assim
Angélica e rica
— Trata-se de mim, —
De cara se explica.[2]

O mar de questões
E toda procura
Não trazem, senão
Ebriez e loucura;

Reconhece o humor
Tão fácil, que brilha,
É tudo onda, flora,
E é tua família!...

Pois ela canta. Ó
Tão fácil, tranquila.
Visível a olho nu...[3]
— Eu canto com ela, —

Reconhece o humor
Tão fácil, que brilha:
É tudo onda, flora,
E é tua família!... etc...

E uma voz enfim
— Angélica e rica! —
Trata-se de mim,
É claro, se explica;

Et chante à l'instant
En sœur des haleines:
D'un ton Allemand,
Mais ardente et pleine:

Le monde est vicieux;
Si cela t'étonne!
Vis et laisse au feu
L'obscure infortune.

Ô! joli château!
Que ta vie est claire!
De quel Âge es-tu,
Nature princière
De notre grand frère! etc...

Je chante aussi, moi:
Multiples sœurs! voix
Pas du tout publiques!
Environnez-moi
De gloire pudique...etc...

Juin 1872.

Num hálito irmão
Canta de repente
Com um tom alemão,[4]
Mas sonora e ardente:

O mundo é vicioso,
Se isso te apavora!
Vive e deita ao fogo
A desgraça obscura.

Ó belo castelo!
Tua vida é pura!
De que idade és tu,
Príncipe natura
Desse irmão mais velho! etc....

Também canto: em voz,
Mil irmãs que sois,
Não de todo pública!
Envolvei-me vós
De uma glória abúlica... etc...

Junho de 1872.

JEUNE MÉNAGE

La chambre est ouverte au ciel bleu-turquin;
Pas de place: des coffrets et des huches!
Dehors le mur est plein d'aristoloches
Où vibrent les gencives des lutins.

Que ce sont bien intrigues de génies
Cette dépense et ces désordres vains!
C'est la fée africaine qui fournit
La mûre, et les résilles dans les coins.

Plusieurs entrent, marraines mécontentes,
En pans de lumière dans les buffets,
Puis y restent! le ménage s'absente
Peu sérieusement, et rien ne se fait.

Le marié a le vent qui le floue
Pendant son absence, ici, tout le temps.
Même des esprits des eaux, malfaisants
Entrent vaguer aux sphères de l'alcôve.

La nuit, l'amie oh! la lune de miel
Cueillera leur sourire et remplira
De mille bandeaux de cuivre le ciel.
Puis il auront affaire au malin rat.

— S'il n'arrive pas un feu follet blême,
Comme un coup de fusil, après des vêpres.
— Ô spectres saints et blancs de Bethléem,
Charmez plutôt le bleu de leur fenêtre!

27 juin 1872.

JOVEM CASAL[1]

O quarto aberto ao céu azul-turquesa;
Pouco espaço: só arcas e baús!
Fora a parede enreda em trepadeiras
Onde vibram gengivas de ogres maus.

Porque são mesmo intrigas de duendes
Este desgaste e estas desordens vãs!
Uma fada africana é quem fornece
A amora, e os enredados que há nos vãos.

Muitas entram, madrinhas descontentes,
Pelos panos de luz para os bufês
E lá se escondem! O casal se ausenta,
Mas pouco a sério, e nada ainda se fez.

O noivo tem o vento que o intriga
Em sua ausência, aqui, o tempo todo.
Mesmo os gênios das águas, os malignos,
Vêm vagar nas esferas desta alcova.

A noite, a amiga oh! a lua-de-mel
Lhes vem colher sorrisos e engalana
De mil bandôs de cobre todo o céu.
Depois vão ter que ver com a ratazana.

— Se é que um fogo-fátuo não lhes vem
Qual tiro de fuzil, após as vésperas.
— Santos espectros brancos de Belém,
Encantai-lhes em vez a azul janela!

27 de junho de 1872.

BRUXELLES

Juillet.   Boulevart du Régent,

Plates-bandes d'amarantes jusqu'à
L'agréable palais de Jupiter.
 — Je sais que c'est Toi, qui, dans ces lieux,
Mêles ton Bleu presque de Sahara!

Puis, comme rose et sapin du soleil
Et liane ont ici leurs jeux enclos,
Cage de la petite veuve!...
                              Quelles
Troupes d'oiseaux! ô iaio, iaio!...

 — Calmes maisons, anciennes passions!
Kiosque de la Folle par affection.
Après les fesses des rosiers, balcon
Ombreux et très-bas de la Juliette.

 — La Juliette, ça rappelle l'Henriette,
Charmante station du chemin de fer
Au cœur d'un mont comme au fond d'un verger
Où mille diables bleus dansent dans l'air!

Banc vert où chante au paradis d'orage,
Sur la guitare, la blanche Irlandaise.
Puis de la salle à manger guyanaise,
Bavardage des enfants et des cages.

BRUXELAS[1]

Julho.   *Bulevar do Regente,*

Platibandas de amarantos que vão ter
Aos agradáveis palácios de Júpiter.
Eu sei que Tu, neste lugar, farás
Mesclar o teu Azul quase Saara!

E depois, ao sol, como rosa e timo
E liana têm aqui seus jogos íntimos,
A gaiola da viuvinha!
                              Vários
Bandos de pássaros, iarô, iarô...

— Tranqüilas mansões, antigas paixões!
Quiosques da Louca por predileção.
Após popas de rosas, o balcão
Sombrio e muito baixo de Julieta.

— A Julieta faz-me lembrar Henrieta,
A bela estação de estrada de ferro,
Enterrada num monte, num desterro
Mil diabos azuis no ar a ver rodar!

Banco verde onde canta, ao som da viola,
Ao éden de tormenta uma irlandesa.
Vem da sala de jantar guianesa
Cantarolas de crianças e gaiolas.

Fenêtre du duc qui fais que je pense
Au poison des escargots et du buis
Qui dort ici-bas au soleil. Et puis.
C'est trop beau! trop! Gardons notre silence.

– Boulevard sans mouvement ni commerce,
Muet, tout drame et toute comédie,
Réunion des scènes infinie,
Je te connais et t'admire en silence.

Janela de duque faz com que pense
No veneno do buxo e os caracóis
Que dormem aqui ao sol. E depois,
É belo demais! Guardemos silêncio.

— Bulevar sem movimento ou comércio,
Mudo, só drama e comédias da vida,
Uma reunião de cenas infinita,
Eu te conheço e te admiro em silêncio.

☆

Est-elle almée?... aux premières heures bleues
Se détruira-t-elle comme les fleurs feues...
Devant la splendide étendue où l'on sente
Souffler la ville énormément florissante!

C'est trop beau! c'est trop beau! mais c'est nécessaire
– Pour la Pêcheuse et la chanson du Corsaire,
Et aussi puisque les derniers masques crurent
Encore aux fêtes de nuit sur la mer pure!

Juillet 1872.

☆[1]

Ela é almeia?... em que azuis horas alvoradas
Irá se destruir como as floras fanadas...[2]
Ante a esplêndida extensão em que se sente
A cidade arfar florida enormemente!

É belo demais! demais! mas necessário
— Para a Pescadora e a canção do Corsário,
E porque as últimas máscaras no escuro
Creram nas festas noturnas do mar puro!

Julho de 1872.

FÊTES DE LA FAIM

Ma faim, Anne, Anne,
Fuis sur ton âne.

Si j'ai du goût, ce n'est guères
Que pour la terre et les pierres.
Dinn! dinn! dinn! dinn! mangeons l'air,
Le roc, les charbons, le fer.

Mes faims, tournez. Paissez, faims,
Le pré de sons!
Atirez le gai venin
Des liserons;

Mangez
Les cailloux qu'un pauvre brise,
Les vieilles pierres d'églises,
Les galets, fils des déluges,
Pains couchés aux vallées grises!

Mes faims, c'est les bouts d'air noir;
L'azur sonneur;
– C'est l'estomac qui me tire.
C'est le malheur.

Sur terre ont paru les feuilles:
Je vais aux chairs de fruit blettes.
Au sein du sillon je cueille
La doucette et la violette.

Ma faim, Anne, Anne!
Fuis sur ton âne.

FESTAS DA FOME[1]

Minha fome, Ana, Ana,
Em teu asno flana.

Meu *gosto* agora se encerra
Em comer pedras e terra.
Din! din! din! din! Comer
Rochas, o ar, carvões, o ferro.

Pastai o prado de feno,
Ó fomes minhas!
Chamai o gaio veneno
Das campainhas;

Comei
Cascalho que um pobre quebra,
As velhas pedras de igreja,
Seixos, filhos de dilúvios,
Pão dormido em vales turvos!

Minhas fomes, são o ar negro;
O azul sineiro;
O estômago é que me instiga.
É o desespero.

Sobre a terra surgem folhas!
Eu corro à fruta provecta.
No seio do solo eu colho
As giestas e as violetas.

Minha fome, Ana, Ana!
Em teu asno flana.

☆

Entends comme brame
près des acacias
en avril la rame
viride du pois!

Dans sa vapeur nette,
vers Phœbé! tu vois
s'agiter la tête
de saints d'autrefois...

Loin des claires meules
des caps, des beaux toits,
ces chers Anciens veulent
ce philtre sournois...

Or ni fériale
ni astrale! n'est
la brume qu'exhale
ce nocturne effet.

Néanmoins ils restent,
– Sicile, Allemagne,
dans ce brouillard triste
et blêmi, justement!

☆[1]

Ouve como brama
junto às brancas tílias[2]
em abril a rama
verde das ervilhas!

Na névoa que a Febe
Nítida evapora,
A face percebe
dos santos de outrora...

Longe dos claros médãos
dos cabos, dos belos tetos
querem os caros Anciãos
tais filtros discretos...

Ora nem ferial nem
astral! Mas desfeito
na bruma é que vem
esse noturno efeito.

Mesmo assim ficam neste
— Sicília, Alemanha,
nevoeiro alvo e triste
da manhã, justamente!

MICHEL ET CHRISTINE

Zut alors si le soleil quitte ces bords!
Fuis, clair déluge! Voici l'ombre des routes.
Dans les saules, dans la vieille cour d'honneur
L'orage d'abord jette ses larges gouttes.

Ô cent agneaux, de l'idylle soldats blonds,
Des aqueducs, des bruyères amaigries,
Fuyez! plaine, déserts, prairie, horizons
Sont à la toilette rouge de l'orage!

Chien noir, brun pasteur dont le manteau s'engouffre,
Fuyez l'heure des éclairs supérieurs;
Blond troupeau, quand voici nager ombre et soufre,
Tâchez de descendre à des retraits meilleurs.

Mais moi, Seigneur! voici que mon Esprit vole,
Après les cieux glacés de rouge, sous les
Nuages célestes qui courent et volent
Sur cent Solognes longues comme un railway.

Voilà mille loups, mille graines sauvages
Qu'emporte, non sans aimer les liserons,
Cette religieuse après-midi d'orage
Sur l'Europe ancienne où cent hordes iront!

Après, le clair de lune! partout la lande,
Rougis et leurs fronts aux cieux noirs, les guerriers
Chevauchent lentement leurs pâles coursiers!
Les cailloux sonnent sous cette fière bande!

– Et verrai-je le bois jaune et le val clair,
L'Épouse aux yeux bleus, l'homme au front rouge – ô Gaule,
Et le blanc agneau Pascal, à leurs pieds chers,
– Michel et Christine, – et Christ! – fin de l'Idylle.

MIGUEL E CRISTINA [1]

Essa agora, se o sol cessa nestas horas![2]
Vai, claro dilúvio! Eis a sombra das rotas.
Nos chorões, no velho pátio do castelo,
Logo a chuva se projeta em largas gotas.

Cem cordeiros, do idílio louros soldados,
Aquedutos, charnecas emagrecidas,
Fugi! várzea, deserto, horizontes, prados
Adotam toalete brusca de borrasca![3]

Negro cão, triste pastor que o manto encofra,
Fugi à hora em que na altura o raio estoure;
Louro rebanho, ao nadarem sombra e enxofre,
Buscai baixar para estábulos melhores.

Mas, Senhor! eis que meu espírito voa
Para esses céus gelados de vermelho, e as
Nuvens celestes que correm e revoam
Sobre longas léguas como ferrovias.[4]

Eis que mil lobos, mil sementes selvagens,
Sem desprezar as campânulas, carrega
Esta religiosa tarde de voragem
Sobre a Europa antiga onde cem hordas chegam!

Depois, a clara lua! por toda a landa,
Os guerreiros, fronte acesa aos negros céus,
Lentos cavalgam seus pálidos corcéis!
Os seixos soam sob esse fero bando!

— E verei o bosque de ouro, os olhos claros
Da Esposa, o homem de fronte corada, ó Gália,
E o Cordeiro Pascal, branco, a seus pés caros,
— Miguel e Cristina — e Cristo! — fim do Idílio.

HONTE

Tant que la lame n'aura
Pas coupé cette cervelle,
Ce paquet blanc vert et gras,
À vapeur jamais nouvelle,

(Ah! Lui, devrait couper son
Nez, sa lèvre, ses oreilles,
Son ventre! et faire abandon
De ses jambes! ô merveille!)

Mais, non; vrai, je crois que tant
Que pour sa tête la lame
Que les cailloux pour son flanc
Que pour ses boyaux la flamme

N'auront pas agi, l'enfant
Gêneur, la si sotte bête,
Ne doit cesser un instant
De ruser et d'être traître

Comme un chat des Monts-Rocheux;
D'empuantir toutes sphères!
Qu'à sa mort pourtant, ô mon Dieu!
S'élève quelque prière!

VERGONHA[1]

Enquanto a lâmina não[2]
Tiver cortado este cérebro,
Branco, verde e gris montão
De vapores nunca novos

(Ele, ah! devia cortar
O nariz, o lábio, a orelha
E a barriga! e abandonar
As pernas! ó maravilha!)

Mas, não; pois creio que tanto
Para essa cabeça a lâmina,
Os seixos para seu flanco,
Para as vísceras a flama,

Não darão jeito; o menino
Maçante, a estúpida besta
Não vai deixar um instante
De fazer manhas, molestas,

Como um gato das Rochosas,[3]
Empestear todas as espécies!
Que à sua morte, entanto, ó Deus,
Possa erguer-se alguma prece!

MÉMOIRE

I

L'eau claire; comme le sel des larmes d'enfance,
L'assaut au soleil des blancheurs des corps de femmes;
la soie, en foule et de lys pur, des oriflammes
sous les murs dont quelque pucelle eut la défense;

l'ébat des anges; – Non... le courant d'or en marche,
meut ses bras, noirs, et lourds, et frais surtout, d'herbe. Elle
sombre, ayant le Ciel bleu pour ciel-de-lit, appelle
pour rideaux l'ombre de la colline et de l'arche.

II

Eh! l'humide carreau tend ses bouillons limpides!
L'eau meuble d'or pâle et sans fond les couches prêtes.
Les robes vertes et déteintes des fillettes
font les saules, d'où sautent les oiseaux sans brides.

Plus pure qu'un louis, jaune et chaude paupière
le souci d'eau – ta foi conjugale, ô l'Épouse! –
au midi prompt, de son terne miroir, jalouse
au ciel gris de chaleur la Sphère rose et chère.

III

Madame se tient trop debout dans la prairie
prochaine où neigent les fils du travail; l'ombrelle
aux doigts; foulant l'ombelle; trop fière pour elle;
des enfants lisant dans la verdure fleurie

leur livre de maroquin rouge! Hélas, Lui, comme
mille anges blancs qui se séparent sur la route,
s'éloigne par delà la montagne! Elle, toute
froide, et noire, court! après le départ de l'homme!

MEMÓRIA[1]

I

A água clara; como o sal das lágrimas da infância,
O assalto ao sol do alvor dos corpos de mulher;
a seda, em massa e lírio puro, de auriflamas
sob muros que outrora uma donzela defendeu;

o embate de anjos; — Não... a corrente de ouro em marcha,
move seus braços, densos e baços, porém frescos de erva. Ela
se aprofunda e, tendo por dossel o Céu azul, toma
por cortinado a sombra da colina e do arco.

II

Ah! a úmida laje solta umas borbulhas límpidas!
A água molda de ouro branco e sem fundo os leitos prontos.
As verdes vestes desbotadas das meninas
fazem de chorões, de onde saltam pássaros sem bridas.

Mais pura que a moeda de ouro, a quente e amarelada
pálpebra dos malmequeres dágua — tua fé conjugal, ó Esposa!
ao meio-dia em ponto, de seu terno espelho, inveja
do céu acinzentado de calor a Esfera rósea e cara.

III

A Senhora mantém-se inteiriçada na planície
próxima onde nevam os fios de trabalho; a sombrinha
nos dedos; ela espezinha umbelas, que lhe parecem por demais
altivas; as crianças lêem no gramado florido

seu livro encadernado em marroquim vermelho! Oh! Ele, como
mil anjos brancos que se separam pelo caminho,
afasta-se para além da montanha! Ela, inteiramente
fria, e sombria, corre! após a partida do homem!

IV

Regret des bras épais et jeunes d'herbe pure!
Or des lunes d'avril au cœur du saint lit! Joie
des chantiers riverains à l'abandon, en proie
aux soirs d'août qui faisaient germer ces pourritures!

Qu'elle pleure à présent sous les remparts! l'haleine
des peupliers d'en haut est pour la seule brise.
Puis, c'est la nappe, sans reflets, sans source, grise:
un vieux, dragueur, dans sa barque immobile, peine.

Jouet de cet œil d'eau morne, je n'y puis prendre,
ô canot immobile! oh! bras trop courts! ni l'une
ni l'autre fleur: ni la jaune qui m'importune,
là; ni la bleue, amie à l'eau couleur de cendre.

Ah! la poudre des saules qu'une aile secoue!
Les roses des roseaux dès longtemps dévorées!
Mon canot, toujours fixe; et sa chaîne tirée
Au fond de cet œil d'eau sans bords, — à quelle boue?

IV

Saudades dos jovens braços repletos de ervas puras!
Ouro das luas de abril no coração do santo leito! Alegria
dos estaleiros ribeirinhos ao abandono, presas
das noites de agosto que faziam germinar tais podridões!

Que ela agora se ponha a chorar sob as muralhas! o hálito
dos álamos no alto é o que resta da presença da brisa.
Depois, o lençol, sem reflexos, sem fonte, acinzentado:
labuta um velho, dragador, em sua barca, imóvel.

V

Joguete desse olho dágua melancólico, não posso agarrar,
ó canoa imóvel! oh! braços curtos demais! nem uma flor
nem outra: nem a flor amarela que me importuna,
ali; nem a azul, amiga na água cor de cinza.

Ah! o pólen dos chorões que alguma asa agita!
Os tufos das taboas há muito devorados!
Minha canoa, sempre fixa; e a amarra atirada
Ao fundo desse olho dágua sem margens, — a que lama?

☆

Ô saisons, ô châteaux
Quelle âme est sans défauts?

Ô saisons, ô châteaux,

J'ai fait la magique étude
Du Bonheur, que nul n'élude.

Ô vive lui, chaque fois
Que chante son coq gaulois.

Mais! je n'aurai plus d'envie,
Ils s'est chargé de ma vie.

Ce Charme! il prit âme et corps,
Et dispersa tous efforts.

Que comprendre à ma parole?
Il fait qu'elle fuie et vole!

Ô saisons, ô châteaux!

[Et, si le malheur m'entraîne,
Sa disgrâce m'est certaine.

Il faut que son dédain, las!
Me livre au plus prompt trépas!

– Ô Saisons, ô Châteaux!]

☆[1]

Ó castelo, ó sazões
Que alma é sem senões?[2]

Ó castelo, ó sazões,

Eu fiz o mágico estudo
Da ventura, que diz tudo.

Dai-lhe vivas toda vez
Cante seu galo gaulês.

Meu anseio é coisa ida,
Ele ocupou minha vida.

Esse Encanto! o corpo e a alma
Tomou-me, trazendo a calma.

Minha canção, o que entoa?
Por ele ela foge e voa!

Ó castelo, ó sazões!

[Se a desventura me aperta,
A desgraça será certa.

Que seu desprezo, ai de mim!
Me leve ao mais breve fim!

— Ó Castelo, ó Sazões!]

☆

Le loup criait sous les feuilles
En crachant les belles plumes
De son repas de volailles:
Comme lui je me consume.

Les salades, les fruits
N'attendent que la cueillette;
Mais l'araignée de la haie
Ne mange que des violettes.

Que je dorme! que je bouille
Aux autels de Salomon.
Le bouillon court sur la rouille,
Et se mêle au Cédron.

☆[1]

Uiva o lobo na folhagem
cuspindo a bela plumagem
das aves de seu repasto:
É assim que me desgasto.

As verduras, as frutas
Só esperam a colheita;
Mas o aranhão da hera[2]
Não come senão violetas.

Que eu adormeça! que eu arda
Nas aras de Salomão.
Na ferrugem escorre a calda,
E se mistura ao Cedrão.

LES STUPRA
(OS STUPRA)

☆

Les anciens animaux saillissaient, même en course,
Avec des glands bardés de sang et d'excrément.
Nos pères étalaient leur membre fièrement
Par le pli de la gaine et le grain de la bourse.

Au moyen âge pour la femelle, ange ou pource,
Il fallait un gaillard de solide grément;
Même un Kléber, d'après la culotte qui ment
Peut-être un peu, n'a pas dû manquer de ressource.

D'ailleurs l'homme au plus fier mammifère est égal;
L'énormité de leur membre à tort nous étonne;
Mais une heure stérile a sonné: le cheval

Et le bœuf ont bridé leurs ardeurs, et personne
N'osera plus dresser son orgueil génital
Dans les bosquets où grouille une enfance bouffonne.

Nos fesses ne sont pas les leurs. Souvent j'ai vu
Des gens déboutonnés derrière quelque haie,
Et, dans ces bains sans gêne où l'enfance s'égaie,
J'observais le plan et l'effet de notre cul.

Plus ferme, blême en bien des cas, il est pourvu
De méplats évidents que tapisse la claie
Des poils; pour elles, c'est seulement dans la raie
Charmante que fleurit le long satin touffu.

☆

Outrora os animais cobriam-se em carreira,
As glandes a pingar de sangue e de excremento.
Expunham nossos pais o membro corpulento
No vinco da braguilha e no ancho da algibeira.

Na Idade Média, para a fêmea — anjo ou rameira —,
Se impunha o latagão de sólido argumento;
Mesmo um Kléber, com seu culote que amaneira[2]
Talvez demais, devia honrar seu documento.

Ao mamífero mais fogoso o homem igualo:
O tamanho de seu membro espanta-nos, sem
Razão; mas soa uma hora estéril: o cavalo

E o boi refreiam seus instintos; e ninguém
Ousa mais exibir seu orgulhoso falo
Nos bosques onde a infância em chusma se entretém.

Nossas nádegas não são as delas. Ao cabo,
Vi várias se aliviando atrás de alguma moita.
E, nesses banhos nus, da meninada afoita
Apreciava o formato e o feitio do rabo.

Mais firme, e, com freqüência esmaecido, aflora
Relevos naturais que uma touceira veda
De pêlos; nelas, só na prega encantadora
É que se desabrocha a longa e espessa seda.

Une ingéniosité touchante et merveilleuse
Comme l'on ne voit qu'aux anges des saints tableaux
Imite la joue où le sourire se creuse.

Oh! de même être nus, chercher joie et repos,
Le front tourné vers sa portion glorieuse,
Et libres tous les deux murmurer des sanglots?

☆

Obscur et froncé comme un œillet violet,
Il respire, humblement tapi parmi la mousse
Humide encor d'amour qui suit la rampe douce
Des fesses blanches jusqu'au bord de son ourlet.

Des filaments pareils à des larmes de lait
Ont pleuré sous l'autan cruel qui les repousse
À travers de petits caillots de marne rousse,
Pour s'aller perdre où la pente les appelait.

Mon rêve s'aboucha souvent à sa ventouse;
Mon âme, du coït matériel jalouse,
En fit son larmier fauve et son nid de sanglots.

C'est l'olive pâmée et la flûte câline,
Le tube d'où descend la céleste praline,
Chanaan féminin dans les moiteurs enclos.

De uma engenhosidade e um toque extraordinários
Que só se pode ver nos anjos dos sacrários,
Imita uma bochecha a que um sorriso afunda.

Oh! estar assim nus, alegres e de bruços,
Voltada a face para essa porção jucunda
E libertos os dois a murmurar soluços?

Franzida e obscura flor, como um cravo violeta,
Respira, humildemente anichado na turva
Relva úmida de amor que segue a doce curva
Das nádegas até ao coração da greta.

Filamentos iguais a lágrimas de leite
Choraram sob o vento ingrato que as descarna
E as impele através de coágulos de marna
Para enfim se perder na rampa do deleite.

Meu sonho tanta vez se achegou a essa venta;
Do coito material, minha alma ciumenta
Fez dele um lacrimal e um ninho de gemidos.

É a oliva extasiada e a flauta embaladora,
O tubo pelo qual desce o maná de outrora,
Canaã feminil dos mostos escondidos.

ALBUM ZUTIQUE
(ÁLBUM ZÚTICO[1])

LYS

Ô balançoirs! ô lys! clysopompes d'argent!
Dédaigneux des travaux, dédaigneux des famines!
L'Aurore vous emplit d'un amour détergent!
Une douceur de ciel beurre vos étamines!

ARMAND SILVESTRE
A. R.

LES LÈVRES CLOSES
VU À ROME

Il est, à Rome, à la Sixtine,
Couverte d'emblèmes chrétiens,
Une cassette écarlatine
Où sèchent des nez fort anciens:

Nez d'ascètes de Thébaïde,
Nez de chanoines du Saint-Graal
Où se figea la nuit livide,
Et l'ancien plain-chant sépulcral.

Dans leur sécheresse mystique,
Tous les matins, on introduit
De l'immondice schismatique
Qu'en poudre fine on a réduit.

LÉON DIERX
A. R.

LÍRIOS[2]

Ó baloiços! ó lírios! clisiobombas de argento!
Do labor desdenhosos, desdenhosos das fomes!
A Aurora vos embebe de um amor detergente!
Doçura celestial unta os vossos estames!

ARMAND SILVESTRE
A. R

OS LÁBIOS CERRADOS [3]
VISTO EM ROMA

Existe em Roma, na Sistina,
Cheia de signos de evangelhos,
Caixa forrada a percalina
Contendo só narizes velhos:

Os de tebáidicos ascetas;
De cônegos do Santo-Graal,
Em que se espelham noites quietas
E o cantochão mais sepulcral.

Nessa secura sorumbática,
Para avivar-lhes sempre a fé,
Dão-lhes a imundície cismática
Que reduziram a rapé.

LÉON DIERX
A. R.

FÊTE GALANTE

*Rêveur, Scapin
Gratte un lapin
Sous sa capote.*

*Colombina,
– Que l'on pina! –
– Do, mi, – tapote*

*L'œil du lapin
Qui tôt, tapin,
Est en ribote...*

    PAUL VERLAINE
     A. R.

J'occupais un wagon de troisième: un vieux prêtre
Sortit un brûle-gueule et mit à la fenêtre,
Vers les brises, son front très calme aux poils pâlis.
Puis ce chrétien, bravant les brocards impolis,
S'étant tourné, me fit la demande énergique
Et triste en même temps d'une petite chique
De caporal, – ayant été l'aumônier chef
D'un rejeton royal condamné derechef; –
Pour malaxer l'ennui d'un tunnel, sombre veine
Qui s'offre aux voyageurs, près Soissons, ville d'Aisne.

FESTA GALANTE [4]

Scapino, em febre
Coça uma lebre
Sob o capote.

E Colombina
— Que se bolina! —
— Dó, mi, — dá o bote

No olho da lebre
Que, antes se quebre,
Vai logo ao pote...

PAUL VERLAINE
A. R.

☆ [5]

Ocupava um vagão de terceira, onde um cura
Sacando a sua pipa a janela procura
E expõe à brisa a pele alva de pêlos pasmos.
Em seguida, arriscando impolidos sarcasmos,
Se volta para mim, faz a pergunta ousada
E triste a uma só vez: se eu tinha uma pitada
De caporal — pois fora em tempos capelão
De algum rebento real, culpado de antemão —
Para o tédio preencher de um túnel, veia infrene,
Que se expõe ao viajante ao pé de Soissons, Aine.

☆

Je préfère sans doute, au printemps, la guinguette
Où des marronniers nains bourgeonne la baguette,
Vers la prairie étroite et communale, au mois
De mai. Des jeunes chiens rabroués bien des fois
Viennent près des Buveurs triturer des jacinthes
De plate-bande. Et c'est, jusqu'aux soirs d'hyacinthe
Sur la table d'ardoise où, l'an dix-sept cent vingt
Un diacre grava son sobriquet latin
Maigre comme une prose à des vitraux d'église
La toux des flacons noirs qui jamais ne les grise.

FRANÇOIS COPÉE.
A. R.

☆

L'Humanité chaussait le vaste enfant Progrès.

LOUIS-XAVIER DE RICARD.
A. RIMBAUD.

☆ [6]

Prefiro com razão, na primavera, a tasca
Onde a castanha-anã enfloresce a vergasca
Junto à planície estreita e comunal, no mês
De maio. E jovens cães que vêm, junto ao freguês
Que os enxota com os pés, triturar o zacinto
Da platibanda. É ali, nas tardes de jacinto
Nessa mesa em que, em mil setecentos e vinte,
Um diácono gravou em latim, com requinte,
Seu apelido fino em prosa de vitrais,
Que tossem garrafões que não nos tocam mais.

FRANÇOIS COPPÉE.
A. R.

Calçava a Humanidade o filho seu, Progresso.

LOUIS-XAVIER DE RICARD
A. RIMBAUD

CONNERIES

I

JEUNE GOINFRE

Casquette
De moire,
Quéquette
D'ivoire,

Toilette
Très noire,
Paul guette
L'armoire,

Projette
Languette
Sur poire,

S'apprête
Baguette,
Et foire.

A. R.

II

PARIS

Al. Godillot, Gambier,
Galopeau, Wolf-Pleyel,
– Ô Robinets! – Menier,
– Ô Christs! – Leperdriel!

BABAQUICES [8]

I

O COMILÃO [9]

Casquete
De fera,
Cacete
Que encera,

Pivete
Godera
Bufete
Na espera

E mete
Porrete
Na pera,

Derrete
Croquete:
Pudera!

A. R.

II

PARIS [10]

Al. Godillot, Gambier,
Galopeau, Wolff-Pleyel,
— Ó Torneiras! — Menier,
— Ó Cristos! — Leperdriel!

Kinck, Jacob, Bonbonnel!
Veuillot, Tropmann, Augier!
Gill, Mendès, Manuel,
Guido Gonin! – Panier

Des Grâces! L'Hérissé!
Cirages onctueux!
Pains vieux, spiritueux!

Aveugles! – puis, qui sait? –
Sergents de ville, Enghiens
Chez soi! – Soyons chrétiens!

A. R.

III

COCHER IVRE

Pouacre
Boit:
Nacre
Voit:

Acre
Loi,
Fiacre
Choit!

Femme
Tombe:
Lombe

Saigne:
– Clame!
Geigne.

A. R.

Kinck, Jacob, Bonbonnel!
Veuillot, Tropmann, Augier!
Gill, Mendès, Manuel,
Guido Gonin! — Ateliê

Das Graças! O Hérissé!
Pão velho! Graxas untuosas!
Bebidas espirituosas!

Cegos! — e mais o quê? —
Agente e guarda, Enghiens
Em casa! — Almas cristãs!

A. R.

III [11]

COCHEIRO BÊBADO

Nacre
Sai,
Lacre
Vai;

Acre
Guai:
Fiacre
Cai!

Dama
Tombo:
Lombo

Preme
— Clama!
Geme.

A. R.

VIEUX DE LA VIEILLE

Aux paysans de l'empereur!
À l'empereur des paysans!
Au fils de Mars,
Au glorieux 18 MARS!
Où le Ciel d'Eugénie a béni les entrailles!

ÉTAT DE SIÈGE?

Le pauvre postillon, sous le dais de fer blanc,
Chauffant une engelure énorme sous son gant,
Suit son lourd omnibus parmi la rive gauche,
Et de son aine en flamme écarte la sacoche.
Et tandis que, douce ombre où des gendarmes sont,
L'honnête intérieur regarde au ciel profond
La lune se bercer parmi la verte ouate,
Malgré l'édit et l'heure encore délicate,
Et que l'omnibus rentre à l'Odéon, impur
Le débauché glapit au carrefour obscur!

FRANÇOIS COPPÉE
A. R.

O GUARDA DA VELHA[12]
[A VELHA GUARDA]

Aos camponeses do imperador!
Ao imperador dos camponeses!
Ao filho de Marte,
Ao glorioso *18 DE MARÇO!*
Quando de Eugênia os Céus as entranhas benzeram!

ESTA-DO DE SÍ-TIO?[13]

O pobre postilhão, sob o pálio de lata
Aquecendo uma frieira enorme que o maltrata
Na luva, a diligência à *rive gauche* rola
E afasta da virilha em chamas a sacola.
E enquanto, sombra amena e com guardas no fundo,
Esse honesto interior contempla um céu profundo
Onde a lua adormece em verdes algodões,
Malgrado se aproxime a hora das proibições
E o carro chegue agora ao Odeon, esse impuro
Devasso vai uivando ao paradouro obscuro.

FRANÇOIS COPPÉE
A. R.

LE BALAI

C'est un humble balai de chiendent, trop dur
Pour une chambre ou pour la peinture d'un mur.
L'usage en est navrant et ne vaut pas qu'on rie.
Racine prise à quelque ancienne prairie
Son crin inerte sêche: et son manche a blanchi.
Tel un bois d'île à la canicule rougi.
La cordelette semble une tresse gelée.
J'aime de cet objet la saveur désolée
Et j'en voudrais laver tes larges bords de lait,
Ô Lune où l'esprit de nos Sœurs mortes se plaît.

F.C

EXIL

....

Que l'on s'intéressa souvent, mon cher Conneau!...
Plus qu'à l'Oncle Vainqueur, au Petit Ramponneau!...
Que tout honnête instinct sort du Peuple débile!...
Hélas! Et qui a fait tourner mal notre bile!...
Et qu'il nous sied déjà de pousser le verrou
Au Vent que les enfants nomment Bari-barou!...

....

Fragment d'une épître en Vers de Napoléon III, 1871.

A VASSOURA[14]

Feita de giesta humilde, essa vassoura é dura
Demais para varrer ou servir na pintura.
Seu uso é embaraçante e dele não se ria.
Raiz que se arrancou de antiga pradaria.
Inerte a crina seca: e o cabo embranqueceu.
É como a cana que a canícula coseu.
A cordoalha parece um gélido trançado.
Eu amo desse objeto o sabor desolado
E quisera lavar teus rebordos de leite,
Ó Lua que és de Irmãs já mortas o deleite.

F. C.

EXÍLIO[15]

....
Interesse em geral, dedicavam, Doutor,
Ao Tamborzinho mais que ao Tio Vencedor!...
Um povo fraco é sempre honesto nos desfiles!...
É isso! E quem nos deu esse amargor de bílis!...
Pois o ensejo nos sói de correr o ferolho
Ao Vento que bilu-bilu faz no pimpolho!...
....

Fragmentos de uma epístola em Versos de Napoleão III 1871.

L'ANGELOT MAUDIT

Toits bleuâtres et portes blanches
Comme en de nocturnes dimanches,

Au bout de la ville sans bruit
La Rue est blanche, et c'est la nuit.

La Rue a des maisons étranges
Avec des persiennes d'Anges.

Mais, vers une borne, voici
Accourir, mauvais et transi,

Un noir Angelot qui titube,
Ayant trop mangé de jujube.

Il fait caca: puis disparaît:
Mais son caca maudit paraît,

Sous la lune sainte qui vaque,
De sang sale un léger cloaque!

LOUIS RATISBONNE
A. RIMBAUD

O ANJINHO MALDITO

Portas brancas, tetos soturnos
Como nos domingos noturnos

No fim da vila, sem um ai,
A rua é branca, a noite cai.

Nas casas, estranhos arranjos:
Nas janelas, cortinas de anjos.

Mas, para um marco, nesse instante
Acorre mau, frio, hesitante

Anjinho negro que se incuba
Após comer demais jujuba.

Faz seu cocô; desaparece:
Mas esse vil cocô parece,

À santa lua que vagueia,
Uma cloaca de sangue cheia.

LOUIS RATISBONNE[16]
A. RIMBAUD

☆

Les soirs d'été, sous l'œil ardent des devantures,
Quand la sève frémit sous les grilles obscures
Irradiant au pied des grêles marronniers,
Hors de ces groupes noirs, joyeux ou casaniers,
Suceurs du brûle-gueule ou baiseurs du cigare,
Dans le kiosque mi-pierre étroit où je m'égare,
*— Tandis qu'en haut rougeoie une annonce d'**Ibled**, —*
Je songe que l'hiver figera le Tibet
D'eau propre qui bruit, apaisant l'onde humaine,
— Et que l'âpre aquilon n'épargne aucune veine.

FRANÇOIS COPPÉE
A. RIMBAUD

Aux livres de chevet, livres de l'art serein,
Obermann et Genlis, Vert-vert et **le Lutrin**,
Blasé de nouveauté grisâtre et saugrenue,
J'espère, la vieillesse étant enfin venue,
Ajouter le traité du Docteur Venetti.
Je saurai, revenu du public abêti,
Goûter le charme ancien des dessins nécessaires.
Écrivain et graveur ont doré les misères
Sexuelles: et c'est, n'est-ce pas, cordial:
Dr Venetti, **Traité de l'Amour conjugal.**

F. COPPÉE
A. R.

☆[17]

Nas tardes de verão, sob o olho das vitrinas,
Quando a seiva a fremir nas cercas pequeninas
Irradia-se aos pés de esguios castanheiros,
Longe dos grupos maus, alegres ou caseiros
Que sugam sua pipa ou beijam seu charuto,
No quiosque de tijolo estreito que eu escruto,
— Enquanto no alto brilha um anúncio de Ibled, —
Eu sonho que este inverno vai gelar a Rede
De água pura, acabando a humana onda cheia,
— E que o áspero aquilão não poupe qualquer veia.

FRANÇOIS COPPÉE
A RIMBAUD

☆[18]

A esses livros de escol, livros de arte louçã,
Obermann e Genlis, o Vert-Vert e o *Lutrin*,
Farto da novidade escusa e a esquisitice,
Espero, quando enfim for chegada a velhice,
De um venético autor ajuntar o tratado.
Saberei, ao fugir do público abrutado,
O encanto desfrutar de leituras mais sérias.
Desse autor-gravador que dourou as misérias
Sexuais, médico que é — o título promete —
O *Tratado do Amor conjugal*. de Venetti.

F. COPPÉE
A. R.

HYPOTYPOSES SATURNIENNES,
EX BELMONTET

Quel est donc ce mystère impénétrable et sombre?
Pourquoi, sans projeter leur voile blanche, sombre
    Tout jeune esquif royal gréé?
Renversons la douleur de nos lacrymatoires. –
....

    L'amour veut vivre aux dépens de sa sœur,
    L'amitié vit aux dépens de son frère.
....

Le sceptre, qu'à peine on révère,
N'est que la croix d'un grand calvaire
Sur le volcan des nations!
....

Oh! l'honneur ruisselait sur ta mâle moustache.

                BELMONTET
                archétype Parnassien.

HIPOTIPOSES SATURNIANAS[19]
EX-BELMONTET

Ó sombra misteriosa, impenetrável, funda!
Por que, sem projetar a vela branca, afunda
       Indà novo esse esquife real o mastro?
Revertamos a dor dos nossos lacrimários. —
....
       O amor quer viver às custas da irmã,
       A amizade vive às custas do irmão.
....
O cetro que inda mal inspira reverência
Não passa de uma cruz de calvário na ardência
Do vulcão das nações!
....
Rorejava honradez teu bigode viril.

BELMONTET
arquétipo parnasiano

LES REMEMBRANCES DU VIEILLARD IDIOT

Pardon, mon père!
     Jeune, aux foires de campagne,
Je cherchais, non le tir banal où tout coup gagne,
Mais l'endroit plein de cris où les ânes, le flanc
Fatigué, déployaient ce long tube sanglant
Que je ne comprends pas encore!...
      Et puis ma mère,
Dont la chemise avait une senteur amère
Quoique fripée au bas et jaune comme un fruit,
Ma mère qui montait au lit avec un bruit
— Fils du travail pourtant, — ma mère, avec sa cuisse
De femme mûre, avec ses reins très gros où plisse
Le linge, me donna ces chaleurs que l'on tait!...

Une honte plus crue et plus calme, c'était
Quand ma petite sœur, au retour de la classe,
Ayant usé longtemps ses sabots sur la glace,
Pissait, et regardait s'échapper de sa lèvre
D'en bas serrée et rose, un fil d'urine mièvre!...

Ô pardon!
    Je songeais à mon père parfois:
Le soir, le jeu de cartes et les mots plus grivois,
Le voisin, et moi qu'on écartait, choses vues...
– Car un père est troublant! — et les choses conçues!...
Son genou, câlineur parfois; son pantalon
Dont mon doigt désirait ouvrir la fente... — oh! non!...
Pour avoir le bout, gros, noir et dur, de mon père,
Dont la pileuse main me berçait!...
      Je veux taire

REMEMBRANÇAS DE UM VELHO IDIOTA[20]

Perdão, meu pai!
                    Em moço, eu buscava nas feiras
Não o tiro banal das boladas certeiras,
Mas o sítio onde ouvia o zurrar do jumento
Fatigado, a exibir longo tubo sangrento
Que ainda hoje me espanta!...
                         Depois, a mãe, a medo,
Com sua camisola a recender azedo,
Esgarçada e amarela, igual fruto encardido.
Minha mãe vinha à cama e deitava com ruído
— Filho de seu labor no entanto, — a sua coxa
De mulher feita, as ancas fortes onde afrouxa
O lençol, e me dava os seus calores mudos!

Vergonha inda mais crua e mais calma, contudo: os
Passos de minha irmã, que ouvia vir da escola,
No gelo a esmerilhar dos tamancos a sola,
E se punha a mijar, vendo escapar da boca
De baixo, estreita e rósea, um fio de urina choca!...

Ó perdão!
              Em meu pai eu pensava por vezes:
À noite, no baralho e os seus ditos soezes,
O vizinho, e mais eu posto à parte, e se via...
— Pois um pai nos perturba! — e o que se concebia!...
Seu joelho, acariciante; a calça até o chão
Cuja fenda o meu dedo ansiava abrir...— oh! não! —
Para ter o final grosso e duro do pai
Cuja peluda mão me berçava!
                      Mas, ai!,

Le pot, l'assiette à manche, entrevue au grenier,
Les almanachs couverts en rouge, et le panier
De charpie, et la Bible, et les lieux, et la bonne,
La Sainte-Vierge et le crucifix...
                              Oh! personne
Ne fut si fréquemment troublé, comme étonné!
Et maintenant, que le pardon me soit donné:
Puisque les sens infects m'ont mis de leurs victimes,
Je me confesse de l'aveu des jeunes crimes!...

....

Puis! – qu'il me soit permis de parler au Seigneur!
Pourquoi la puberté tardive et le malheur
Du gland tenace et trop consulté? Pourquoi l'ombre
Si lente au bas du ventre? et ces terreurs sans nombre
Comblant toujours la joie ainsi qu'un gravier noir?
– Moi j'ai toujours été stupéfait. Quoi savoir?

....

Pardonné?...
                    Reprenez la chancelière bleue,
Mon père.
                    Ô cette enfance!...
....
.... – et tirons-nous la queue!

FRANÇOIS COPPÉE.
A. R.

Não falo do urinol, da comadre, entrevista
No sótão, nem da Bíblia ou de certa revista
De capa grossa, a cloaca, a cestinha de panos,
A Virgem, a empregada, o crucifixo...
                                        Os anos
Que passei de tormento e vivia aturdido!
E agora que o perdão me seja concedido:
Pois que os instintos maus fizeram-me de vítima,
A culpa juvenil confesso por legítima!...
....

Mais! que eu possa falar a Deus, Nosso Senhor! —
Por quê essa puberdade extemporânea e o ardor
De uma glande tenaz e de consultas tonta?
Lenta a sombra no ventre? e os terrores sem conta
A cobrir a alegria assim como um monturo?
— Eu sempre fui perplexo! Que esperar do futuro?
....

Perdoado?...
                Já podeis voltar ao vosso escalda-
-pés. meu pai.
                Essa infância!..
....
.... — e abanemos a cauda!

FRANÇOIS COPPÉE
A. R.

RESSOUVENIR

Cette année où naquit le Prince impérial
Me laisse un souvenir largement cordial
D'un Paris limpide où des N d'or et de neige
Aux grilles du palais, aux gradins du manège,
Éclatent, tricolorement enrubannés.
Dans le remous public des grands chapeaux fanés,
Des chauds gilets à fleurs, des vieilles redingotes,
Et des chants d'ouvriers anciens dans les gargotes,
Sur des châles jonchés l'Empereur marche, noir
Et propre, avec la Sainte espagnole, le soir.

FRANÇOIS COPPÉE

L'enfant qui ramassa les balles, le Pubère
Où circule le sang de l'exil et d'un Père
Illustre entend germer sa vie avec l'espoir
De sa figure et de sa stature et veut voir
Des rideaux autres que ceux du Trône et des Crèches.
Aussi son buste exquis n'aspire pas aux brèches
De l'Avenir! — Il a laissé l'ancien jouet —
Ô son doux rêve, ô son bel Enghien!* Son œil est
Approfondi par quelque immense solitude;
"Pauvre jeune homme, il a sans doute l'Habitude!"

FRANÇOIS COPPÉE

*Parce que "Enghien chez soi".

RELEMBRANÇA[21]

Este ano em que nasceu o Príncipe imperial
Deixou-me uma lembrança altamente cordial
De uma Paris brilhante em que os NN dourados
Nos gradis do palácio e nos jardins cercados
Explodem, tricolormente enredados de fitas.
No marulhar do povo em seus chapéus e chitas
Seus coletes em flor, as casacas chinfrins
E o canto do operário em pobres botequins.
Xailes juncando o chão, vai o Imperador, baço
E limpo, levando a Santa-Espanhola, ao braço.

FRANÇOIS COPPÉE

[22]

Esse que recolheu as balas, Pubescente
Infante em quem circula o sangue de Iminente
Pai no exílio, ouve a vida aflorar-lhe na veia
E confiante em seu porte e estatura, ora anseia
Outras cortinas ver que as do Trono e as do Berço.
Que o busto majestoso aspira estar imerso
Nas brechas do Futuro! — Abandonou o brinquedo. —
Ó doce sonho! Ó belo Enghien!* Os olhos cedo
Se encovaram nalguma imensa solidão
Como os jovens que ao certo ao Hábito se dão!

FRANÇOIS COPPÉE

* Leia-se: "Enghien em casa".

PIÉCETTES
(ESPARSOS)

☆

Oh! si les cloches sont de bronze,
Nos cœurs sont pleins de désespoir!
En juin mil huit cent soixante-onze,
Trucidés par un être noir,
Nous Jean Baudry, nous Jean Balouche,
Ayant accompli nos souhaits,
Mourûmes en ce clocher louche
En abominant Desdouets!

VERS POUR LES LIEUX

De ce siège si mal tourné
Qu'il fait s'embrouiller nos entrailles,
Le trou dut être maçonné
Par de véritables canailles.

Quand le fameux Tropmann détruisit Henri Kink
Cet assassin avait dû s'asseoir sur ce siège
Car le con de Badingue et le con Henri V
Sont bien dignes vraiment de cet état de siège.

☆[1]

Oh! Nada temos em comum:
Alma em pranto, tu duro sino!
Ora em junho de setenta e um
Trucidados por um facínora,
Nós, Jean Balouche e Jean Baudry,
Tendo o dever feito com fé
Morramos nesta torre aqui
Abominando o Desdouets!

VERSOS AO TRONO[2]

De um sítio tão mal acabado
Que nos contorce os intestinos,
Deve o buraco ser tapado
Por verdadeiros assassinos.

Quando o feroz Tropmann cobriu os Kink de sangue
No trono deste sítio haviam-de o sentar,
Que o bunda Henrique V e o merda do Badingue
No sítio deste trono é que devem de estar.

BRIBES
FRAGMENTOS

Au pied des sombres murs, battant les maigres chiens,

Derrière tressautait en des hoquets grotesques
Une rose avalée au ventre du portier.

☆

Brune, elle avait seize ans quand on la maria.
....
Car elle aime d'amour son fils de dix-sept-ans.

[LA PLAINTE DU VIEILLARD MONACHISTE

À M. HENRI PERRIN, JOURNALISTE RÉPUBLICAIN]

....Vous avez
Menti, sur mon fémur! vous avez menti, fauve
Apôtre! Vous voulez faire des décavés
De nous? Vous voudriez peler notre front chauve?
Mais moi, j'ai deux fémurs bistournés et gravés!

Parce que vous suintez tous les jours au collège
Sur vos collets d'habit de quoi faire un beignet,
Que vous êtes un masque à dentiste, au manège
Un cheval épilé qui bave en un cornet,
Vous croyez effacer mes quarante ans de siège!

☆

A espantar magros cães, junto à sombra dos muros,[2]

☆

Estremecia atrás em soluços grotescos[3]
No ventre do porteiro, a rosa que engoliu.

☆

Casaram-na, morena, em seus dezesseis anos.[4]
....
Ama o filho que tem apenas dezessete.

[LAMENTO DO VELHO MONARQUISTA][5]

AO SR. HENRI PERRIN, JORNALISTA REPUBLICANO

.....................................Haveis mentido!
Pelo meu fêmur, sim, haveis mentido, ó besta
Apóstolo! Quereis fazer-nos sem sentido,
Arruinados? Pelar a nossa calva testa?
Mas eu, eu tenho dois gravados e torcidos!

No colégio sois quem suando o dia inteiro
Vê a banha a escorrer pelo pescoço nédio;
Sois do dentista a máscara; no picadeiro
O cavalo que baba no bornal de tédio,
E me quereis levar quarent'anos de assédio!

J'ai mon fémur! j'ai mon fémur! j'ai mon fémur!
C'est cela que depuis quarante ans je bistourne
Sur le bord de ma chaise aimée en noyer dur;
L'impression du bois pour toujours y séjourne;
Et quand j'apercevorai, moi, ton organe impur,
À tous tes abonnés, pitre, à tes abonnées,
Pertractant cet organe avachi dans leurs mains,
....
Je ferai retoucher, pour tous les lendemains,
Ce fémur travaillé depuis quarante années!

[LA PLAINTE DES ÉPICIERS]

Qu'il entre au magasin quand la lune miroite
                À ses vitrages bleus,
Qu'il empoigne à nos yeux la chicorée en boîte

☆

.... Sont-ce
...................[des tonneaux?] .... qu'on défonce?
....Non!
C'est un chef cuisinier ronflant comme un basson.

☆

...............Parmi les ors, les quartz, les porcelaines,
.... un pot de nuit banal,
Reliquaire indécent des vieilles châtelaines,
Courbe ses flancs honteux sur l'acajou royal.

☆

Oh! les vignettes pérennelles!

Meu fêmur, ei-lo aqui! Eis o meu fêmur duro!
É bem este que após quarent'anos, tratantes,
Nesta velha cadeira de carvalho escuro,
Reteve da madeira a marca edificante.
E quando vir agora o teu órgão impuro
Nas mãos daqueles teus, palhaços, assinantes,
Vou retorcer esse órgão mole, sem tutanos,

....

E farei retocar, para os dias futuros,
O fêmur trabalhado ao fim de quarent'anos.

[LAMENTO DOS MERCEEIROS][6]

Que ele entre no armazém quando a lua colore
      A vidraça de azul,
Que empunhe à nossa vista a lata de chicória

      ☆

      .... Um dos[7]
      ....[barris?]......... cujos fundos
      .... Que arrote
      E ronque o mestre-cuca assim como um fagote.

      ☆

Entre os ouros, cristais, porcelanas anciãs,[8]
.................................um penico, que nojo!
Relicário imoral das velhas castelãs,
Na cômoda de mogno esconde o obsceno bojo.

      ☆

Oh! as vinhetas perenais![9]

Et le poëte soûl engueulait l'Univers.

Il pleut doucement sur la ville.

Prends-y garde, ô ma vie absente!

[...] Quand s'arrêta la caravane d'Iran à la fontaine de Ctésiphon, elle fut au désespoir de la trouver tarie. Les uns en accusèrent les mages, les autres les imans. Les chameliers s'unirent en imprécations[...] Ils s'étaient mis en route depuis plusieurs lunes avec[...] chargement d'encens, de myrrhe et d'or. Leur chef s'écria[...] décida de supprimer[...] Certains acceptèrent.

E embriagado o poeta engolia o Universo.[10]

☆

E chove suavemente sobre a vila.[11]

☆

Tenha cuidado, ó minha vida ausente! [12]

☆

[...] Quando a caravana do Irã sustou a marcha junto à fonte de Ctesiphon, entrou em desespero ao encontrá-la seca. Uns acusaram os magos, outros os imãs. Os cameleiros uniram-se em imprecações [...] Tinham-se posto em marcha havia várias luas com [...] carregamentos de incenso, de mirra e de ouro. O guia gritou [...] decidiu suprimir [...] Uns poucos aceitaram.

POÈME ATTRIBUÉ
(POEMA ATRIBUÍDO)

POISON PERDU

Des nuits du blond et de la brune
Rien dans la chambre n'est resté,
Pas une dentelle d'été
Pas une cravate commune.

Rien sur le balcon où le thé
Se prend aux heures de la lune.
Il n'est resté de trace aucune,
Aucun souvenir n'est resté.

Au bord d'un rideau bleu piquée
Luit une épingle à tête d'or
Comme un gros insecte qui dort.

Pointe d'un fin poison trempée
Je te prends. Sois moi preparée
Aux heures des désirs de mort.

O VENENO PERDIDO[1]

Noites do louro e da morena,
Restam no quarto traço algum:
Nem uma renda, a mais pequena;
Uma gravata só, comum.

Nada do chá que no terraço
À luz da lua se tomou;
Não resta agora nenhum traço,
Lembrança alguma aqui restou.

Luz, na cortina azul-ferrete,
De ouro uma ponta de alfinete,
Adormecido inseto forte.

Sutil veneno embebe a ponta,
Levo-a. Que esteja sempre pronta
Nas horas em que ansiar a morte.

NOTAS

Estas anotações escapam à metodologia universitária das edições acadêmicas, buscando ser antes uma espécie de leitura comentada ou conversa com o leitor, em que se esclarecem algumas dificuldades do texto, comenta-se o arsenal crítico que se arregimenta em torno de cada composição e se visa a justificar as soluções adotadas na tradução dos trechos controversos. No que tange a grande parte dos esclarecimentos e comentários, consignamos nosso débito para com as edições críticas das Obras Completas de Rimbaud, de Suzanne Bernard (Garnier, 1960), de Antoine Adam (La Pléiade, 1972) e de Louis Forestier (Bouquins, 1992). Mas a pesquisa se estendeu por um bom número de livros, que vão mencionados na bibliografia, com o freqüente respigar nas obras da nova corrente crítica representada por Alain de Mijola, Jean-Pierre Chambon, Marc Ascione e Steve Murphy. Algumas hipóteses, levantadas pelo tradutor, são aqui referidas pela primeira vez.

POESIAS

A CONSOADA DOS ÓRFÃOS — pág. 33

1 A palavra *étrennes* significa em francês "os presentes que se dão e se recebem no dia de Natal ou de Ano Novo", equivalendo portanto ao termo português, hoje arcaizado, "consoada", que é empregado no Brasil, mesmo assim raramente, apenas em sua acepção de "refeição ou ceia de Natal". Também em francês a palavra se arcaizou e hoje subsiste mais no sentido de "festas", ou sejam, as gratificações que se dão aos carteiros, lixeiros etc. por ocasião do Natal. O amor de Rimbaud pelos termos específicos levou-nos a traduzir o título do poema por *A Consoada dos Órfãos* e não simplesmente por *Os Presentes dos Órfãos*.

2 O caráter concessivo do poema levou vários críticos a considerá-lo piegas e sem grande importância, mas Steve Murphy (*Le premier Rimbaud ou l'apprentissage de la subversion*) assinala o sentimento de abandono do pai ("...e o pai está bem longe!..."), ao mesmo tempo que essa orfandade das crianças pode significar o desejo reprimido de Rimbaud de chamar a atenção de sua mãe para a falta de carinho e excesso de severidade com que o trata, asperidade decerto decorrente da amargura pelo abandono do marido.

3 Em sua ânsia de ser publicado, o menino Rimbaud (tinha então 14 anos) envia, em 1869, a *La Revue pour tous*, esse longo poema (publicado em janeiro de 1870), versando sobre um tema sentimental que seria do agrado de seus leitores, em que estão evidentes e identificáveis as influências (e mesmo frases inteiras de poemas) de Reboul, Coppée, Victor Hugo e Marceline Desbordes-Valmore, anteriormente estampados na mesma revista. Os versos são alexandrinos regulares, com cesura e rimas emparelhadas; com exceção do 43º: — *Ah! quel beau matin, que ce matin des étrennnes*, em que aparece pela primeira vez a utilização do *cinquième* (alexandrino com acento na 5ª sílaba), empregado para maior fluência da frase. Tal tipo de cesura é encontrável uma quinzena de vezes em *As flores do mal*, de Baudelaire, e Verlaine fez menção a elas em seu artigo sobre o poeta. Surpreendente é que Rimbaud já a usasse tão cedo. Na transposição para o português, essa fluência é precisamente obtida com a conservação da medida clássica 6-12, razão por que aqui não observamos o *cinquième*, que reproduzimos em outras passagens em que foi utilizado.

4 As crianças, sozinhas no quarto gelado, se alegram por um instante ao tomarem por presentes de Natal ("consoada") os medalhões e as coroas que estão sob a cama do casal. [Os medalhões eram retratos chumbados em molduras metálicas para serem depositados sobre o túmulo, bem como as coroas, antigamente feitas de metal e vidrilhos imitando folhas e flores.] Mas logo se horrorizam ao ver as fitas negras com as inscrições a elas atribuídas. Optamos pela tradução branca (versos metrificados, mas não rimados), já que neste poema Rimbaud ainda não exibia sua invulgar capacidade rímica. Observe-se ainda a referência ao armário, que será motivo, mais tarde, de um soneto (*O Armário*).

SENSAÇÃO — pág. 41

[1] Faz parte dos três poemas (*Credo in Unam* [futuro *Soleil et chair*], *Sensation* et *Ophélie*) que R. enviou em 24 de maio de 1870 a Théodore de Banville, na esperança de vê-los publicados no segundo fascículo de *Le parnasse contemporain*, em que B. colaborava. Os poemas não saíram, mas nem por isso R. deixou de admirar a poesia de B., por quem foi muito influenciado segundo os exegetas. Mas, já no ano seguinte, na carta de 15 agosto de 1871, R. envia a B. o poema *O que dizem ao poeta a respeito das flores*, que é uma crítica velada ao seu mestre. O poema já prenuncia os anseios de fuga de R. e seu panteísmo, com a natureza sentida sensualmente (erva, frescor, vento) e psicologicamente (não pensarei em nada, calado seguirei). Estruturalmente, tem-se a impressão de que R. ia fazer um soneto, mas conseguiu esgotar o tema em duas quadras, como no caso da Sonata opus 111 de Beethoven, a que falta o terceiro movimento. Durante anos "sofri" com este poema e dele fiz inúmeras versões. Não me agradava, por exemplo, "cabeça desnuda", mais rebuscado que o "cabeça nua" do original. A expressão tem pouco significado para nós, mas é de grande importância para um europeu: o personagem sai no verão, descalço e sem chapéu, algo que não poderia fazer nas outras estações do ano. Outra luta foi manter o esquema rímico abab cdcd. E o quase impasse que constitui aquele final, a que não corresponde em português nenhuma solução igualmente sintética. Tentei preservar a estrutura da quadra final, mantendo inclusive o *enjambment*, mas foi necessário lançar mão de um circunlóquio para corresponder ao "comme avec une femme". Transcrevo, abaixo, uma das versões que me agradava bastante, abandonada por não conservar a estrutura rímica e inverter a ordem das frases:

Nas tardes de verão, picado pela pua
Dos trigos, hei de andar descalço nos vergéis:
Sonhador, sentirei um frescor sob os pés
E o vento há de banhar minha cabeça nua.

Em nada pensarei e seguirei calado,
Mas o infinito amor há de subir-me ao peito;
E à Natureza irei, cigano satisfeito,
Bem longe — qual levasse uma mulher ao lado.

Há traduções deste poema feitas por Clóvis Lima e José Paulo Paes.

SOL E CARNE — pág. 43

[1] Rimbaud denominou este poema inicialmente *Credo in Unam*, enviado como o anterior a Banville na carta de 24 de maio de 1870. As palavras provêm do credo católico *Credo in unam sanctam catholicam et apostolicam Ecclesiam*. De acordo com Suzanne Bernard, R. colegial "utiliza aqui as reminiscências de leituras clássicas, de Lucrécio, de Leconte de Lisle e de Musset (*Rolla*), poeta que irá em seguida odiar precisamente pela influência que esse poema exerceu sobre os adolescentes de sua geração (cf. carta de 15 de maio de 1871 a

Demeny)." R. quis escrever um hino de amor pagão, utilizando imagens mitológicas já cediças à época. Dieu (Deus) aparece grafado com minúscula.

[2] R. emprega âme (alma) no sentido latino de "hálito, respiração, sopro vital".

[3] Nénufar (nenúfar) foi traduzido por "ninféias", palavra sinônima, que permite um jogo mais próximo com "Ninfas".

[4] R. emprega syrinx no masculino, embora a palavra seja usada habitualmente em francês no feminino. Trata-se da flauta de Pã ou flauta de cana. A forma em português é siringe, no feminino, com as variantes syrix e sírige, usadas pelos poetas parnasianos.

[5] Cibele é a Deusa da Terra, cujo leite alimentava a vida humana.

[6] Astartê. R. parece incorrer no mesmo erro de Alfred de Musset, que a chama de "filha da onda amarga", atributo cabível a Vênus Anadiomene. Mais à frente (verso 47) fala em "Afrodite marinha". Astartê é de origem oriental, divindade indiana da natureza. A antiguidade greco-romana deve ter conservado algumas tradições das origens orientais de Astartê, pois Cícero diz que é "a quarta Vênus", considerada esposa de Adônis, deus adorado em Tiro. Certamente R., consumado ledor de dicionários, conhecia o verbete do Grand Dictionnaire Unviversel du XIXème Siècle (Paris 1866-1878), que diz: "Alguns viam em Astartê Afrodite, outros Juno e outros ainda Selene, a Lua. Tal diversidade nas interpretações explica-se pelo fato de que a divindade oriental reúne em si os atributos individualmente subdivididos entre as três divindades gregas".

[7] No original, palavra por palavra:"Oh! o caminho é amargo/Depois que o outro Deus nos atrelou à sua cruz". Todo o trecho é dirigido contra o cristianismo que constrange os instintos naturais do homem. A idéia já está em Baudelaire: porque o homem se tornou feio e corrupto é que tem necessidade de vestes.

[8] No original: Kallipige. Os comentaristas franceses se comprazem em assinalar que R. errou na grafia dessa palavra (forma correta em francês Kallipyge): na carta a Banville escreveu Kallipyge e, no ano seguinte, no chamado manuscrito Demeny, 'corrigiu-a` para Kallipyge. Em português é Calipígea, um dos epítetos de Vênus, com o significado de "a de belas nádegas".

[9] Aqui começam várias cenas mitológicas. Na primeira, Ariadne (ou Ariana), abandonada por Teseu na ilha de Naxos, é recolhida por Lísios (um dos nomes de Baco), que chega em seu carro puxado por panteras e tigres. Em seguida, Europa é raptada por Zeus (Júpiter), que assumira a forma de touro. Segue-se a evocação de Leda e do mesmo Júpiter metamorfoseado em cisne.

[10] Cípride (em francês Cypris), sobrenome dado a Afrodite, nascida das espumas junto à ilha de Chipre.

[11] O original diz mousse noire (musgo ou alga negra). A métrica nos levou a optar por "nelumbos", palavra sinônima de lótus, planta que compreende variadíssimas espécies.

[12] Héracles: herói lendário grego, símbolo da força física, identificado ao Hércules romano.

[13] Dríade: deusa silvestre, ninfa que habitava as florestas.

[14] Selene: personificação da Lua, irmã de Hélios, o Sol, representada por uma mulher a percorrer os céus numa carruagem de prata. Também chamada Diana, apaixonada pelo caçador Endimião, cujo sono vem contemplar.

[15] R. parece evocar um bosque druídico. Os "Mármores sombrios" são os deuses, paralisados, em oposição à vida representada pelo pisco, um pássaro

comum dos bosques europeus, encontrável mesmo no inverno. O verso final anuncia a vitória do Homem sobre os Deuses. O poema é inteiramente vazado em alexandrinos regulares, salvo no verso *L'Amour infini dans un infini sourire!*, que é um *cinquième*, não mantido na tradução, que igualmente não reproduziu as rimas em parelhas.

OFÉLIA — pág. 53

[1] Poema igualmente enviado a Banville em maio de 1870. Izambard, seu professor, recorda que R. já havia tratado o assunto na classe de latim. O modelo é inspirado em versos de Banville e é possível que R. tivesse visto a tela de Millais sobre o tema, igualmente versado por Delacroix numa litografia de 1843.

[2] Halalis são gritos de caça, ao som de trompas, anunciando que a presa está acuada. É possível que R. pronunciasse a palavra fazendo soar o s̲ (hoje mudo), com que a rimaria perfeitamente com *lys* (lírio, hoje grafado *lis*), em que o s̲ soa.

[3] Esse tempo abstrato — mais de mil anos — dá ao quadro um valor simbólico: Ofélia encarna a humanidade sofredora e perdida em seu sonho.

[4] Romança: espécie de canção. Ofélia canta várias delas na peça de Shakespeare.

[5] Noruega (Norwège, em francês). O castelo de Hamlet (Elsinor) fica na Dinamarca, porém nada impede que até lá cheguem as nortadas, vindas das montanhas norueguesas. R. usou a palavra para rimar com *neige* (neve), rima já encontradiça em Théophile Gautier e em Banville.

[6] Esse "pobre louco" é Hamlet, que, na peça de Sh., reclina a cabeça sobre os joelhos de Ofélia, para assistir à encenação que preparou para denunciar o assassínio de seu pai.

[7] Retorno ao plano simbólico em que Ofélia é mostrada como "vidente", a que pressentiu "grandes visões". O poema termina numa espécie de recorrência, de volta ao princípio, uma das características dos versos de Banville (a *Ringkomposition* dos alemães). Neste poema R. já principia a exibir seu virtuosismo no trato da rima, embora muitas delas tenham sido 'pescadas' de outros autores, como assinalamos em 5. Temos, por exemplo: *lys/hallalis; Ophélie/folie; corolle/épaule; d'elle/d'aile...* O verso é longo, arrastado e sonoro como o próprio regato de Ofélia. As várias tentativas de traduzir este poema, conservando as rimas, não nos satisfizeram: na maioria das vezes o ritmo longo não se mantinha e esse ritmo — quase descritivo da cena — representava para nós sua parte mais importante, de que não poderíamos abrir mão. Preferimos traduzi-lo, afinal, em versos brancos, restabelecendo a sombria majestade dos ritmos.

Há traduções de Silveira Neto, Cláudio Veiga e Jorge Wanderley.

BAILE DOS ENFORCADOS — pág. 57

[1] Este poema é uma espécie de condensação de alguns temas do *Gringoire* de Banville e do *Bûchers et tombeaux* de Gautier, com intervenções de baladas patibulares de Villon e danças macabras medievais. Igualmente "medievales-

cos" são certos momentos vocabulares (*gentes damoiselles, preux, capitans, moustier*), de quase impossível manutenção, compensados no entanto por palavras como "cabriolar", "desconjuntos" e "hiantes" que dão ao texto uma certa ancianidade. Toda a peça é frequentada por uma "verve cáustica, fortalecida pela escolha dos ritmos e as buscadas aliterações" (S. Bernard).

[2] Saladino, o primeiro sultão do Egito, adversário de Frederico Barba-ruiva e de Ricardo-coração-de-leão, contra quem foi movida a terceira Cruzada, era admirado como o mais ilustre representante do islamismo. R. generaliza o termo para fundir a época medieval com seu gosto pelas cenas macabras, com as lutas dos cruzados contra seus inimigos islâmicos.

[3] *Messire*, forma familiar de Monsieur (senhor), aqui simplificada para "compadre". Belzebu: divindade filistina tornada no Antigo Testamento o príncipe dos demônios.

[4] *Vieux Noël* (velhas canções natalinas) traduzido com sentido mais amplo e genérico por "cançonetas".

[5] R. compara os corpos apodrecidos na forca a órgãos (instrumentos musicais), cujos tubos seriam os furos das bicadas dos corvos. *À jour* significa "furado, com aberturas" (cf. ponto à jour).

[6] *Preux* significa propriamente ases, audazes, valentes; traduzimos por "campeões", empregada a palavra no sentido clássico de cavaleiro, defensor, paladino. "Carta" está em lugar de cartão, papelão.

[7] *Fôrets violettes* = florestas violetas. O adjetivo é empregado aqui mais para efeito de rima, embora apareça com freqüência ao longo da obra de R. Com o mesmo intuito usamos "bosques de abetos", embora com sacrifício cromático.

[8] *Capitan* significa fanfarrão, ferrabrás; não confundir com *capitaine* que é o nosso "capitão". Traduzimos por farsantes, que equivale em sentido.

[9] *Trepassés* significa defuntos, finados.

[10] Este salto do esqueleto marca a passagem do tema baile de enforcados para o de dança macabra, com a belíssima imagem do cavalo que corcoveia amarrado pelo pescoço, da lavra exclusiva de Rimbaud. O poema termina com a mesma recorrência banviliana observada em "Ofélia".

O CASTIGO DE TARTUFO — pág. 61

[1] Tartufo é a personificação do hipócrita em Molière, onde o personagem, embora não seja padre, aparece sempre vestido de negro a fim de aparentar decoro e austeridade. R. utiliza-o como símbolo da hipocrisia sacerdotal, o indivíduo de aspecto piedoso mas lúbrico, que oculta sua sensualidade sob o véu (ou melhor, a batina) da candidez e do fervor religioso. Detalhe importante e típico do arsenal Rimbaud: ele fala em "casta veste negra", como a dizer que a batina é casta mas o padre não. Daí qualquer tradução do poema que ignore esse dado falsear fatalmente o intuito de R. Durante muito tempo o poema passou como simples explosão desse anticlericalismo, que começa a manifestar-se cáustico e irreverente em *Un coeur sous une soutane* (Um coração sob a sotaina), escrito pela mesma época (1870.) Estudos recentes (Ascioni e Steve Murphy) revelam uma estrutura bem mais complexa, em que R. através de mecanismos sutis começa a dar vazão à sua veia caricatural e ao seu dissimulado erotismo, como veremos a seguir:

321

[2] O poema começa com um iterativo *Tisonnant, tisonnant*, que, para Steve Murphy, 'mima' verbalmente o ato masturbatório. Levando em conta essa exegese, mantivemos, na tradução, o verbo repetitivo, embora deslocado para o fim do verso. Tartufo está nu sob a batina, e, enquanto caminha pela rua com ares contritos, secretamente se masturba. Ao ser surpreendido por um "Malvado", que lhe arranca a batina pela gola, o Tartufo de R. se assusta e ejacula em plena via pública, praguejando e rezando diante de sua nudez revelada. A cena extrapola um incidente relatado por Izambard a propósito de R., que constumava dirigir palavrões e ofensas grosseiras aos padres e seminaristas que encontrava pela rua, já provavelmente se exercitando para o seu pretendido "encrapulamento".

[3] *Coeur*, literalmente, é "coração", mas R. emprega a palavra no sentido especial de sexo. Esse mesmo sentido prevalece em todo o texto de "Um coração sob a sotaina" e em várias ocasiões que assinaremos oportunamente. Mão enluvada é um eufemismo para o ato de masturbar e aparece igualmente, com o mesmo sentido, em *État de siège?* (Esta-dó de si, tio), do *Album Zutique*.

[4] O verbo *baver* (babar) adquire significados especiais na sutil alquimia de R. e em alguns casos, segundo Jeancolas, está associado a esperma.

[5] *Oremus* (do latim, oremos, rezemos) evoca o vocabulário religioso do Tartufo de Molière e suas invocações à prece. Da mesma forma o Malvado, por oposição a Bondoso, no sentido que o toma o personagem (S. Bernard).

[6] Imagem arrojada de R., que compara a ejaculação ao desfiar das contas de um rosário que rolassem pelo chão. Os pecados perdoados mostram a perseverança masturbatória do personagem, capaz de se autoperdoar indefinidamente.

[7] Para acentuar o impacto, R. chama Tartufo de *Saint Tartufe*, ironia que, indiretamente, mantivemos com "E o Santo...".

[8] R. que se compraz na utilização de um vocabulário preciso e específico usou *ses rabats*, designativo do colarinho eclesiástico em francês. Numa das versões do poema, procuramos manter a especificidade terminológica e traduzimos por "volta", mas como o termo em português tem várias outras acepções e dificilmente informaria o leitor na compreensão imediata do texto, acabamos optando pelo genérico mas determinante "colarinho". O verso final parece provir diretamente do T. de Molière, na réplica de Dorina: *Et je vous verrais nu du haut jusques en bas/Que toute votre peau ne me tenterait pas* (Mesmo vendo-vos nu desde a cabeça aos pés/Vossa inteira nudez em nada me tentara). O *Peuh!* exclamativo final, embora concorra para a expressividade da frase, pareceu-nos uma cavilha desnecessária de manter. Uma curiosidade: Steve Murphy, que tem feito uma verdadeira leitura "palimpsêstica" da obra de R., sugere que o verso final do soneto nos convida a um "exame vertical" e "descobre", a partir da inicial do 4º verso (no original), as letras: J, U, L, E, S, C, E, S, às quais junta as iniciais com que o poeta assina o poema, A.R., formando assim o nome Jules Cesar (Júlio César), aplicável a Napoleão III, desta forma ridicularizado no poema. Nesse contexto, a figura do "Malvado" pode ser associada a Victor Hugo, que denunciou as falsidades do Imperador. Embora respeitando as judiciosas análises de Murphy, achamos que seria aqui um tanto especioso conservar o suposto acróstico. Todas as outras componentes formais (métrica, esquema rímico) foram mantidas.

O FERREIRO — pág. 63

Neste poema, R. repete a técnica de alusão do trabalho anterior, usando aparentemente um personagem histórico antigo para se referir a um mais recente. Num primeiro lance, trata-se da história do açougueiro Legendre que ousou interpelar o rei Luís XVI, chamando-o de *Monsieur* (Senhor) e não mais de Majestade, a quem oferece um gole de sua garrafa de vinho e pede que ponha à cabeça a *cocarde* vermelha, símbolo da revolução. Segundo os historiadores, diante de um movimento de estranheza do rei, Legendre insistiu no Senhor, mas sem chegar a tratá-lo por tu, como no poema de R., que transforma Legendre deliberadamente em ferreiro. Os exegetas no entanto observam que, se o poema alude aos tempos da Revolução francesa, trazendo à cena Luís XVI, "atinge Napoleão III por ricochete" (S. Bernard). De fato, a figura desse rei "pálido" lembra muito a da caricatura de Tartufo e a do imperador cativo em *Iras de Césares*, que veremos mais adiante.

[1] O incidente histórico ocorreu a 20 de junho de 1792, e como R. escreveu à epígrafe "10 de agosto de 1792", alguns editores críticos (entre eles, Antoine Adam) tomaram a notação por um descuido, isso porque noutra cópia do poema a data mencionada é *vers* (cerca de) 10 de agosto, com o que R. teria incorrido novamente em "lapso", segundo a apreciação desses mesmos comentaristas. Porém Marc Ascione chama a atenção para o *vers* (por volta de, cerca de) que R. manteve em ambas as cópias, como que pela menção do ano quisesse marcar o ato do açougueiro Legendre, mas pela mudança do dia aludisse subrepticiamente a acontecimentos mais recentes, como a *manifestação* dos girondinos (20 de junho) ou a *insurreição* (10 de agosto) instigada por Robespierre. Como se vê, tudo em R., até mesmo uma data, uma palavra, uma vírgula, assume proporções inesperadas por força da sutileza de seu talento ou da invencionice de seus comentadores (como quer Etiemble). O poema inteiro é uma crítica ao governo de Napoleão III, tão frustrante para R. em suas realizações quanto os que se sucederam à Revolução. O ferreiro de R. vislumbra um futuro de igualdade socialista a ser conquistado pelo conhecimento, pelo trabalho, pela ciência. Um tempo de justiça social em que o cidadão saberá defender-se dos poderosos, seja pela força da lei ou por sua própria iniciativa ("Teremos um fuzil em cima da lareira").

[2] *Putain* (puta: "O povo não é mais uma puta!"). A ousadia vocabular de R. irrompe irrefreável neste poema de ardor social. Fazendo suas as palavras do ferreiro-símbolo da populaça ("Sou parte da canalha!"), R. consegue elevar a níveis poéticos ditos e expressões vulgares. Tanto essa quanto a palavra *merde*, com que se encerra a penúltima estrofe, parecem deliberadamente utilizadas para caracterizar uma luta de classes expressa em termos linguísticos. Diz Murphy: "Esta constatação não deixa de ter suas implicações intertextuais num poema de 1870, época em que o emprego da palavra permanecia sem dúvida muito raro em poesia" e mesmo na prosa, substituída quase sempre pelo eufemismo *mot de Cambronne*.

[3] *Sur des raquettes* (literalmente: sob as raquetes, traduzido por jogo de péla). R. faz alusão ao *serment du Jeu de Paume*, de 20 de junho de 1789.

[4] *Foin de leur tabatière à sornettes* (literalmente: Chega de sua tabaqueira de patranhas, traduzido aqui por: É o fim de seus rosários de intrujices!) R. alude

ao episódio de Carra que, em 10 de setembro de 1792, contribuiu para a guerra contra os tiranos com a doação de uma tabaqueira de prata que lhe fora enviada, anos antes, pelo príncipe real, então rei da Prússia, citado como exemplo de ato demagógico. A alusão é clara para o leitor francês mas não para o brasileiro, razão por que preferimos substituí-la pelo circunlóquio. No original, os versos são alexandrinos rimados em parelha; na tradução, omitimos as rimas.

[Ó MORTOS DE NOVENTA E DOIS/ NOVENTA E TRÊS] — pág. 75

[1] Soneto sem título. Seis dias após a declaração de guerra à Prússia (10 de julho de 1870), o jornalista Paul de Cassagnac (bonapartista) publicou no jornal *Le Pays* um artigo conclamando os republicanos a cerrar fileiras com seus adversários políticos em nome da defesa da pátria, renovando, em favor de Napoleão III, os feitos heróicos dos exércitos revolucionários de 1792 (Valmy), de '94 (Fleurus) e de '91 e '96 (Itália). Segundo Izambard, R. escreve o soneto, revoltado, logo após a leitura da arenga patrioteira, a 18 de julho de 1870. A menção final (Feito em Mazas, prisão onde esteve encarcerado quando de sua primeira fuga a Paris em 31 de agosto de 1870) refere-se provavelmente à data de sua transcrição.

[2] *Sillons.* Os sulcos dos arados. Alusão a La *Marseillaise,* proibida durante muito tempo pelo regime e depois utilizada em seu próprio proveito para estimular os sentimentos patrióticos.

[3] *Cristos.* R. acha que a guerra provocará a "ressurreição" dos republicanos, então esmagados pelo jugo dos bonapartistas.

[4] Reis. Que estávamos e estamos. R. faz alusão não só a 1792 e 93, mas igualmente à revolução de 1830, e estes "reis" são tanto os luíses do passado quanto o Napoleão III de então.

[5] Os Cassagnac. *Le Pays* era dirigido por Granier e Paul de Cassagnac, pai e filho.

Mantido o esquema rímico inusual: abab, cdcd, eef, ggf.

À MÚSICA — pág. 77

[1] Deliciosa composição em que R. posa de pubescente e encabulado diante das meninas namoradeiras na pracinha de Charleville, durante uma retreta da banda de música. Invoca o local em que Vitalie Cuif, a mãe do poeta, conheceu o capitão Frédéric Rimbaud, seu pai (v. Flashes biográficos). Mas o tom aparentemente bucólico já está impregnado do espírito sarcástico rimbaldiano e há imagens de agudo senso crítico expondo ao ridículo a burguesia da província.

[2] *Shakos.* Espécie de barretina militar, alta, de feitio cilíndrico, da qual pendia uma borla, aqui traduzido simplesmente por bonés, de mais imediata compreensão pelo leitor brasileiro.

[3] *Le gandin* é o janota, o peralvilho, o homem "chic" do interior. Usamos "almofadinha", que lhe é sinônimo e, por estar em desuso, se aplica perfeitamente ao efeito cediço buscado por R.

4 Imagem criadora de R. Em vez de dizer que o notário (tabelião) vem carregado (pesado) de berloques, diz que ele *cai* de seus penduricalhos.

5 *Couac* significa nota desafinada. É palavra-chave em R. que a utiliza na abertura de *Une saison en enfer.*

6 Cornacas são os guias de elefantes na Índia.

7 *Air de réclame,* literamente: ar de saldo, de oferta especial, de produto em promoção a preço convidativo, Preferimos usar "remarcação", que acentua o caráter usurário dos maridos.

8 Futucar é regionalismo, com o significado de cotucar. R. emprega com freqüência palavras de sua região ardenesa. O verbo usado por ele é *tisonner* (atiçar), indicativo da ação de avivar o fogo da lareira, de pouca expressividade para um leitor brasileiro,

9 *Onnaing* é o nome de um povoado próximo de Valenciennes, onde se fabricam cachimbos esculpidos.

10 De contrabando. Pela proximidade de Charleville com a fronteira belga, o contrabando de tabaco era coisa freqüente.

11 *Voyous* são os vadios, os garotos de rua, Para efeito de rima e reforço do verso acrescentamos "e as putas".

12 *Rose* ("rosa") era uma marca de cigarro barato e serve aqui para o trocadilho.

13 *Pioupious* era o nome popular que se dava aos soldados rasos de infantaria, meganha.

14 R. rima *les bas* (meias femininas) com *tout bas* (em voz baixa), tipo de rima opulenta que buscamos reproduzir em "meias" e "a meias".

VÊNUS ANADIOMENE – pág. 81

1 Anadiomene (palavra paroxítona),"emergente" (das águas), é atributo de Afrodite, a Vênus dos romanos, nascida da espuma do mar.

R, inspirou-se num poema de Glatigny *(Les antres malsains)* para a composição deste soneto, no qual conserva expressões e quase frases inteiras do modelo. A crítica não deixou de assinalar que o soneto é um ótimo exemplo daquela "estética do feio", já encontrável, num tom diverso, em Baudelaire e outros. Assinale-se que o poema se apresenta como um oxímoro, uma descrição o *contra-senso* da Vênus botticelliana: "O quadro aqui se desenrola de um detalhe a outro na ordem estereotipada dos nus literários bem como na ordem em que as partes do corpo saem da água com a diferença de que aqui cada detalhe está precedido do sinal menos" (Michael Riffaterre). Outro aspecto importante: essa sinalização negativa é acentuada pelo fato de que a Vênus de R. é uma prostituta que se levanta de uma banheira, vista perspectivamente *de costas*, pois a intenção final de R. é "mostrar ao leitor que ela tem uma úlcera no ânus". Tal visão se evidencia pelo uso da palavra *croupe* (garupa), com significado de traseiro, que a Vênus de R. estende, segundo Murphy, *vers le lecteur* (para o leitor). Não pense o leitor que as especulações em torno do tema acabam por aí; esta pequena informação, para ser completa, teria que comentar as elaborações dos comentaristas em torno de *lupa* (que também significa lúpio, quisto) e da tatuagem, mas seria ir longe demais em nosso escopo.

2 *fer blanc* é a folha de zinco ou de metal vulgar (lata) com que *se* faziam antigamente as banheiras ou tinas de banho, antes de surgirem as de ferro fundi-

do e esmaltadas. Geralmente pintadas de verde ou castanho. R. joga aqui com a oposição *blanc/vert* (branco/verde) e as rimas internas *fer/vert* (ferro/verde), de conservação quase impossível sem o sacrifício do conteúdo do verso.

[3] *lente et bête*, literalmente: lenta e estúpida, marcando a lerdeza do personagem. Para efeito de rima, optamos por "vaga e avessa", que não corresponde exatamente, mas se aproxima do sentido pretendido em R.

[4] *Déficits*. Num quadro todo com sinal negativo (-), a palavra déficit é fundamental. Em versão anterior do soneto usamos senões, menos específico. Segundo Fowlie, a Vênus de R. tem calvície precoce, disfarçada com o uso de chinós, que não pode usar durante o banho. Murphy acentua que os déficits significam metonimicamente uma "degradação da mercadoria", sinal de que a prostituta está "em baixa".

[5] *col* significa pescoço, em linguagem poética, e, como a mulher está sendo vista de costas, refere-se necessariamente à nuca.

[6] *reins* em R. não se aplica aos rins, órgãos internos secretores da urina, mas à região lombar em que se situam e, por extensão, à cintura e ao glúteo (nádegas). *Prendre l'essor* significa "erguer vôo", mas não no sentido literal; vale aqui por "erguer-se, surgir, tomar forma".

[7] *rouge*. Presume-se que a Vênus seja de carnadura brancarrona, mas que, ao longo da espinha dorsal, a tez se apresente rosada.
Sent un goût significa "tem um cheiro" (e não gosto); tem o aspecto.

[8] *Horrible étrangement* é marca de fábrica de R. Traduzido ao contrário, ou seja, estranhamente horrível, perde o impacto pretendido, torna-se uma expressão comum. Verso de solução difícil, conseguimos aqui horrendo adjetivando o ar, o aspecto do conjunto, modificado pelo advérbio, aproximando-nos assim da dicção rimbaldiana.

[9] A inscrição *Clara Venus*, que é um anagrama de ULCERA ANVS, só poderia estar tatuada nas nádegas.

[10] [à cause] *d'un ulcère*. A úlcera anal é, no caso desta Vênus, um sinal de beleza, e, como aqui tudo funciona *ao inverso*, de uma beleza hedionda. Ou seja, a garupa (o traseiro) da Vênus é belo por causa (pelo fato) de nele haver uma úlcera. Alexandrinos regulares (6-12) com cesura.e esquema de rimas irregular abab cddc eef gfg, mantidos. Em francês *Vénus* e *anus* são rimas perfeitas, o mesmo não acontecendo em português; daí o assonantismo inevitável.
Também traduzido por Jorge de Senna e Augusto de Campos.

PRIMEIRA TARDE — pág. 83

[1] Publicado pela primeira vez no jornal satírico *La charge* com o título de *Trois baisers* (Três beijos), em 13 de agosto de 1870. Adam constrói a hipótese de que tenha sido escrito em maio/junho do mesmo ano, quando R. ainda não partira para o caráter derrisório de sua poesia subseqüente.

[2] *Malinement* é forma regional, provinciana de *malignement*, que R. vai empregar inclusive como título de um soneto (*La Maline*, "A Maliciosa"). Tem o sentido de malicioso e não de maligno.

[3] *buissonier* significa o que vive nos matos, mas aqui tem o sentido coloquial de "gazeteiro", moldado na expressão *Faire le collège buissonier*, equivalente a "matar aula". Traduzimos por gazeio, o mesmo que gazeta, ato de gazear ou gazetear, matar aula. Primeira composição de R. em redondilha maior (versos de 8 sílabas), forma que mantivemos.

AS RÉPLICAS DE NINA — pág. 87

[1] No manuscrito de Izambard, o título é: *Ce que retient Nina* (O que impede Nina).

[2] *Filerait*, do verbo *filer*, em terminoliogia musical, significa prolongar uma nota, aumentando-a e após diminuindo-a com a mesma intensidade. Essa precisão vocabular de R. não pôde ser aqui mantida.

[3] *Cangalhas*, termo popular antigo para designar óculos. Usado para compensar o regionalismo *clairer* (por *éclairer*), não preservado. Versos na medida 8-4 e esquema abab, mantidos.

OS ALUMBRADOS — pág. 95

Faz parte do chamado *recueil Demeny*. Verlaine tinha grande admiração por este poema: "De nossa parte, nada conhecemos em qualquer outra literatura que tenha esse tom feroz e ao mesmo tempo terno, que seja caricatural e igualmente cordial, que se apresente tão *bom* e, em seguida, franco, sonoro e magistral".

[1] *Effaré*. tem o significado habitual de assustado, espantado, sobressaltado, assombrado, espaventado. Mas por constituir uma das palavras-chave de R., com acepções várias segundo o contexto, procuramos dar-lhe aqui um sentido mais contundente, na linha de maravilhado, transido, estupefato, estarrecido: daí o título "Os Alumbrados".

[2] *medianoche*. O termo era empregado para a ceia de carne logo depois da meia-noite, em um dia de abstinência. Termo de origem espanhola, hoje em desuso na língua francesa, não consignado nos dicionários modernos. Para acentuar a miséria dos garotos, R. insinua que para eles um simples pão que sai do forno tem o significado de uma ceia de Natal.

[3] Observar a rima interna assonante *poutres / croûtes*, que reproduzimos em toscas / crostas.

Texto da cópia Verlaire (fac-similés Messein). A métrica (8-4) foi alterada (8-6). Traduzido igualmente por Clóvis Lima e Alice Mazzini.

ROMANCE — pág. 99

[1] Consta do caderno Demeny, há divergência quanto à data inscrita: 23 ou 29 de setembro de 1870, que tanto podem ser da composição quanto da cópia. S. Bernard acha que o título "deve ser evidentemente tomado aqui em sentido pejorativo".

[2] *Mauvaise étoile* (estrela má). Alguns comentaristas andaram especulando sobre algum sentido oculto dessa expressão. Achamo-la, no entanto, muito clara: a estrela é má, malvada, porque está bicando, picotando (com seu fulgir) a estreita faixa (ou fita) azul do céu vista pelos namorados emoldurada pela ramaria.

[3] Robinsona, forma verbal da lavra de R. forjada a partir do personagem Robinson Crusoe, de Defoe, com o significado de "aventurar-se sozinho por um território desconhecido e selvagem". Mantivemos, com maiúscula.

[4] Agosto, em termos europeus, significa férias, verão, época do ano em que se está em contato com a natureza.

O MAL — pág. 103

[1] Pertence igualmente ao caderno Demeny. Para alguns comentaristas, inclusive A. Adam, o Mal é Deus, o deus indiferente aos sofrimentos humanos, incensado nos altares, recebendo o óbulo dos miseráveis e humildes. Para outros, é a Guerra, que devasta a juventude, aos caprichos dos governantes.

[2] Os batalhões verdes (prussianos) e vermelhos (franceses) tombam diante do praguejar dos Reis (ou imperadores da Prússia e da França), que no entanto desencadearam a guerra.

[3] As mães angustiadas são as que perderam os filhos ou esposos na guerra e, apesar de tudo, ainda vão orar e contribuir para as igrejas. A prática de levar as moedas amaradas no lenço é hábito antigo do interior, talvez hoje em ostracismo. Esquema de rimas abab cdcd eff egg, mantido.

Traduzido também por José Paulo Paes.

IRAS DE CÉSARES — pág. 105

[1] Faz parte do caderno copiado por Demeny em outubro de 1870. O soneto inspira-se em fato da atualidade de R.: Napoleão III, após a derrota de Sedan (1º de setembro de 1870), é feito prisioneiro dos alemães, recolhido ao castelo de Wilhemschoche. A derrota pessoal de Napoleão III e a conseqüente proclamação da República devem ter causado viva impressão de alegria a R. que, desde os 13 anos, já dizia que Napoleão III merecia as galés (*les galères*). Césares, no plural, presume, no entanto, que o personagem se tornara a representação de todos os tiranos.

[2] O homem pálido é o Imperador, já bastante enfermo ao cair prisioneiro, sofrendo, além dos desgastes morais orgiásticos que lhe atribui R. (e todos os caricaturistas da época), de uma afecção renal, de que morreria três anos mais tarde.

[3] *Il se sent éreinté!* Significa, à primeira vista, "sente-se derreado", mas R. está certamente tomando aqui o termo no sentido etimológico: que tem os rins arrasados. Tentamos acompanhar a referência, usando "descadeirado", que significa ao mesmo tempo derreado e apeado do poder.

[4] *Compère*, que traduzimos por Sócio, se refere evidentemente a Émile Olivier, ministro das finanças de N., que permitiu, de maneira leviana (*d'un coeur leger*, em suas próprias palavras), a declaração de guerra.

[5] Saint-Cloud era uma das residências do imperador e da imperatriz Eugênia. R. procede aqui por alusões, certamente referindo-se às festas freqüentes e faraônicas que lá se davam. Retorce-o não é rima perfeita para Sócio, porém permitiu a manutenção da estrutura do soneto.

A VER-NOS NO INVERNO — pag. 107

[1] O título, em português, procura corresponder ao som quase anagramático

do original: Rêvé pour l'hiver. Este e os seis sonetos que se seguem foram escritos em outubro de 1870, durante a fuga de R. pela Bélgica e o norte da França, terminando em Douai, em casa das senhoritas Gindre, tias de seu professor Izambard, onde permanece até o fim do mês. Há várias hipóteses em torno da dedicatória (À Ela), mas nenhuma concludente.

[2] Um colosso, empregado no sentido de bastante, enormemente, já foi expressão de uso corrente, mas hoje está em desuso.

O ADORMECIDO DO VALE. — pág. 109

[1] Este soneto, habitualmente considerado "impressionista" pelos comentadores que insistem no seu acentuado cromatismo (verde, prateado, azul, branco, vermelho), tem, antes de tudo, a qualidade antitética da efusão da natureza em contraste com a imobilidade da morte (palavra, aliás, que R. não menciona). Além disso, tem-se a nítida impressão de que o poeta se comove com a cena, mas que consegue controlar tal sentimento graças ao andamento analítico e objetivo da exposição. Seu intuito, longe de querer provocar sentimentalismo, é o de condenar, ainda aqui, a guerra, como à fizera em poemas anteriores. Trabalhando uma espantosa técnica de *suspense*, termina o soneto com um anticlimático UNhappy end.

[2] *Haillons d'argent* (literalmente, farrapos de prata). S. Bernard acha que são os reflexos do sol, fazendo brilhar as águas do rio. B. de Lacoste crê que se trata de bolhas de água presas às moitas. Pensamos antes tratar-se dos fiapos de pólen que, arrastados pelas águas, se engancham (o verbo *accrocher* aqui é fundamental) às folhas de mato das margens; daí usarmos "pendões".

[3] Outro ponto crucial é *mousse de rayons*, mousse (usado como verbo) aqui significando espumar, Como o verbo é raro, mas fundamental para a extraordinária força da imagem de R. (como se o vale fervilhasse de luz), usamos espumejar, igualmente raro em português, e igualmente apropriado à força da imagem.

[4] *Bouche ouverte, tête nue* tem uma proposital cadência militar que nos esforçamos por manter.

[5] *Pâle dons son lit vert*. Oposição cromática de grande efeito, mantida.

[6] Além do *enjambement*, observamos o andamento áspero do verso final. Também traduzido por Onestaldo de Pennafort, Rodrigo Solano, J. G. de Araújo Jorge, C. Tavares Bastos, Hélio C. Teixeira, Clóvis Lima e Alice Mazzini.

NO CABARÉ VERDE pág. 111

[1] Escrito durante sua fuga a pé através da Bélgica. Parece que esse cabaré (que deve ser entendido aqui no sentido de albergue de estrada) realmente existiu nas proximidades de Charleroi, com o nome de *Maison verte*: "A fachada era verde, os móveis pintados de verde e a insígnia (tabuleta) era de lata verde presa perpendicularmente à fachada" *(Goffin)*.

[2] Este verso é um *cinquième*, cuja métrica preservamos na tradução.

[3] *Épeure.* O verbo, que não figura nos dicionários da língua francesa, pode ser criação de Rimbaud, que o deriva naturalmente de *peur* (medo); daí termos optado por amedrontar.

[4] Este verso encerra no original uma espécie de recorrência sonora (eco) em ricochete (*do-rait/ray-on*) e termina por um *arrière*, repetitivo, quase um palíndromo — efeitos que tentamos conservar em "um <u>raio</u> vem <u>doirar</u> do <u>sol</u> <u>amortecido</u>".

Também traduzido por Augusto de Campos.

A MALICIOSA — pág. 113

[1] Soneto da mesma época de errância pelos caminhos belgas e ardeneses, "nele vemos um R. descontraído, na alegria de viver" (S. Bernard), ao que parece relatando uma vivência não passível de ser rastreada em precedentes livrescos.

[2] *M'aiser.* Regionalismo, tem o significado de "para me facilitar, para me dar chance". Usamos: dando ensejo.

[3] *Une froid.* R. critica um falar-errado ou maneira belga de dizer resfriado, que é masculino em francês. Usamos "friage" para reproduzir o tom interiorano.

A ESTRONDOSA VITÓRIA DE SARREBRÜCK — pág. 115

[1] Como informa o próprio R.,o soneto teria por origem uma gravura belga "profusamente colorida" que se vendia em Charleroi em comemoração à "vitória" de Sarrebrück (2 de agosto de 1870). A crítica atual põe em dúvida a existência de uma gravura *belga* do tipo descrito no soneto, achando que ela existia sob a forma de caricatura na imaginação de R. já que a Bélgica, a essa época, era conhecida por sua tradição antibonapartista. Saliente-se que R., ao mencionar o preço (35 cêntimos), estaria querendo dizer que a gravura valia tanto quanto a própria vitória. Na verdade, a batalha não passou de simples escaramuça, na qual o inimigo perdeu dois oficiais e 70 soldados, mas Napoleão III resolveu publicitá-la com estardalhaço por meio de um telegrama ao povo francês, no qual dizia ter assistido em pessoa às operações, fazendo-se acompanhar do príncipe imperial, que nela teria recebido seu batismo de fogo, com admirável presença de espírito e sangue-frio, recolhendo do chão as balas que lhes caiam aos pés. R. fará mais tarde, no *Album zutique* uma tremenda "gozação" ao episódio ("Este que recolheu as balas..."). A habilidade maior do soneto está na fusão de uma terminologia militar com expressões infantis como *dada* (cavalinho de pau) e *pioupious* (soldado raso).

[2] Pitou é o nome simbólico do soldado ingênuo e Dumanet o do soldado ridículo.

[3] *Chassepot* (do nome de seu inventor) era uma velha espingarda de guerra ainda utilizada em 1870, logo substituída, em 1874, pelo mosquetão de cavalaria. Traduzimos por trabuco, para marcar a decrepitude do termo.

[4] R. faz alusão ao *shako* preto do príncipe imperial.

[5] Bouquillon é personagem tomado de empréstimo a um jornal satírico ilustrado por desenhos de Humbert, *La Lanterne de Bouquillon*, que o apresenta

como um soldado que detesta a guerra e faz pouco caso do espírito beligerante do Imperador. Seu gesto de baixar as calças tem duas interpretações principais dos comentaristas: que esteja dizendo com isto ser Napoleão III um imperador de merda (Frédéric Eigeldinger); ou que os soldados estavam sendo "aviltados" por ele (Chambon/Murphy).

O ARMÁRIO — pág. 117

[1] Este soneto, dos mais antologiados na França, desenvolve o tema do móvel cheio de mistérios, já abordado de passagem em "A Consoada dos Órfãos".
[2] A repetição velhas velharias está no original. Mantivemos.

MINHA BOÊMIA (Fantasia) — pág. 119

[1] Outra poesia célebre, das mais traduzidas (Rodrigo Solano, Paulo Maia Lopes, Alice Mazzini, Clóvis Lima, Jorge Wanderley, José Lino Grünewald). Escrita, ao que tudo indica, logo após a primeira fuga de R. (29 de agosto de 1870), é quase um "fragmento autobiográfico", o poeta no exercício de sua 'liberdade livre", de mãos no bolso, calça furada e um paletó que, de tão usado, como que se desvanece, tornando-se apenas uma "idéia". O soneto tem, pelo menos, três aspectos notáveis: 1) a oposição que R. faz de um vocabulário precioso (Musa, súdito leal) com expressões do mais espontâneo coloquialismo (Puxa vida!); 2) a passagem da impressão visual para a auditiva na contemplação das estrelas (*frou-frou* é onomatopéia do rascar das sedas) e 3) a justaposição de palavras consideradas "nobres" (lira, coração) com vocábulos de conotação trivial (pé, o elástico das botinas). De notar igualmente as duas belas imagens: o poeta comparado a um Pequeno Polegar sonhador que, em vez de sinalizar seu caminho com grãos de milho ou pedacinhos de pão (como no conto infantil), vai espalhando rimas pela estrada, e, em vez de dizer que dormia ao relento, chama seu albergue de A Ursa Maior (em francês *La Grande-Ourse*), o nome de uma constelação.

OS CORVOS — pág. 121

[1] Publicado em *La Renaissance littéraire et artistique* (14.9.1872). O tema corvos é recorrente em R. Há várias hipóteses críticas sobre o significado do poema, desde ser ele um lamento pelos mortos da guerra (1871-72) e a derrota diante dos prussianos, até ser uma auto-confissão de derrota (esta última, de A. Adam, pouco convincente).
[2] Conseguimos aqui manter a rima opulenta do original (cieux, délicieux/ ciosos, deliciosos).
[3] A ordem direta destes versos seria: Os ventos invadem vossos [dos corvos] ninhos como hordas hostis com uivos assassinos.
[4] A idéia de dispersão e concentração expressa gestalticamente com esse *Dispersez-vous, ralliez-vous* foi necessariamente mantida em nosso Disseminai- vos, convergi-vos.

Também traduzido por Xavier Placer, Alice Mazzini, Antônio Carlos Viana e Augusto de Campos.

OS ASSENTADOS — pág. 123

[1] Poema copiado em agosto de 1871 por Verlaine. A maioria dos comentaristas vê nessa peça uma crítica sarcástica aos freqüentadores da biblioteca de Charleville e principalmente ao bibliotecário, Jean Hubert, que foi professor de R. Mais importante é notar que, pela primeira vez, R. exibe em toda a sua força a violência que decidira impor à linguagem: "Já não se trata de algumas audácias semeadas ao longo do texto. Verso após verso, encontramos as palavras menos usuais, ao lado de outras que o poeta cria sem escrúpulos. Quando o vocabulário não é em si próprio estranho, são as metáforas ou as associações de palavras que o são" (A. Adam). A violência quase injuriosa do adjetivo substantivado francês *Assis* não se manifesta inteiramente em "sentados" ou "assentados", como preferimos, nem tampouco em "sedentários", que utilizamos numa das versões do poema. A. Adam observa que em *L'Enfant*, de Jules Vallès, o romancista, filho de professor, se revolta contra essa profissão de bedel, que se exerce *sentado*.

[2] *Noirs de loupe*. Loupe é lúpia, lobinho, quisto sebáceo; negro, enegrecido pela sujeira.

Bagues aqui são as bolsas embaixo das pálpebras. Usamos olheiras, de maior extensão, mas suceptível de nos fornecer uma rima opulenta, tanto ao gosto de R.

Fémur. Em outras passagens, como veremos, R. usa o termo com significado de sexo, membro viril. Aqui tanto pode estar no sentido próprio quanto no figurado.

Sinciput (sincipúcio, o alto da cabeça), palavra rara rendida por cocuruto, popular, mas pouco usual, com o mesmo significado.

Hargnosités. É neologismo de criação de R. Tem aqui o significado de eczema, de crosta de caspa, de afecção da pele do crânio: "R. alia sobre o crânio do bibliotecário a imagem torturada, trabalhada das hérnias e das doenças de pele a essa outra, provável, da origem desses males: a maldade, a agressividade do personagem detestado" (C. Jeancolas).

[3] *Percaliser*. Criação verbal de R. Significa percalinar ou percalinizar, tornar branco, fino e esticado como a percalina com que se encadernam os livros. Mantivemos o neologismo.

[4] *Cinquième* mantido. No poema, de ritmos revolucionários, usamos vários tipos de metrificação para corresponder à técnica rimbaldiana, embora não necessariamente nos mesmos lugares.

[5] *Caboches*. Termo popular para designar cabeça. Correspondemos: cacholas.

[6] A palavra "naufrágio" é aqui imprescindível porque está presa à imagem anterior: batucando nas cadeiras, os assentados se tornam sonhadores e se deixam embalar por tristes barcarolas imaginárias, que acompanham com a cabeça; é como se estivessem "navegando" em suas cadeiras: despertar naquele momento seria para eles o próprio naufrágio, a volta à realidade. A manutenção da palavra exigiu um artifício rímico compatível com a flexuosidade do texto.

Também traduzido por Alice Mazzini e Felipe Fortuna.

CABEÇA DE FAUNO — pág. 127

[1] Primeira composição conhecida de R. em decassílabos, provavelmente escrita no inverno de 1870-71. Cópia manuscrita de Verlaine, feita em setembro de 1871. Em geral, os comentaristas procuram interpretar o poema sob seus aspectos pictóricos; Adam o classifica de "impressionista", mas S. Murphy elabora toda uma teia de sutilezas eróticas em torno da peça. Satisfazendo-nos em apenas referir essas interpretações, transcrevemos outra versão da última quadra, em que há sutis diferenças de prosódia entre as palavras pares e ímpares:

> E quando então fugiu — como um esquilo —
> Seu riso ainda em cada folha oscila;
> Vê-se o pisco assustar o então tranqüilo
> Beijo-de-ouro do Bosque, que se afila.

OS ADUANEIROS — pág. 129

[1] Copiado por Verlaine, como o anterior. Segundo Delahaye, reminiscência das freqüentes escapadas que ambos davam às cidades fronteiriças belgas para comprar tabaco (R. já alude ao "tabaco de contrabando" no poema *A música)*. De retorno, eram revistados pelos guardas aduaneiros, que, quando se tratava de viajantes jovens, costumavam exagerar na busca, apalpando-os "indevidamente". R. insinua satiricamente que os aduaneiros seriam muito diferentes dos ex-soldados do Império *(débris d'Empire),* uma espécie de corpo de elite, criado por força dos tratados, sobre os quais há muita discussão (quais seriam? há várias hipóteses, como ocorre com quase tudo quanto R. escreveu).

[2] *Cré nom e macache.* São imprecações militares, a primeira com sentido admirativo (vem de [Sa]cré nom [de Dieu]= Sagrado nome de Deus) e a segunda, de origem árabe, trazida pelas tropas das campanhas do Egito, com valor depreciativo.

[3] Essas faunesas são certamente mulheres contrabandistas.
Fausto e Frá-Diávolo. Nossa hipótese: os anciãos usados como "correios" nos contrabandos e os contrabandistas profissionais (Frá Diávolo, personagem de uma ópera de Jacques Auber, era chefe de bandidos).

ORAÇÃO DA TARDE — pág. 131

[1] Cópia de Verlaine.

[2] Caneluras. Hipogástrio. A predileção de R pelos termos técnicos e científicos!
[3] *Gambier.* Cachimbo de qualidade inferior, como, em circunlóquio, apresentamos ao leitor brasileiro.
Aubier. É o alburno, a parte branca da madeira, entre a casca e o cerne. R. parece construir uma imagem comparando os sonhos que, ardendo em seu interior, lhe brotam do coração como a resina que escorre dos troncos, de cor

amarelo-escuro, como sangue. Utilizamos sobreiro, cuja cortiça é lanhada para a extração de resina, tornando assim mais imediata a imagem ao leitor.

[4] O Senhor do cedro e dos hissopes (aspersórios de água benta) é o Deus bíblico. As expressões litúrgicas faziam parte do vocabulário de R.

[5] Há um soneto de Vinicius de Moraes (onde figura o verso: Mijamos em comum numa festa de espuma) claramente inspirado neste de R.

Traduzido também por João Moura Júnior e Jorge de Senna.

CANTO DE GUERRA PARISIENSE — pág. 133

[1] Faz parte das poesias enviadas a Paul Demeny na célebre carta de 15 de maio de 1871, escrito certamente poucos dias antes, pois é a partir de 2 de abril que o governo versalhês de Thiers manda bombardear a periferia parisiense (Sèvres, Meudon, Bagneux, Asnières). J. Mouquet assim resume a situação política da época: "A 18 de março de 1871, a Comuna de Paris toma o poder e Thiers, com os membros de seu gabinete, inclusive Ernest Picard, ministro do Interior, retiram-se para Versalhes, onde constituem um exército de cem mil homens sob o comando de Mac Mahon com o objetivo de retomar a capital. Os insurretos, em número de duzentos mil, tomam a ofensiva em inícios de abril de 1871, mas são rechaçados. O exército regular então assedia Paris e, a 21 de maio, penetra na cidade pela porta de Saint-Cloud". Sátira do tipo panfleto político, em que R. joga terminologia militar contra expressões populares, faz brincadeiras, paródias e trocadilhos, mostra a distância em que ele está, no gênero, de seu *O Ferreiro*, escrito no ano anterior, e como sua sátira social já ultrapassa a de seu antigo modelo, Victor Hugo.

[2] As amplas claridades são as bombas da artilharia de Thiers e Picard.

[3] *Culs-nus* são os *communards*. Significa mendigos, esfarrapados, e os bem-vindos (bem-chegantes) são, por ironia, os versalheses.

[4] Tantã. R. satiriza os marselheses como se fossem um exército de zulus, modernizado, que já não usa a cabaça com uma vela dentro (talvez seja esse o verdadeiro significado de *boîte à bougies*!) para assustar o inimigo.

[5] *jam, jam*. R.incorpora ao seu arsenal de ousadias um refrão da cantiga de roda intitulada Le Petit Navire *"que n'avait ja... ja... jamais navigué"* (que não sabia... não sabia navegar).

[6] R. aqui se identifica com os *communards* e fala desde seu ponto de vista. As calabaças são as bombas de Thiers que explodem.

[7] *Thiers et Picard sont des Eros*. Trocadilho: Em vez de dizer que eles são heróis (des héros) R. diz *des Eros* (o que soa como *des zéros*=são zeros, não valem nada). Traduzimos: como os Eros (como zeros). Provável significado dessa quadra muito discutida: T. e P. vão destruindo tudo pela frente (girassóis) e para eles as bombas dos *communards* (coquetéis Molotoff *avant la lettre*!) não passam de poças azuis de óleo como nos quadros de Corot, enquanto suas tropas destruidoras (hannetonner, criação de R.=como uma praga de besouros) invadem a capital.

[8] *Grand Truc*. Trocadilho com grão-duque e grão-turco. A. Adam diz que se refere a Deus, naturalmente"(?).

[9] Jules Favre era ministro do Exterior do governo de Versalhes e havia concluído com Bismark o armistício. R. escarnece as falsas lágrimas que vertia sobre o infortúnio da nação, lágrimas que só com pimenta poderia provocar.

[10] Vos sacudir em vosso posto, provavelmente alude às ações punitivas dos *communards* contra a burguesia parisiense.

[11] Os Rurais (ou Rústicos) representavam na Assembléia Nacional de 1871 o partido dos latifundiários anti-republicanos. No final do poema, R. os ameaça.

MINHAS POBRES NAMORADAS — pág. 137

[1] Expedido a Demeny com a carta de 15.5.71, um dos mais derrisórios poemas de R. elaborado em versos curtos (8-4) à semelhança de *As Réplicas de Nina*, talvez para lhe servir de agressiva palinódia. Nele R. está "sempre em estado de legítima ofensa" (J. Rivière).`

[2] Hidrolato é termo de farmácia, nome dado aos líquidos obtidos da destilação de água com plantas ou outras substâncias aromáticas. Aqui significa simplesmente a chuva. Observar o belo efeito aliterativo. *Vert-chou*. Literalmente verde-couve, cor esverdeada escura, que traduzimos por graxa (cor de graxa).

[3] *Tendronnier*: Criação de R. A palavra vem de *tendron* = broto, rebento de árvore, mas significa também, como em português moderno do Brasil, jovem, garota. Correspondemos a uma criação de R. com outra: árvore-em-brotão. *Cautchoucs*: É a hévea, o látex com que se faz a borracha. R. parece ser dos primeiros a usar essa palavra "vulgar" em poesia. Segundo Adam, o termo pode referir-se a "capas de borracha" e Fowlie vê aí insinuação aos enchimentos (de borracha?) a que R. mais adiante se referirá.

[4] *Pialats*: Há discussão interminável sobre o significado dessa palavra, que traduzimos aqui por patelas, o mesmo que rótulas, a parte saliente do joelho, conseguindo assim, pelo menos, uma palavra rara, mas coerente com as joelheiras, que vêm a seguir. Tais joelheiras eram pequenas almofadinhas de formato retangular ou oval, usadas para o conforto dos fiéis ao se ajoelharem nas missas do interior. *Laideron*: Mulher feia, bruxa, espantalho, "canhão" etc. R. usa a palavra como refrão, mas recorremos à sinonímia para melhor qualificar o termo. Igualmente tivemos que lançar mão de várias rimas assonantes, que R. ainda não empregava, mas de que se utilizará em trabalhos posteriores.

[5] *Bandoline* é uma espécie de brilhantina. *Mandoline*, literalmente mandolina (instrumento musical), tem aqui significado que alguns comentaristas inclinam para o obsceno.

[6] Terrinas de sentimento. R. alude à sua poesia do ano anterior, que considera sentimental. "A prepotência icástica é notável" (Margoni).

[7] A rima interna omoplata se desata está no original (*omoplates se déboîtent*).

[8] Cangalhas, armação para transportar carga no lombo de burros, aqui na acepção de fardo, peso, trabalheira de casa, cuidados excessivos.

AGACHAMENTOS — pág. 141

[1] Último dos três poemas enviados a P. Demeny na carta de 15.05.1871. R. leva ao extremo a técnica de caricatura desenvolvida em *Les Assis*, desta vez voltada contra um cura, mas a peça anticlerical pode ser entendida igualmente como um ato de repulsa às pessoas indolentes, aos que vivem agachados,

acocorados, aos seres vegetativos, reduzidos a meros atos fisiológicos, que vivem em ambientes fechados e caóticos. Comenta A. Adam: "A vontade de levar a caricatura ao extremo chega a tocar o obsceno e o estercorário"

[2] *Darne*: É regionalismo (das Ardenas) que R. emprega mais de uma vez. Significa ofuscado pelo sol, tomado de vertigem. Uma boa tradução talvez fosse "tonturas". Por necessidade de rima (rara), traduzimos, aqui, por escarnar, verbo pouco usual, que significa inclusive deixar em carne viva, acentuando assim os efeitos do reflexo solar nos olhos do cura e correspondendo ao inusitado do termo, que aparece igualmente no poema seguinte. Observado o esquema rímico ababa.

OS POETAS DE SETE ANOS — pág. 145

[1] Enviado (e dedicado) a P. Demeny em nova carta, de 10.06.1871. Incontestável obra-prima da poesia universal, este poema contém, em sua síntese dialética, um tratamento quase cinematográfico de flashes que se justapõem para criar o painel de toda uma vida-experiência compactada num curtíssimo espaço de exposição.

[2] *Éminences*. Essas proeminências, elevações ou protuberâncias da face têm sido interpretadas de várias maneiras: B. de Lacoste acha que se referem às predisposições da criança, à sua "queda" ou inclinação, por exemplo, para os estudos. Outros críticos tomam-nas no sentido frenológico, de um crânio estruturalmente mais desenvolvido, denotando genialidade. Outros, ainda, invocam a acepção hormono-dermatológica de acne, "espinhas" faciais, denotativas da puberdade, embora aqui, cronologicamente, inaplicável. Numa de nossas versões havíamos escrito

Em seus olhos azuis, sob as plenas radiâncias
Da face

mas cremos que com "protuberâncias" conseguimos englobar mais de um sentido. O mesmo ocorre com a interpretação do sintagma "acres hipocrisias", que para o psicanalista Alain de Mijola designa a prática de masturbação do menino-poeta.

[3] *Voyait des points*. Literalmente, via pontos. R. refere-se ao tique de esfregar os olhos para provocar fosfenas, impressões ou manchas ou pontos luminosos, como constelações. Há nova menção a essa prática mais adiante no poema.

[4] A utilização das latrinas como anseio de privacidade e de reduto de iniciação sexual será de novo mencionada em *As Primeiras Comunhões*.

[5] *Ilunait*, tornar-se claro com a luz da lua, é criação de R. Correspondemos com aluarava.

[6] *Foire* aqui significa fezes.

[7] Compunha romances pode aqui significar que o fazia mentalmente apenas, com auxílio das revistas ilustradas, que serviam de alimento às suas criações romanescas, bem como às suas fantasias eróticas.

[8] *Indiennes* aqui significa chita, tecido que então se fabricava na Índia.

[9] Essa premonição da vela, do navio, das viagens, é tanto mais significativa quando se tem em mente a futura composição de *O barco ébrio* e o destino via-

jeiro de R. Para corresponder ao virtuosismo rímico empregado neste poema, em que R. utiliza inclusive palavras homófonas (traits, très; poings, points), recorremos a alguns artifícios semelhantes (quê, que; E no, menino).

OS POBRES NA IGREJA — pág. 149

[1] Também nesta poesia, enviada a Demeny na carta de 10 de junho, há um ataque feroz contra o conformismo religioso, em que a sátira é acentuada pela utilização de palavras inusuais ao lado de termos eclesiásticos e populares. Mas o sarcasmo transborda dos pobres miseráveis e conformados, das mulheres do povo interioranas que freqüentam a igreja como uma espécie de estação de repouso para os seus labores domésticos, e vai atingir a fatuidade das *patronesses* que vêm exibir seus vestidos de seda, bem como as crianças ricas que entram desfilando com enormes chapéus. De início, há uma oposição entre os pobres que estão embaixo, acurralados entre os bancos, como se fossem animais, e os meninos-cantores, no alto do coro reluzente de ouropéis .

[2] *Puamment* é de utilização rara. Traduzimos por fétido.

[3] *Orrie* é neologismo rimbaldiano, com valor de dourados, ouropéis. Correspondemos com o verbo oirar, de uso raro.

[4] *la maîtrise* é aqui o mestre de coro, o mestre-capela que arranca das goelas dos meninos cantores os hinos religiosos. R. joga com o contraste goelas esgoelantes e cânticos piedosos, que procuramos preservar com goelas vis e cânticos piedosos, regido pelo verbo harpeja, que ironicamente insinua a idéia de arqueja.

[5] *Humant l'odeur de cire:* como em *Os Alumbrados*, que aspiram avidamente o perfume do pão, aqui os pobres aspiram o da cera, que representa o mesmo sonho irrealizável.

[6] *Dehors, le froid etc.* Este verso está quebrado, é um decassílabo. R. naturalmente saltou alguma palavra ao copiá-lo. B. de Lacoste acrescenta a palavra *la nuit* (a noite), mas A. Adam preferiu reverter à forma anterior. Na tradução a falha não ocorre.

[7] *Fanons* são as barbelas dos animais. O termo é mais forte que papadas, só aplicável ao ser humano.

[8] Estupores. Usamos aqui uma antiga expressão do interior para designar as crianças debilóides ou disléxicas. (Cf. Nascer com ar de estupor).

[9] *Fringalant*. Quase todos os comentaristas acreditam tratar-se de invenção de R. que teria forjado a palavra a partir de *fringale*, necessidade irresistível de comer. Jeancolas, no entanto, descobriu que a expressão figura na linguagem popular ardenense com o significado de saltar alegremente derrapando (nas brincadeiras infantis). Essa acepção, que adotamos, se encaixa melhor no contexto, em que os cegos ou pessoas de vista muito curta vão saltando as páginas do missal na ânsia de ler. "Estamos num universo mais volátil e lúdico", remata Jeancolas. No texto de R. os cegos são levados até o adro da igreja pelos seus cães de guia. Na tradução, traídos por alguma memória de infância, fizemo-los chegar até a sacristia, seguindo possivelmente a atmosfera volátil e lúdica a que se refere Jeancolas.

[10] Pandus. É forma regional, corruptela de pandulho ou bandulho, que significa pança, ventre obeso.

[11] Esse "Jesus!" é uma superafetação das damas ictéricas (sofredoras de doenças do fígado, enfermidade supostamente dos ricos), mas indica igualmente uma incorporação de Deus à sua classe.

CORAÇÃO LOGRADO — pág. 153

[1] Poema enviado a Izambard a 13 de maio de 1871 com o título de *Le Coeur supplicié* (Coração supliciado) e a 10 de junho do mesmo ano a Demeny com o de *Le Coeur du pitre* (Coração do palhaço). A forma *Le Coeur volé* (Coração logrado), que adotamos, está na cópia de Verlaine, de outubro de 1871. Um dos textos mais importantes do chamado período "pré-hermético", nele R. curiosamente utiliza uma forma fixa de poesia, o triolé (estrofe de oito versos em que o primeiro se repete após o terceiro, e os dois primeiros após o sexto) para transmitir a impressão do que, para a maioria dos críticos, é o resultado angustiante e alusivo de uma experiência crucial do poeta. Já outros, entre os quais Steve Murphy, se recusam a ver no poema um simples "relato biográfico" e o situam na mesma linha de *Minhas pobres namoradas*, *Canto de guerra parisiense*, *Agachamentos* e *Os poetas de sete anos*, em que R. "não somente chega a uma teoria geral visando à criação de uma poesia revolucionária, mas de fato produz alguns poemas bastante inovadores de uma nova visão fundada na utilização de técnicas de deformação imagística, tomadas de empréstimo à caricatura e à gíria". Dentre os poemas de R., talvez somente *Vogais* levantou maior número de discussões e hipóteses, a começar pela sua datação. Se experiência pessoal em que participa como personagem central ou mero espectador, a verdade é que, ao transformar essa impressão em poesia, R. consegue transmitir toda a náusea de uma extrema afronta (explícita a partir do título) "por meio de uma extraordinária mestria técnica manifesta em sua capacidade de aprisionar a confissão oblíqua, fragmentária e patética nas malhas tirânicas de uma estrofe arcaica"(Margoni). Decepcionado com a derrota da Comuna, em que punha de início as suas esperanças de uma "liberdade livre" em termos sociais, R. sente agora "um horror de si mesmo, uma náusea absoluta, que o separa de todas as suas antigas ambições, de todos os seus projetos e ideais, deixando-lhe como via de saída apenas o paradoxo ou a morte" (Y. Bonnefoy).
[2] *Caporal* é uma qualidade de fumo de mascar, mas significa igualmente cabo-de-esquadra, patente naval. R. joga aqui com os dois significados da palavra para caracterizar o ambiente militar em que a cena se desenrola.
[3] Itifálicos. Alusão aos amuletos priápicos, que figuravam nas festas antigas de Baco (ou Dionísio). *Pioupiesques* é criação de R. a partir do substantivo *pioupiou* (soldado raso), palavra já mencionada antes em *À música* e *A estrondosa vitória de Sarrebruck*.
[4] Abracadabrantescos. Igualmente forjada por ele, a partir do substantivo, tem aqui significado especial: S. Briet relata que R. quando menino introduziu em sua gramática escolar um marca-páginas de papel recoberto pelo triângulo mágico, nele escrevendo "para proteger da febre". Os fluxos abracadabrantescos seriam, no caso, exorcismos de purificação.
Observamos a forma fixa do triolé. Texto adotado: o da edição de Suzanne Bernard (cópia de Verlaine).

A ORGIA PARISIENSE — pág. 155

[1] Poema enviado a Verlaine em agosto de 1871. Faz parte, com *O canto de guerra parisiense* e *As mãos de Jeanne-Marie*, do tríptico consagrado à Comuna. Aqui novamente discussões sobre se se trata do retorno dos Rurais (ou Rústicos) após a queda da Comuna e a feroz repressão por parte das forças reacionárias triunfantes (cerca de 20 mil execuções), suas festas e orgias — ou, conforme argumentam M. Ruff e A. Adam, se o que está em causa é o fim das hostilidades entre a França e a Alemanha e a alegria escandalosa das manifestações de certas camadas da sociedade.

[2] Ei-la aqui. Para A. Adam, R. designa A Liberdade; para outros comentaristas, está se referindo a Paris, que vem, em seguida, claramente mencionada como A cidade santa assentada a ocidente, R. utilizando uma linguagem bíblica para fazer de Paris a contraparte leiga e revolucionária da Jerusalém (a oriente) dos cruzados.

[3] Os Bárbaros, de acordo com as interpretações acima, tanto podem ser os prussianos que desfilaram a 1º de março de 1871 nos Champs Elysées, quanto os *communards*, pois o poema põe em foco todos os burgueses que retornaram à cidade após os motins e só pensam em voltar à vida de prazeres; mas aquele *Dégorgez les gares*, segundo S. Bernard, só pode se referir ao retorno dos burgueses "versalheses" após o restabelecimento da ordem.

[4] As bombas da artilharia dos versalheses.

[5] As prostitutas.

[6] Os Estriges são aves predadoras e noturnas; as Cariátides, obviamente, os símbolos do esplendor das civilizações antigas.

[7] Este verso vai ecoar no *Barco ébrio*.

Traduzido em alexandrinos regulares brancos.

AS MÃOS DE JEANNE-MARIE — pág 161

[1] O manuscrito desta poesia, mencionada por Verlaine em *Les poètes maudits*, esteve perdido até 1919, quando Raoul Bonnet o reencontrou. R. vê na figura da *pétroleuse*, a resistente das barricadas, a imagem ideal da mulher do futuro, liberta da submissão e do servilismo que havia em seus tradicionais papéis de esposa e mãe, colocando-a moral e praticamente ao nível do homem. Do ponto de vista estilístico representa crítica e reação ao vezo parnasiano de exaltar a brancura e delicadeza das mãos senhoris.

[2] Atanar significa curtir com tanino, o que provoca uma cor acobreada.

[3] Juanna é talvez alusão ao poema de Musset À *Juanna*; M. Mouquet levanta a hipótese (para nós nada convincente) de que R. quisesse nela encarnar um Don Juan feminino. Em 1963, Édith Thomas menciona em sua obra *Les Pétroleuses* a existência de uma *communarde* de nome Anne-Marie Menand, apelidada Jeanne-Marie, que, após a Comuna, foi condenada à morte, tendo tido a pena comutada: teria sido essa a musa revolucionária de R.?

[4] S. Bernard se pergunta se esse nome espanhol, Juanna, não estaria ligado mentalmente à figura de uma Carmen revolucionária, considerando o verso Terão enrolado charutos?

[5] Esse negro sangrar da beladona (que é venenosa) deve ser entendido em

relação à morte que essas mãos são suceptíveis de causar, já que, mais adiante, se fala em "Mãos que decantam os venenos" e em "Podem vos enforcar, madames."

6 Esta quadra pode admitir a seguinte decodificação: Serão caçadoras de apiários de onde as abelhas diligentes em nuvens azuis zumbem à procura de mel ou mãos que, ao contrário, destilam venenos? Mas há outras interpretações, entre as quais uma simplesmente botânica que diz ser *le petit aurore bleu* um mero cogumelo (!). Em R. a polissemia pode chegar a extremos surpreendentes...

7 Pandiculações. O latinista R. em ação, introduzindo aqui um termo médico: "Movimento automático dos braços para o alto, com a cabeça e o tronco inclinados para a frente, seguido de extensão abdominal" (Littré). Menos enciclopedicamente, o ato de espreguiçar.

8 Khenghavar, segundo os comentaristas, não figura nos atlas geográficos, podendo tratar-se de Kengawer, cidade do Iran.

9 Os Eleisons. As mulheres da Comuna não se refugiam covardemente à sombra dos altares, mas lutam com suas forças pelas causas reais.

10 Esses versos parecem de difícil interpretação: querem dizer que o fulgor dessas mãos ofusca os olhos das ovelhas (lembrar-se da palavra *darne*, regionalismo frequente em R., que significa precisamente esse ofuscamento)? ou aqui ovelhas se refere às pessoas acomodadas?

11 Suzane Bernard: "Estas três últimas estrofes fazem alusão à Comuna e às repressões que se seguiram à Semana sangrenta. Os prisioneiros eram encaminhados a Versalhes, manietados, em grupos de quatro [Gritam grilhões de alvos anéis], sendo insultados e batidos por uma multidão de gente de bem [Fazendo-vos sangrar os dedos]". Observadas a métrica e a rima originais.

AS IRMÃS DE CARIDADE — pág. 167

1 A crítica observa que esta composição (enviada a Verlaine em agosto de 1871) é de conteúdo romântico e de inspiração literária, em que se destacam influências de Vigny, Baudelaire e Glatigny. De fato, havendo escrito a seu amigo Demeny (17.4.71): "Há miseráveis que, mulher ou idéia, jamais encontrarão a irmã de caridade", R. aqui, dentro de um esquema puramente romântico, fala na terceira pessoa, transferindo para um exarcebado vate de vinte anos sua própria decepção diante do mundo, que pensava poder transformar em reino de Justiça e Amor; reconhecendo a falência de seus ideais, não encontrando na mulher a "alma gêmea" capaz de corresponder aos seus anseios de infinito e de lhe apaziguar as aflições da alma, volta-se contra ela numa atitude que revela ao mesmo tempo piedade e escárneo, para finalmente invocar a Morte como a única e verdadeira irmã de caridade, o término de toda a dor e do esforço inútil. Clichês que só o virtuosismo de R. poderiam transformar num poema razoável.

2 Literalmente: Cega indespertada de pupilas imensas.

3 A Musa verde e a Justiça flamante. Para a maioria, a Natureza e a Revolução. Para Adam e Jeancolas, no entanto, a Musa verde é o absinto.

4 Etiemble critica o uso do adjetivo almos em francês, que acha um tanto ridículo e acanhado. Em português, mantido aqui de propósito, tem a mesma conotação preciosa, servindo comumente de cavilha, valendo lembrar os comentários que Manuel Bandeira faz a esse respeito no capítulo inicial de "Flauta de

Papel"(Gralhas).
Traduzido com a métrica e esquema rímico originais.

VOGAIS— pág. 171.

[1] Esta é inquestionavelmente a composição de R. sobre a qual surgiram as interpretações mais díspares e absurdas. Etiemble chegou a escrever um livro inteiro para criticá-las (*Le Sonnet des Voyelles— de l'audition colorée à la vision érotique* — Gallimard — 1968), em que analisa inclusive algumas traduções do soneto e chega a citar o hilariante *Tratado de metrificação portuguesa* (capítulo XIX), onde Castilho fala da Índole das letras vogais! De todo impossível, pela falta de espaço, entrar na avaliação das hipóteses de motivação e significado do soneto, levantadas pelas várias teorias que vão desde o mais rigoroso cientificismo até a mais estapafúrdia alucinação, cingimo-nos a mencionar algumas: teoria da "audição ótico-cromática", apreciada pelos simbolistas mais audazes como René Ghil; a de H. Guillemin, baseada na sinestesia das *correspondences* baudelairianas; a de E. Gaubert, a partir da descoberta de um abecedário com as letras capitulares coloridas, que poderia ter servido de inspiração a Rimbaud; a ocultística-esotérica-cabalística, defendida por Gengoux e acirradamente contraposta por Etiemble e Octave Nadal... Embora R. tivesse consciência de sua *invenção* a ponto de afirmá-lo taxativamente em *Uma estadia no inferno* ("Inventei a cor das vogais!"), existe o testemunho de Verlaine de que não a levava muito a sério, pouco lhe importando que o A fosse de uma ou de outra cor ("Eu que conheci Rimbaud, sei que estava pouco rasgando se o A fosse vermelho ou verde. Via-o assim e pronto!"). Se assim era, talvez Chedwick tenha razão ao imaginar que R. simplesmente atribuiu uma cor qualquer, arbitrária, a cada vogal, e calçou essa afirmação poética com imagens, igualmente aleatórias, em que tal cor predominava (branco: tendas; vermelho: sangue; verde: pastos, etc.). Etiemble ressalta o caráter *pessoal* da atribuição (cada pessoa reagiria à sua maneira se tivesse de proceder a essa classificação) e as implicações linguísticas com sua passagem a outros idiomas, onde o U, por exemplo, não tem o mesmo som que em francês; consideradas a hipótese de Chedwick e a arbitrariedade mencionada por Verlaine, essa objeção perde a razão de ser, a "audição" colorida passando mais genericamente a uma "impressão" colorida.

[2] Essas *naissances latentes* (fontes latentes) já representam, em si, uma declaração programática: R. estabelece, desde o início, o sentido da poesia, que é o de expressar intuitivamente tais "latências" pelo estabelecimento de analogias entre as letras, as cores e as imagens.

[3] *Bombinent*. Criação de R. com o significado de *bourdonner* (zumbir, emitindo nota grave [bordão]), já empregado em *As mãos de Jeanne-Marie*, onde o traduzimos simplesmente por zumbem. Aqui utilizamos o verbo raro varejar, com seu sentido regional (MG) de zumbir ou revoar em torno de alguma coisa, como fazem as moscas varejeiras. R. ama as palavras raras, as criações preciosas, o que é necessário corresponder-se na tradução.

[4] *Rois blancs, frissons d'ombelles* (reis brancos, tremular de umbelas). Fundimos as duas imagens em uma, já que é impossível salvar todos os elementos em jogo. Saiba o leitor, no entanto, que esses reis, na interpretação de Ernest

Gaubert, podem ser os emires que, no alfabeto por ele estudado, ilustram a letra E.

5 Esse púrpuras, no plural, é de importância: pode indicar, segundo S. Bernard, não a cor propriamente, mas os tecidos dessa cor.

6 Seus Olhos, com maiúsculas, são interpretados como os olhos de Deus pela maioria dos críticos (à frente J.-B. Barrère); mas há a hipótese, não de todo convincente, de Delahaye e Pierquin, de que se tratam dos olhos da misteriosa "jovem de olhar violeta" que teria seguido R. a Paris em fevereiro de 1871. Embora R. se refira à Mulher usando maiúscula (cf. À Ela, de *A ver-nos no inverno*), é pouco provável que o contexto do poema permita qualquer intromissão amorosa, a julgar pelo terceto final que, segundo a insuspeita opinião de Etiemble, "só pode evocar o espaço cristão, a hora do Julgamento final". Obedecemos ao esquema abba baab ccd eed do original. Talvez o poema de R. mais traduzido entre nós: Brant Horta, Pethion de Villar [paráfrase], Celso Vieira, Gondim da Fonseca, Onestaldo de Pennafort, Péricles Eugênio da Silva Ramos, José Lino Grünewald e Augusto de Campos.

[A ESTRELA CHOROU ROSA...] — pág. 171

1 Na cópia de Verlaine esta quadra se encontra na mesma página em que está o soneto das Vogais, dele separada apenas por um traço horizontal, o que levou Mme. E. Noulet a sugerir que fosse um complemento da poesia precedente por elaborar o mesmo tipo de cromatismo: "O que distingue esta quadra é a sua composição em quadrados, sua deslumbrante enumeração de quatro vezes quatro palavras que se lêem tanto verticalmente quanto em linha, e em que cada quadrado representa ao mesmo tempo um mundo e uma categoria do discurso, numa sequência duplamente paralela: substância — ação — cores — lugares sensíveis do amor:

L'étoile	a pleuré	rose	au coeur	de tes oreilles,
L'infini	roulé	blanc	de ta nuque	à tes reins;.
La mer	a perlé	rousse	à tes mammes	vermeilles.
Et l'Homme	saigné	noir	à ton flanc	souverain."

S. Bernard revelou que se trata de um "brasão" do corpo feminino, já utilizado na literatura européia do séc. XVI, que seria retomado pelos simbolistas. Damos abaixo outra versão, de maior legibilidade, mas que não observa o paralelismo equacionado acima:

> Rosa — a estrela chorou dentro em tuas orelhas,
> Da nuca aos teus quadris o espaço rolou — branco;
> O mar perolou — rubro — em tuas mamas vermelhas
> E — negro — o Homem sangrou teu poderoso flanco.

Também traduzido por José Paulo Paes e Augusto de Campos.

[O HOMEM JUSTO] — pág. 173

[1] Originariamente sem título, na cópia de Verlaine o poema aparece com alguns "saltos", restaurados na edição de P. Hartmann (1957), com base em manuscrito autógrafo descoberto por Marcel Coulon. Ao que tudo indica, o original terminava pelo verso *Et de sa drague en feu laisse couler les astres* (tr. Com sua draga em fogo a esparramar estrelas), o que o torna mais conciso e coerente. "Esta importante poesia", diz S. Bernard, é testemunho da revolta anti-cristã de R., blasfematória ao extremo limite... e com um fausto verbal que lembra Lautréamont". E Adam: "Deduz-se dos versos 36-39 que R. nos conta um pesadelo: um fantasma, um íncubo noturno aparece ao poeta: é o Velho, o Justo. Encarna todas as forças de aceitação que pretendem curvar o homem sob o jugo seja de Sócrates ou Jesus, ou de qualquer outro. R. se rebela contra esse símbolo de qualquer submissão, pois que era o homem da Revolta, o Maldito". Há críticos que associam Victor Hugo à imagem desse Justo. Os versos da segunda e terceira estrofes (Volta para casa /Vender as joelheiras) fazem-nos pensar, no entanto, no pai de R., impressão que se acentua com aquele Garganta engravatada de vergonha.

[2] Observar o emprego de termos científicos em profusão, como que para acentuar sua modernidade: bólidos, asteróides — em oposição a expressões de gosto litúrgico tais como expiação, ostiário, peregrino.
Flueurs. Termo inusitado em francês, que Littré consigna como sinônimo de mênstruos, menstruação.

[3] Ostiário significa "porteiro do templo", mas aqui parece empregado no sentido de "porta". Diana Grani Fiori chama a atenção para a assonância com "hóstia".

[4] Bardo de Armor. A apóstrofe parece dirigida a vários tipos de justos: um peregrino, um bardo (no caso, Ossian), o Cristo (*Pleureur des Oliviers*, literalmente o choroso das Oliveiras).

[5] *Lice* é a fêmea do cão de caça. À falta de termo específico em português, traduzimos simplesmente por "cadela", que enfatiza o verso.

[6] *Becs de canne*. Eis outra expressão de R. sobre a qual muito se tem discutido. *Canne* em francês é bengala (que era em geral feita de cana-da-Índia). Daí alguns emendarem a palavra para *cane* (fêmea do pato), julgando corrigir um erro ortográfico de R. As bengalas às vezes terminavam com empunhadeiras afiladas como bicos de pato, muitas delas esculpidas. R. pode estar se referindo aos velhos enfermiços, que se apóiam em bengalas para andar. Mas há outras versões, bastante especiosas, como a de Jeancollas, que, à luz (?) da gíria, interpreta *canne* com o significado de delator *e fracassé* com o de endomingado (vestido de fraque).

[7] Grés é o mesmo que argila. R. fala em ventres de barro e o verbo empregado é bem mais forte que defecar.
Traduzido em alexandrinos regulares, brancos.

O QUE DIZEM AO POETA A RESPEITO DAS FLORES — pág. 177

[1] Eis um dos poemas emblemáticos de R., verdadeira profissão de fé poética, anúncio de uma poesia "trabalhadora", participante. Um ano depois de haver

escrito uma quase ingênua carta a Théodore de Banville (24.5.1870) à qual juntava seus "hexâmetros mitológicos" (*Credo in unam*), R. volta à carga (15.8.1871) com esta ambivalente crítica-exaltação a seu ídolo, a quem submete o poema (com o pseudônimo de Alcides Bava, sintomático!) e pergunta no fim: Terei progredido? O poema é uma "gozação" aos temas-clichês parnasianos e românticos, tais como o lírio, o lótus, o helianto, etc. aos quais R. contrapõe, neste seu manifesto anti-parnasiano, o açúcar, o sagu, o guano, proclamando a necessidade de uma poesia nova em que o poeta seja um conhecedor das ciências ("Não podes, ou não deves acaso/Saber um pouco de botânica?") e produza uma poesia livre porque "a Arte não pode permitir ao eucalipto portentoso as constrições de um hexâmetro". "Está fora de dúvida que R. quisesse escrever ironicamente, obliquamente, uma espécie de *ars poetica*" (Y. Bonnefoy), empenhado que estava na tentativa de "criar uma língua".

[2] O início é uma espécie de paródia a *O Lago*, de Lamartine: *Ainsi toujours poussés vers de nouveaux rivages* (literalmente, Assim sempre impelidos para novas plagas).

[3] R. compara os lírios às clisiobombas ou seringas de lavagem, para assim denegrir a imagem etérea, cara à poesia clássica.

[4] O sagu é uma fécula amilácea extraída do cerne do sagüeiro (palmeira). R. está opondo às "plantas contemplativas" as "trabalhadoras", aquelas que produzem alimentos ou substâncias úteis.

[5] Kerdel. Poeta monárquico e católico. Seu lírio aqui se identifica com a flor-de-lis, símbolo da monarquia francesa.

[6] Flores brancas. Atentar para a duplicidade de sentido.

[7] A. Adam entende que esse Caro não pode se aplicar a Banville. Como o título é dúbio (O que dizem ao poeta...), R. ora fala a Banville, ora ouve os burgueses que se dirigem a ele (ou aos poetas).

[8] Oitavas. Alusão à redondilha maior ou verso de oito sílabas (S. Bernard).

[9] *Lorettes*: prostitutas de classe, que para atrair os clientes se punham à janela de mansões de luxo (a palavra vem de Notre-Dame de Lorette, o bairro em que elas se concentravam). R. talvez queira dizer que a ode religiosa (Açoka tomado aqui num sentido místico) é tão hipócrita quanto o falso ar de respeitabilidade das dondocas.

[10] As grandes borboletas fúlgidas seriam os poetastros que acreditam fazer poesia com argumentos banais e destituídos de interesse, como as margaridas dos prados.

[11] Grandville, Gérard (1803-1847), desenhista e gravurista que R. detestava.

[12] Açoka. Árvore sagrada venerada pelos hindus.

[13] O Caçador (*blanc Chasseur*) é o poeta parnasiano, que corre atrás das rimas.

[14] Guano: acumulação de fosfato de cálcio formado do excremento de aves marinhas.

[15] Oises. Há divergência sobre a identificação desse rio e o sentido que assume na poesia de R. Para nós significa o rio da província ao qual o poeta associa as idéias de mesmidão e retardo. R. parece neste trecho dizer que não adianta simplesmente substituir uma paisagem por outra, como Leconte de Lisle que compôs uma série de poemas sobre os países tropicais e outra sobre os países nórdicos. Tudo acaba sendo de um extravagante provincianismo. É necessário criar uma poesia nova. Os versos que se seguem parecem indicar como R. imaginava essa poesia.

[16] *Incague*. Termo chulo, traduzido como tal.

[17] *Abatis.* Literalmente, miúdos (de aves). Alguns críticos vêem um jogo de palavras em *mangliers* (mangues ou manguais) e *sangliers* (javalis). Preferimos ficar com a explicação de Jeancolas, que inclusive dá sentido ao Sirvam teus versos de reclame: "Os *abatis* são provavelmente pedaços das cascas e da ramaria [dessas árvores dos mangues] que servem para a indústria do curtume, da tinturaria e da medicina". Usamos despojos, no sentido consignado por Aurélio: 2. O que caiu ou se arrancou, tendo servido de revestimento ou adorno.

[18] Peitorais. Xaropes despectorantes. A palavra *pectoraires* é invenção de R. A forma francesa usual seria *pectoraux.*

[19] A garança é uma planta tintorial que fornece o pigmento vermelho com que então se tingiam as calças usadas no exército francês.

[20] A bela sonoridade deste verso, *Trouve, aux abords du bois qui dort,* parece ecoar de *Tête de faune.* Embora tivéssemos traduzido o poema sem rimas, aqui, pelo menos, tentamos correponder com Que aches no bosque após que dorme.

[21] Amígdalas (etim. "pequena amêndoa") têm aqui o duplo sentido do órgão linfóide da garganta e de amigdalóides, termo de mineralogia para designar a rocha ígnea, em geral basáltica, que apresenta cavidades com feitio de amêndoas, as quais por vezes se enchem de minerais diversos. O adjetivo gemosas é criação de R. a partir de gema, pedra preciosa.

[22] *Vermeil* (palavra incorporada à língua) é a prata dourada, usada em pratos, vasos e talheres de luxo. R. utiliza-a em oposição a alfenide, uma liga vulgar que imita a prata, o mesmo que alpaca, empregada na fabricação de talheres comuns.

[23] O gato Murr: personagem dos contos de Hoffmann, muito apreciada por Baudelaire. Usado para efeito de rima rara (Murr, amour), já antes utilizada por Banville. Tirsos, para S. Bernard, "faz pensar em Baco e nos cultos antigos, com uma nuance cristã sugerida pelo *azuis*".

[24] Tréguier é a cidade natal de Renan e Paramaribo, obviamente, a capital do Suriname. O sentido da frase: de um extremo a outro, desde a Europa cientificista ao trópico selvagem.

[25] Figuier é autor de vários livros ilustrados de divulgação científica, entre os quais *As maravilhas da ciência* e *A história das plantas*, lançados pela célebre editora Hachette, de Paris.

Observada a métrica octossilábica, mas sem rimas (v. 20).

AS PRIMEIRAS COMUNHÕES — pág. 189

[1] Juntamente com *O ferreiro*, esta é a mais longa poesia narrativa de R., verdadeiro painel anticlerical e anti-religioso, impregnado pelo conceito de que a mulher é moralmente pervertida por culpa da religião que sempre dela fez um objeto de vergonha e pecado, educando-a numa atmosfera de misticismo erótico que lhe degrada a alma desde a mais tenra infância,afastando-a dos instintos normais para o amor místico. Mas — diz Margoni — comparada com os gritos histéricos de *O homem justo*, esta "narrativa" revela um aprofundamento notável dos temas anticristãos. Texto: cópia de Verlaine, em setembro de 1871 , provavelmente reconstituído de memória.

[2] Negro pregador. O padre de batina.

[3] *Rosiers fuireux* é regionalismo ardenense para designar a roseira-brava.

[4] Menino-do-Tambor. Há divergentes interpretações: 1) um quadro de David, representando Joseph Bara, que aos treze anos (em 1793) se engajou nas linhas republicanas da guerra da Vendéia; 2) o príncipe imperial vestido de *petit tambour*. A segunda hipótese parece mais provável, dado o paralelismo com Napoleão.

[5] *Deux cartes*. Nova divergência: retratos ou certidões de casamento (Gengoux); mapas geográficos (S. Bernard); certificados escolares ou diplomas de primeira comunhão (outros). Só a hipótese Bernard explica o antecedente: E à qual a ciência, um dia ajuntará...

[6] Este verso, para nós, ecoa o de *Agachamentos*: Nariz a perseguir Vênus no céu profundo, e tem um latente sentido erótico.

[7] Os críticos assinalam a rima aparentemente repetida: catequistas/Catequistas, e chamam a atenção para um possível engano de R. que emprega catequistas (o que ministra instrução religiosa) em lugar de catecúmenos (os que a recebem). Cremos que R. procedeu intencionalmente, usando a maiúscula para o ensinante e a minúscula para o aluno de catecismo. Nos tempos de catecismo (falamos de meio século atrás!) no interior, talvez pela dificuldade ou estranheza daquele catecúmeno, que soava um tanto funéreo (catacumba), catequista era usado tanto para o mestre quanto para o discípulo. Pode ainda tratar-se de um erro de cópia de V., pois os versos que rimam são muito semelhantes.

[8] Irmãs estultas. A comunhante supõe " roubar" o amor de Jesus às outras catecúmenas e se sente a "eleita". Nítidas aqui tem o sentido de nitentes, resplandecentes.

[9] Adonai: nome hebraico de Deus. Entende-se mal por que R. fala em seguida em sufixos latinos.

[10] *Bleuités*. Raro como s., possível criação de R. Acompanhamos com azulidades.

[11] Esses sonhos de erotismo religioso eram materializados, à época, pelas gravuras de Félicien Rops (L. Forestier).

[12] Babar. Já vimos a obsessão de R. por esse verbo, que emprega com variados sentidos, sempre em alusões oblíquas.

[13] *Rideaux illunés*: as cortinas da janela iluminadas pela lua. Já vimos que esse adjetivo é criação de R. Correspondemos com alunadas.

[14] Há neste verso um eco de *Os poetas de sete anos*.

[15] Há unanimidade da crítica em achar que esses porcos imbecis se refere aos padres.

[16] Há aqui um corte brusco, que alguns comentaristas atribuem à possível falta de alguns versos. A partir desta quadra, é preciso levar-se em conta que a adolescente se tornou mulher e tem um amante, a quem está falando.

[17] Cefalalgia é termo médico para dor de cabeça. R. incursionando novamente pela terminologia científica. Mantivemos, por necessário.

Traduzido em alexandrinos regulares, brancos.

AS CATADEIRAS DE PIOLHOS — pág. 201

[1] Deste poema não existe autógrafo nem cópia de Verlaine, que o publicou no entanto em *Les poètes maudits*. A existência de dois manuscritos perdidos é atestada por Louis Pierquin a quem Isabelle Rimbaud teria confiado um deles após a morte do irmão e por Mathilde Verlaine que teria encontrado outro, em 1872, entre os papéis do marido. Mas há hoje suficiente evidência de que o poema teria sido escrito durante os dias passados pelo poeta em Douai (set. 1870), em casa das senhoritas Gindre, tias de Izambard, embora A. Adam se insurja contra essa admissão geral, baseado em que o estudo estilístico do poema o leva a ser datado de meados de 1871. Isto, contudo, não invalida a asserção de que as senhoritas Gindre seriam as "duas irmãs atentas", mais ainda quando se sabe que Izambard, no invólucro das cartas que endereçou às tias, havia escrito:"CAROLINE. La Chercheuse de Poux".
Sem outro comentário, transcrevemos a impressão definitiva de I. Margoni sobre o poema: "Sublimar poeticamente o cotidiano por vil que fosse este, era típico de Baudelaire, e baudelairiana é indiscutivelmente a atmosfera desta composição. Há nela uma musicalidade refinada e persuasiva, ritmo lento e solene, naturalidade perfeita das imagens audazes mas aderentes ao discurso e quase geradas pelo seu fluxo. Tudo aqui compõe um clima de mágico realismo, com algo de elegantemente mórbido e narcisístico que prenuncia o decadentismo mais precioso. A situação ignóbil é pois fortemente estilizada (todo o jogo está nisso, obviamente), e um sutil erotismo, quase um abandono, por ela perpassa. O que mais nos toca é talvez o fato de que a sublimação tende para uma direção mística e esse ponto de vista é realizado, sem hesitações, do primeiro ao último verso. O menino piolhento, entregue à piedade das mulheres, torna-se assim um símbolo vivo do drama da adolescência, de seus langores, sua acidiosa melancolia, ignara mas profunda e amorosa sempre".
[2] *Paresse* é literalmente preguiça. Traduzimos por Moleza, no sentido próprio de apatia, para evitar a semelhança vocal (preguiça/delícias) no mesmo verso, neste poema de R. em que as harmonias devem ser mais que nunca respeitadas. Tradução completa: metro e rima.
Também traduzido por R. Magalhães Júnior e A. Herculano de Carvalho.

O BARCO ÉBRIO — pag. 203

[1] Comecemos pelo título: antes de mais nada, procuramos evitar a fácil aliteração barco bêbedo, que não existe em francês. Preferimos o adjetivo "ébrio", calcado na mesma raiz latina e "fisionomicamente" parecido com *ivre*, por acharmos, pessoalmente, que este pressupõe, de imediato, o sentido de ebriez espiritual só secundariamente proposto por "bêbado". *Se* quisesse limitar o significado do termo, R. teria dito *bateau soûl*. Estamos num barco doido, embriagado de infinito, navegando ao léu "para chegar ao Insabido". E o barco é o "Eu", Rimbaud, ou seja: a Poesia.
Quando, em fins de setembro de 1871, R. segue para Paris a convite de Verlaine, a quem não conhecia, leva consigo "embaixo do braço" este poema-passaporte com que pretende fazer sua *entrée* na capital ("Eis o que fiz para

lhes apresentar à chegada", teria dito a Delahaye.). R., que jamais vira o mar, serve-se de impressões extraídas de leituras para compor este hino à adolescência, este grito de "terra à vista", saudando a descoberta de uma nova poesia. Seja onde tenha buscado inspiração, o fato é que isso "não impediu R. de escrever uma obra que possui um timbre único, ao mesmo tempo pelo valor do símbolo e pela beleza e novidade das imagens e ritmos" (S. Bernard). Valor que o próprio poeta reconhecia, pois, segundo ainda Delahaye, R. lhe dissera após a leitura do poema:"É verdade, bem sei que até agora ninguém escreveu nada semelhante". Conta Verlaine que R., admirador de Banville, em quem se inspirou mais de uma vez, foi apresentar-lhe o poema e, após a leitura, o mestre parnasiano aconselhou-o a começá-lo por *Je suis comme un bateau...* Reação de R., ao sair, já na rua, com referência a Banville: *Vieux con!* ("Velho babaca!).

Poema-identidade, é natural que, a par dos exaltadores mais descabelados, surgissem igualmente os que, por frustração ou exibicionismo, procurassem reduzi-lo a um simples lugar-comum. Como Etiemble, por exemplo, que o considera um montão de clichês parnasianos. Pierre Brunel assinala que está se tornando "moda" a adoção de certo ar distante e desdenhoso em relação ao poema, como no caso de um Robert Flaurisson, que o tenta reduzir a simples narrativa escolar, e mesmo no de um crítico da envergadura de Yves Bonnefoy, que a ele prefere *O que dizem ao poeta a respeito das flores.* "Quanto a mim" — remata Brunel — "não posso esquecer a emoção primeira, e o que ouço ainda hoje dessas quadras que, do fundo de meu passado sobem para mim como vagas do mar, é a própria voz da adolescência". Enid Starkie, a biógrafa exemplar, assim resume essa experiência inédita: "Dispõe do mesmo estonteante virtuosismo verbal que se encontra em *O que dizem ao poeta a respeito das flores,* a mesma originalidade na invenção de palavras que se ajustem a seu propósito, a mesma audaciosa escolha de imagens e metáforas, mas sem a ironia daquele; inspira-se numa profunda experiência emocional e espiritual. É também uma antologia de pedras-de-toque, de versos soltos, de grande magia evocativa que permanecem na lembrança, como jóias isoladas, independentes de seu contexto".

[2] R. é o poeta das palavras específicas, do vocabulário preciso, do termo exótico que cata avidamente nas revistas ilustradas. Já vimos o efeito que arrancou de *cornacas* (À Música), obrigando o leitor francês de seu tempo a recorrer ao dicionário. *Haleur* tem em português seu correspondente exato: sirgador, o indivíduo que arrasta um navio rio acima com auxílio de um cabo de cânhamo denominado sirga. A palavra é rara tanto numa língua quanto noutra, já que esse sistema de arrastamento fluvial praticamente desapareceu. Mas lá está ela em R. e é preciso mantê-la em sua especificidade cronológica.

[3] Com dois traços R. arma todo um cenário de filme de aventuras: o barco puxado rio acima pelos sirgadores e tripulantes; os peles-vermelhas que surgem gritando e os aprisionam, desnudam, amarram-nos em postes coloridos e os fazem de alvo, crivando-os de flechas; e, após a pilhagem da carga, ei-los que se afastam, os gritos sumindo ao longe, enquanto o barco, sem as amarras, começa a descer pelo rio...

[4] *Clapotement* é o entrechocar de ondas. Para obter o efeito sonoro desta palavra longa, mantendo ao mesmo tempo sua raridade, empreguei "no iroso marulhar".

[5] Entendemos por esse *plus sourd que les cerveaux d'enfants* uma referência à lentidão de raciocínio (lerdeza) das crianças pequenas, entendimento esse reforçado por aquele "Corria [agora]".. S. Bernard, no entanto, acha que "essa *surdez*" se aplica "às crianças que se isolam em seu mundo particular, recusando-se a ouvir as admoestações dos adultos". Já I. Margoni supõe que esteja "a indicar a resolução e mesmo a teimosia assumidas pelo barco-Rimbaud em sua vontade de evadir-se".

[6] Penínsulas (desgarradas) à solta. Já os antigos falavam nessas "ilhas flutuantes", sendo Delos a mais célebre, mas no caso R. pode ter se inspirado em Chateaubriand *(Voyage en Amérique)* ou num artigo do *Magasin pittoresque*, intitulado "Promontório flutuante", conforme assinalam Izambard e Bouillane de Lacoste.

Tohu-bohu. Palavra transcrita do hebraico que tem o significado literal de "deserto árido", mas figuradamente quer dizer "confusão, desordem, vozerio". R. a emprega com o sentido especial de "desarticulações, sobessaltos, sobes-e-desces". Para corresponder ao efeito onomatopáico, cogitamos de traduzi-la por "vai-e-vens", mas o contexto pedia palavra mais expressiva, daí termos usado "convulsões".

[7] *Falots* é termo náutico; designa o fanal ou luzerna colocado à noite na popa dos barcos para servir de advertência. Mas pode ser também o sinal-guia dos portos. R.está dizendo que ficara livre dos "olhos maus" que o vigiavam. Para efeito de rima, usamos "faróis", mais genérico, porém que indica o mesmo afastamento do barco rumo à solidão e à liberdade. Achamos necessário manter o adjetivo (*niais*=tolo, imbecilizado) aqui traduzido por "mau".

[8] A. Adam acha difícil compreender essas "manchas de vinho azuis" e "vômitos" aplicadas a um barco verdadeiro e procura explicá-las à luz de outro poema, *Coração logrado*. Entendemos que a imagem pode aplicar-se a ambos. O barco estava sujo dos vômitos da tripulação, das manchas de vinho entornado no convés, e agora a água que por ele atravessa apaga o resíduo e a lembrança dos antigos senhores; o barco está "puro e livre" para seguir seu curso fantasmático. S. Bernard parece (em parte) de acordo: "O navio se alegra de ser joguete das ondas que o "lavam" dos traços humanos".

Gouvernail et grapin. Termos náuticos específicos: timão e fateixa (ou arpéu).

[9] *Rousseurs amères de l'amour*. R., sempre preciso, escreveu *rousseurs* e não *rougeurs*, de que deriva *rougeole* (rubéola). Aqui se trata da vermelhidão da pele (corada) durante o ato amatório e não de uma doença de pele. Vejamos A. Adam: "O amor, a poesia, o álcool são vermelhidões sobre o azul do mar. Os ritmos do mar, que é a vida, são conturbados, agitados pelo amor, a poesia, o álcool". E S. Bernard: "Esta estrofe, cujo último verso é "obscuramente erótico", no dizer de Schlumberger, assimila os delírios e os ritmos das vagas aos do amor, o amor se tornando fonte de vida e de fecundidade".

[10] *Figements violets*. Coagulações violetas: R. descreve o pôr-do-sol no momento em que se condensa no esplendor dos últimos raios. Empregamos um sinônimo raro para o adjetivo violetas: cianas. Ciano é o mesmo que magenta, cor azul esverdeada, carmim. Oportunidade rara para empregar uma palavra rara, à maneira de R., além de constituir uma rima opulenta para persianas, salvando pelo menos uma das várias que emprega no poema, uma delas envolvendo mesmo um conjunto de palavras: *Pommes sures/ vomissures*.

O mar ondula como as lâminas de uma persiana que se abre ou como os tremeliques de um ator de antanho ou canastrão. Esta, a interpretação da maioria dos tradutores ingleses e italianos. Jeancollas, no entanto, procura explicar *volet* como termo náutico, significando "pequena bússola" e , nesse caso, os tremulares seriam os movimentos bruscos e sincopados de uma agulha magnética. Domingos de Azevedo, em seu *Grande Dicionário Francês-Português* consigna esse significado ("bússola portátil").

11 Auriazul. No original está *jaune et bleu* (amarelo e azul), que poderia ser traduzido por "ouro e azul", mas não deixamos fugir a oportunidade de forjar uma palavra à maneira de R. para compensar outras do texto que não pudemos reter.(Cf. Castro Alves "auriverde").

Com *fósforos*, R. designa o plâncton ou, mais especificamente, o holoplâncton (das águas marinhas). Mas, por quê *cantores?* S. Bernard: "A expressão de R. é original, pois ele soube fazer *cantar* aos nossos olhos essas cores fosforescentes".

12 Por *vacarias* R.entende um tropel (ou estouro) de vacas. O verso *la houle à l'assault des récifs* tem um ritmo que lembra o permanente quebrar das ondas contra as rochas, que procuramos correponder com "a vaga a avançar nos rochedos". Quanto aos "pés piedosos das Marias", Enid Starkie dá uma explicação engenhosa desse verso, porém nos parece mais plausível a hipótese de A. Adam ao aproximá-lo de uma passagem de *O homem que ri*, de Victor Hugo: trata-se de um barco. Na proa está uma imagem de Nossa Senhora esculpida e dourada. Sobre a imagem, afixada uma lanterna. "Quando acendiam a vela, esta iluminava ao mesmo tempo a Virgem e o mar." Quanto ao verso final da quadra, ei-lo literalmente: Pudessem forçar o focinho aos mares ofegantes. No sentido de acalmar as ondas. A imagem é mais rigorosa do que pudemos conservar: *poussif* é, como termo de veterinária, o gado que sofre de pulmoeira (ou tuberculose vacum) e porisso fica ofegante. R. compara essa respiração entrecortada com o ruído surdo das ondas agitadas.

13 Outro verso difícil de transpor em sua integridade. Literalmente: Fui de encontro, ficai sabendo, a Flóridas incríveis misturando [onde se misturavam] às flores os olhos de panteras com peles de homens. Ou seja: os olhos das panteras, vistos em meio à vegetação, pareciam flores; e essas panteras tinham peles de homem. É uma inversão da imagem dos homens (selvagens) vestidos com peles de animais. Apesar da necessária simplificação, conseguimos dar ao verso o seu sentido original. Em seguida compara o arco-íris a bridas (cabrestos ou rédeas) que estivessem estendidos a puxar as manadas marinhas (as ondas). Usamos o preciosismo *gláucidas* em vez de *glaucas* para efeito de métrica, num texto em que R. se compraz na invenção e derivação de palavras.

14 *Nasses* (nassas) são cestos de vime usados para pescar. Tivemos que sacrificar o termo específico, dada a necessidade da rima. Parece estranho que R. veja a apodrecer dentro deles *tout un Léviathan*. Usamos ansa, pequena enseada abrigada, menos específico porém mais aplicável ao texto. A palavra ansas aparece mais abaixo no poema original, onde rima com Hansas (corporações comerciais marítimas da Idade média), rima a que correspondemos.

"On/de a/po/dre/ce/ nos/ jun/cais/ um/ Le/via/tã. Alexandrino com acentos na 4a., 8a. e 12a. sílabas. R. emprega, no poema, apenas uma vez, essa medida: Et/ les/ res/sacs/ et/ les/ cou/rants:/ je/ sais le/ soir. (Sem entrar em muita tecnicalidade, pode-se dizer que quase todo o poema está vazado em alexandrinos regulares, com cesura na sexta sílaba; há meia dúzia de versos em que R. enche a pausa média com o tempo fraco do artigo ou da preposição (le, les, de, des), embora os ritmos (pausas) sejam muito variados; procuramos corresponder a tais recursos, embora nem sempre no mesmo verso).

Leviatã. Monstro do caos, na mitologia fenícia, identificado, na Bíblia, como um animal aquático ou réptil.

Cataractant é uma ousadia verbal de R. A língua francesa consigna o verbo apenas relacionado a catarata, enfermidade ocular. Como cataratando é muito mais forte que cascateando ou encaixoeirando, era impositivo mantê-lo.

De titãs. Acréscimo nosso para efeito de rima, dá no entanto a golfos um sentido gigantesco, conforme aliás com a invocação bíblica anterior (Leviatã).

15 Aqui carregamos um pouco nas tintas da imagem de R. Ele diz apenas: Naufrágios pavorosos no fundo de golfos sombrios. Deixamos a fantasia imaginar esses navios escalhados com seus tripulantes já reduzidos a caveiras.

16 Peixes cantantes. R. deve ter colhido o informe em *Le Magasin pittoresque* (tomo XXXIV), onde se diz que um cientista descobrira que alguns peixes saltadores emitem sons, ou mesmo gritos. R. atribui esses gritos ou cantos às douradas, peixe comum da Amazônia.

Dérades: neologismo de R. formado a partir do verbo *dérader*, ser impelido para fora do porto por um vento forte. À falta de termo específico, usamos: à saída de enseadas.

17 Quase ilha. Não confundir com *presqu'île*, que significa península. Aqui é metáfora para barco.

Oiseaux clabaudeurs. Clabaudeur é termo de caça e se aplica ao cão que ladra sem estar seguro do couto da presa. Fig. pessoa que grita sem motivo. O termo venatório aqui amplia a imagem marinha das gaivotas que pairam sobre o barco. Margueritte Mespoulet encontra nele uma referência aos *mocking-birds*, pássaros (como o tordo) que imitam o trinado de outras aves. A imagem ganha força à medida que funde numa única substância os gritos e os excrementos, que o barco *sacode* (ambos) de suas bordas.

18 Éter [ausente] de aves. A referência está num artigo do *Magasin pittoresque* que, relatando uma viagem de balão, observa: "Nessas altas regiões do ar, não se vê um só pássaro".

Monitors. Termo de marinha. Nome dado pelos americanos a um tipo de couraçado cujo bordo mal depassa a linha de flutuação. R. vira a referência novamente no *Magasin pittoresque*.

As *Hansas* eram companhias marítimas da Alemanha na Idade média.

19 A fumar. Aparentemente, a fumegar. Mantivemos o verbo pela polissemia que implica e a vasta referência de R. ao fumo.

Confiture exquis aux bons poètes. A. Adam: "Parece bem tratar-se de um parêntese sarcástico aposto a líquenes e excreções. R. critica assim o abuso que fazem de palavras semelhantes os "bons poetas", ou seja, os rimadores medíocres que praticam o gênero pitoresco. A indicação faz lembrar *O que dizem ao poeta a respeito das flores."*

20 *Les juillets,* traduzimos por verões, significado de percepção imediata para o leitor brasileiro, assim como *juillets* para o francês. O verso todo, literalmente: Quando os julhos [verões] faziam desancar a porretadas [trovões] os céus ultramarinos em ardentes funis [trombas d'água].

A referência a hipocampos está em Júlio Verne (*Vinte mil léguas*).

21 Behemoth é o nome bíblico do hipopótamo, "mas é claro", anota Etiemble, "que a palavra se encontra aqui só por sua veemência e estranha sonoridade, o mesmo se dando com Maelstroms", que é palavra de origem holandesa

351

(agitar a corrente marinha), empregada por A. Poe no conto *Uma descida ao Maelstrom* em que descreve o fenômeno como um "terrível funil". Significa turbilhão, borrascas marítimas, tornado. Animal misterioso de que fala o *Livro de Jó*; segundo os pais da Igreja a imagem do demônio e do Anticristo; segundo os rabinos um animal que Deus reserva para o festim dos eleitos no fim do mundo.

Fileur éternel... Esse eterno tecelão de azuis imóveis é o barco que vai "costurando" as ondas e que, a partir desse verso, sente a nostalgia do retorno.

[22] Eterno Vigor. Este maravilhoso verso tem despertado as mais contraditórias interpretações da crítica. B. de Lacoste fala nas forças que o barco-poeta perdeu em sua errância e quer recuperar. M. Bornecque acha que se trata da eletricidade. A. Adam, sem descartar essa hipótese, pensa em algo mais amplo, o pensamento iluminista. Para Pierre Brunel, é o ouro, a Pedra Filosofal. Entendemos que R. esteja se dirigindo à Fonte de Energia Cósmica, a todo o Conhecimento das Coisas que o Futuro nos reserva.

[23] R. parece aqui admitir a derrota de seu sonho de liberdade. Quer voltar à Europa dos velhos frontespícios, como voltava a Charleville e a Roche ao fim de cada fuga. Soçobrar com seu barco, acabar a aventura.

[24] Mas quando se lembra da Europa que o espera, as cores de sua palheta luminosa e tropical se esmaecem: o cinza, a grisalha do inverno. Sua única saudade é a de si mesmo, daquele que ele foi, do menino que lança na enxurrada um barco de papel. Mas não adianta lamentar-se. Já chorou demais. Já não tem forças para prosseguir. Já não conseguiria acompanhar o curso dos navios mercantes, nem fazer aventurosas abordagens, nem vogar sob a vista horrível dos pontões (os condenados, os sofredores).

[25] Pontões. Plataformas e, mais especificamente, navios desativados nos quais se amontoavam prisioneiros condenados à deportação, verdadeiras jaulas marítimas. O termo está fortemente impregnado de alusões revolucionárias, porquanto, em menos de 25 anos, três repressões deportaram prisioneiros nesses pontões: após 1848, após o golpe de Estado de 1851 e após a Comuna em maio de 1871 (L. Forestier).

Também traduzido por Gondim da Fonseca, Oscar Gama Filho, A. Herculano de Carvalho, Heitor P. Fróes, Pedro José Leal, Augusto de Campos e Marcos Konder Reis.

NOVOS VERSOS E CANÇÕES

Le Bateau Ivre marca um divisor de águas na poesia de R. Ao chegar a Paris, o poeta passa a interessar-se pelas "magias, as alquimias, os misticismos, os perfumes fasificados, as músicas ingênuas..." Pouco mais tarde, em 1873, já estará considerando tudo isso apenas "erros". Mas até fins de 1871 foi seduzido por essa poesia impalpável, essas músicas sem ritmo, que comporá até sua partida para Bruxelas em julho de '72. "Verdadeira poesia do irreal", diz A. Adam. Delahaye nos informa que o amigo pretendia recolhê-las sob o título de *Études néantes* [Estudos de nada]. L. Forestier acha impróprio chamar a esta parte de "canções": "Evidentemente sugerido por um título como "Canção da torre mais alta", o termo aqui não se impõe. Se há canções, certamente são de natureza toda especial". Nestes poemas, R. começa a empregar a metáfora independentemente de seu valor de significado, utilizando as palavras mais como sons, signos ou indícios do que elementos componentes do discurso lógico.

[QUE IMPORTA A NÓS, MEU CORAÇÃO...] — pág. 213

[1] Comenta Pierre Brunel: "Onde colocar este texto sem título, sem data? Félix Fénéon, o editor de Rimbaud em *La Vogue*, mostrava-se sem dúvida sensível ao seu parentesco com *Démocracie* (das *Illuminations*), no que respeita ao tema, sem ver no entanto que os colonos eram aí rejeitados junto com os imperadores, os regimentos e os pòvos, não se preocupando igualmente com a passagem de uma versificação ainda romântica para uma prosa rude e sóbria, escandida pelos passos da 'verdadeira marcha'. Mas os editores recentes terão além disso o direito de classificar este poema entre os pretensos *Derniers Vers* [título adotado por Suzanne Bernard e André Guyaux], os hipotéticos *Vers nouveaux* [adotado por Louis Forestier], ou ainda *Vers nouveaux et chansons* [de Antoine Adam]?".
Paterne Berrichon, cunhado póstumo de R.,deu-lhe o título de *Vertige*, datando-o de fins de 1871 ou do correr de '72. Para ele, o verso final revela o despertar de R. de um delírio de absinto. S. Bernard discorda, neles antes encontrando "a embriaguês *communarde*, poema do anarquismo completo, da revolta total contra *o que é*".
[2] Aquilão. Vento do Norte. Em linguagem poética, qualquer vento frio e tempestuoso.
[3] Pelouro. Em francês está "senados", porém como a fúria destrutiva de R. é abrangente, este símbolo do poder e do castigo pode ser perfeitamente arrolado, permitindo-nos manter a integridade do verso final.

LÁGRIMA — pág. 215

[1] Poema datado de 1872, reproduzido com notáveis diferenças em *Alquimia do Verbo* (Uma Estadia no Inferno), onde R. o apresenta com a frase: "A princípio era apenas um estudo. Escrevia silêncios, noites, anotava o inexprimível. Fixava vertigens". Evoca uma paisagem em que os dados reais se confundem com os sentimentos expressos e o grito final é como um lamento por algo definitivamente perdido (inocência?). Juntamente com "Memória" é uma das obras-primas do R. hermético.
[2] Jovem Oise. Enorme divergência entre os comentaristas: R. Goffin crê que R. se refira ao Loire (ou Aloire), regato que passa próximo de Roche. Outros, intrépitos filólogos, dizem que etimologicamente Oise significa água corrente e que R. bem o sabia. Para nós é uma referência ao rio da infância.
[3] A. Adam informa que a colocásia é uma planta que não produz cabaça. R. elimina a palavra na versão da *Saison*, para tristeza de um crítico da importância de E. Noulet (com o qual certamente concordamos) ao lamentar a supressão dessa palavra que lhe parece *admirável*, trocando-a por um inexpressivo *loin de ma case* (longe de minha cabana).
[4] A crítica mais recente, que procura decodificar a poesia de R. à luz da psicanálise, vê na cena descrita um rito masturbatório (Marc Ascione e Jean-Pierre

Chambon): "Que poderia ser, com efeito, esse 'licor de ouro, insulso, que faz suar' e que R. abaixado, numa clareira, tirava à cabaça de colocásia ?". R. Goffin, embora reconhendo o erotismo do poema, acredita no entanto que "beber" aqui significa *faire l'amour*. Suzanne Bernard acredita, esotericamente, que seja ouro (talvez em sentido simbólico). E A. Adam, taxativo, afirma tratar-se de cerveja(!).

[5] A cena final parece representar a decepção do "vidente" ou sua desistência após a obtenção dos resultados. S. Bernard opina: "Indica um esforço, uma tentativa que o Vidente pôde, num tempo, acreditar coroada de sucesso, mas que parece tê-lo deixado 'em sua sede', à beira do Insabido".
Versos de 11 sílabas, com rimas assonantes e algumas incríveis experiências com rimas internas e em eco (auberge/perche; bois de noisetiers). Mantida a métrica e as assonâncias (recôncavos/conchas; suaves avelãs etc.).

O RIACHO DE CASSIS — pág. 217

[1] No manuscrito que R. entregou a Forain, o título aparece com as palavras Riacho e Cassis em maiúsculas, o que leva a crer que a última seja o nome do regato. Na tentativa baldada de encontrar nos mapas tal acidente geográfico, várias hipóteses foram arquitetadas, a mais coerente sendo a de Delahaye que o identifica no Semoye, no interior da floresta das Ardenas. O poema, hermético, livre na metrificação, faz pensar numa caminhada de R. pelas densas florestas, provavelmente ao longo de um canal de águas escuras, passando por antigas propriedades que lhe evocam os tempos medievais. A presença dos corvos que sempre lhe trazem a lembrança da guerra. A vista (provável) de um camponês (ou guarda-caça) mutilado de guerra que para ele acena com seu braço cotó.
[2] *Sapinaies*. Neologismo rimbaldiano a partir de *sapin* (abeto ou pinheiro-alvar, pinho). Acrescentamos a abeto a palavra taboa (var. tabua), nome de uma planta aquática que cresce nos charcos, também comum na Europa (em Portugal, chama-se bunho).
[3] Campanhas têm aqui o significado de guerras.
[4] Clarabóias. Segundo B. de Lacoste, R. se refere aos muros arruinados dos velhos castelos, ao passo que Delahaye acha que é o rio visto através das folhagens.
[5] R. repete, quase na íntegra, esse verso de *Os corvos*.

COMÉDIA DA SEDE — pág. 219

A. Adam: "Escrita durante a permanência de R. em Charleville nos primeiros meses de 1872, esta peça é das que mais profundamente nos introduzem na alma de R. durante esse período em que toma consciência de seu malogro e se sente devorado por uma intensa sede de viver e uma profunda necessidade de ir para algum lugar, cada vez mais longe. Está disposto a não enganar a sede que traz em si com satisfações ilusórias. As vozes da família lhe dizem para se contentar com as bebidas caseiras, mas ele quer morrer nos rios bárbaros. Depois, lembra-se do tempo em que acreditou na poesia, tal como a praticada nessa época, cheia de imagens graciosas e ágeis, Ondinas e Vênus, evocações dos países do Norte ou do mar. Mas tais bebidas não o desalteram. A sede que tem é uma hidra instalada no peito, que o mina e o desseca. No *outono do ano precedente, fora a Paris e ali conhecera poetas que se tornaram* seus "Amigos" e o deram a beber o *bitter* selvagem e o absinto. Está decidido a não recomeçar, preferindo morrer a atingir a 'embriaguez' a esse preço. Contudo não desespera. Tem paciência. Dia virá talvez em que se fixará, resignado, em alguma cidade. No sul ou no norte? Mas logo reage. Se tornar a partir para outras viagens, estará decidido a se abandonar à aventura. Conclusão: toda a vida é sede, toda a vida é fuga para a morte".

[2] Literalmente: Escolherei o Norte/Ou o País das Vinhas?, que significa a Escandinávia ou a França.

[3] O albergue verde: renúncia à idéia de vagabundagem, pois o "Cabaré Verde" de suas primeiras fugas já não seria o mesmo para o novo ser que ele é.

[4] Morrer entre úmidas violetas. Não se trata de um simples desejo de aniquilamento na natureza, mas de uma verdadeira invocação da morte.

Os versos são de medidas variadas, 7, 6, 5, concluindo com duas quadras em decassílabos, a que correspondemos. No entanto, a solução das quadras só foi conseguida com a alteração do esquema rímico, de abab para aabb.

BOM AUGÚRIO MATUTINO — pág. 225

[1] Como "Lágrima", também este poema foi remanejado para figurar na *Saison.*

Marcel Coulon, com base na carta que R. enviou de Paris a Delahaye, em junho de 1872, contando que acorda às cinco da manhã para comprar pão, "hora em que os operários já estão em atividade por todo lado", conclui que o poema foi ali escrito e que o canteiro de obras a que se refere o 5º verso seja uma fábrica de móveis em Paris. Mas que dizer do "banho de mar ao meio-dia"?.

[2] Hespérides. Figuras mitológicas que guardavam as maçãs de ouro, podendo ser assim associadas a uma imagem solar. R. pode querer dizer que os operários começam a trabalhar antes do nascer do dia.

[3] De nossa parte, discordamos de A. Adam quando acha que "os imensos canteiros de obras" são a natureza e os carpinteiros os insetos e animais que despertam no musgo (*mousse*). Parece-nos claro que a palavra *mousse* tem aí sentido mais amplo, de substância granulosa, e R. se esteja referindo à serragem e às fitas de madeira que cobrem o chão onde os carpinteiros trabalham fazendo seus lambris (dosséis).

[4] Esse rei da Babilônia tem sido controverso. Como os reis babilônicos foram grandes construtores e empregaram artistas de grande habilidade, Forestier acha que R. aqui os invoca na qualidade de patronos ou padroeiros. Quanto à expressão "almas em coroa", Antoine Fongaro dela apresenta uma interpretação grosseiramente sexual, que não cabe no contexto.

[5] Rainha dos Pastores. Expressão que A. Adam acha difícil de explicar. Provavelmente R., depois de invocar Vênus, pense na "estrela do pastor", antonomásia da deusa. Além disso, há em francês a expressão popular *l'heure du berger*, que significa "momento propício para os amantes".

[6] Yves Denis assinala que esse último verso é sem dúvida uma "blague" de

R., propondo a leitura *le bain dans l'amer* [bitter, curaçao], o trago que os trabalhadores tomam à hora do almoço.

Para os que ainda se comprazem com a crítica estrutural ou semiótica — coisa que os franceses faziam nos idos de '72 — indico a existência de "Un essai de lecture de Rimbaud: 'Bonne pensée du matin'", de Claude Zilberberg, publicado em *essais de sémiotique poétique*, da Livraria Larousse, em que o poema é focalizado sob a forma de um "objeto matemático visto ao longo de uma cadeia de montagem". A "conclusão" poderá lhes parecer esclarecedora: "A análise sêmica explicita os conteúdos próprios a cada isotopia e os articula num modelo dominado pela oposição *autenticidade* versus *facticidade*. Os conteúdos complexos assim reconhecidos são identificados com os diferentes termos da estrutura actancial manifestos em cada seqüência e nelas sofrendo transformações que, reunidas numa seqüência lógica, permitem reconstituir o esquema narrativo que organiza o conjunto dos textos". Para os que gostam de overdose, há ainda, na mesma revista, uma análise estrutural da quadra ("A estrela chorou..."), de autoria de Jean-Paul Dumont, imperdível!

Versos de medida irregular com rimas perfeitas ou toantes, observadas na tradução.

FESTAS DA PACIÊNCIA

BANDEIRAS DE MAIO — pág. 227

[1] "Consideramos esse poema o êxtase da infelicidade, dessa infelicidade que faz de seu próprio vazio a razão de sua alegria. Abandono da fome, da sede, de toda ilusão e de toda esperança — do que surgirá, ao menos, alguma liberdade" (Yves Bonnefoy). Primeira "canção" de um grupo de quatro poemas, em que R. se abandona a um discurso intimístico no qual a trágica experiência de sua alma irá refazer-se em ritmos breves e ingênuos, cadenciados por tênue musicalidade. Entrega-se à natureza, nela buscando um refúgio seguro, uma fusão, um aniquilamento que redunda num desejo de morte quase pânica (L. Maza). Dos quatro, este é o único poema em 8 sílabas; os demais são de 5. Nele R. experimenta novos efeitos de rima, que procuramos aqui corresponder (troca da vogal tônica, rimas internas e rimas de oxítonas com paroxítonas).

[2] *Je succomberai*. Em contraste com o início luminoso e sorridente, surge o tema da "morte ao sol", para usar a bela expressão de S. Bernard.

CANÇÃO DA TORRE MAIS ALTA — pág. 231

[1] Um dos poemas emblemáticos de R., citado até mesmo por aqueles que não o leram (nem mesmo em tradução) mas conhecem, pelo menos de ouvido, os versos arquifamosos *Par délicatesse/J'ai perdu ma vie*, que traduzimos: Por delicadeza/eu perdi a vida, a fim de melhor se ajustarem ao ritmo do original (3ª sílaba do 2º verso terminando em oxítona). Como observou Etiemble, essas "canções espirituais", como as de Marguerite de Navarre que as teria inspirado, não se impregnam de um registro religioso, mas antes tomam da religião um motivo que transformam em profano: o adeus ao mundo.

"Da torre mais alta, que é a da separação do mundo sentida como tragédia mas igualmente como refúgio, R. lança um olhar sobre o passado e sobre o presente, seus erros e sofrimentos, seu irreparável malogro, e esta rápida visão de sua existência confirma a vontade de repará-los "num augusto retiro", renunciando à promessa de alegrias mais altas" (I. Margoni). Paul Claudel via no refrão "Ah! que o tempo venha / Em que a alma se empenha" uma espécie de confissão de R. de que estaria cansado das lides do corpo e só encontraria uma solução na busca espiritual. Essa é também, de certa forma, a sugestão de Paterne Berrichon, em sua edificação de um R. místico e fervoroso.

[2] Segundo alguns críticos, R., nesta segunda estrofe, estaria se referindo a Victor Hugo, de quem não aspira as glória de sua "torre de marfim", contentando-se com a total inexistência de promessas ou de bens (materiais) no *augusto retiro em que se tranca, sozinho com a sede estranha que ainda lhe arde por dentro*. Compara-se a um Prado (seu amor à natureza), florido, mas deserto e inútil, entregue apenas ao revoar furioso das moscas imundas (segundo os "críticos biográficos", certas lembranças do passado. Na expressão "viuvez selvagem", em francês *Mille veuvages* [lit. mil viuvezes], esses mesmos críticos vêem referências ao seu afastamento de Verlaine e aproximam o texto de *O esposo infernal*, da parte *Os delírios*, da *Saison*. Para eles, a poesia de R. não passa de um diário em versos, que esmiúçam à procura até das mais impossíveis associações...).

[3] Não encontra uma saída nem mesmo na fé. A interrogação no final desta estrofe é altamente significativa. O poema acaba numa recorrência, já usada em outras composições.

Também traduzido por Jorge de Senna, Augusto de Campos e Carlos Lima.

A ETERNIDADE — pág. 235

[1] Outro "citável"de R. A obscuridade deste poema suscitou numerosas tentativas de interpretação. Parece que R. quis exprimir de uma só vez as sensações e pensamentos que lhe ocorriam à mente, com imagens de um simbolismo criptográfico. Predomina o tema da liberdade na natureza, da evasão da vida social e religiosa e ao mesmo tempo a consciência do mal e do malogro.

A grande dificuldade de traduzir este poema surge logo na primeira quadra em que há uma dupla rima interna de que poucos se dão conta: *la mer allé/ avec le soleil*. Uma das soluções em que trabalhei durante muito tempo era: É o mar de tarde / que arde com o sol. Do ponto de vista rímico, a solução era boa, mas alterava o sentido do verso, bem mais dinâmico, em que o mar se vai com o sol, em vez de "engoli-lo", como na imagística dos clássicos. Outra dificuldade eram as rimas com vogal trocada (*sentinelle/nulle // élans/selon // seule/exale*), de manutenção necessária por se tratar de um recurso com o qual R. vinha experimentando. Além disso, na terceira quadra aquele *selon...* suspensivo era um dado de manutenção imperiosa, com observância de todo o seu sentido de continuidade (de acordo, conforme, como quiseres). Na terceira, o latinismo *oriétur*, que significa "Ele virá [nascerá]", que aparece com frequência no Velho Testamento como sendo a promessa de Deus do envio do Messias, é uma das pedras-de-toque de R., por isso incontornável. Significa: nada de promessa, nada de admitir essa vinda possível de um salvador; não

temos necessidade dele, pois que não há dois caminhos possíveis, mas só um que é o suplício, o desespero. Vejamos Etiemble: "Alusão ao texto sagrado: *Et orietur vobis nomen meum sol justitiae, et sanitas in pennis ejus.* Dizendo "Nada de esperança", R. recusa a segunda virtude teologal; recusando o *orietur*, recusa o "verdadeiro sol", o "sol da justiça", "o deus cristão".
Também traduzida por Augusto de Campos e Carlos Lima.

IDADE DE OURO — pág. 237

[1] Última das quatro "canções", composta em junho de 1872, quando R. regressa a Paris a instâncias de Verlaine. O tom desta poesia é quase alegre, com termos que contribuem para criar uma atmosfera de serenidade, quase de superação do desespero insuportável do poema anterior. Rolland de Renéville elabora toda uma cena familiar para explicar o poema: o poeta entre as irmãs e a mãe, que o repreende severamente. ("Para que tantas perguntas, que se complicam, se ramificam sem cessar, e só conduzem à ebriez e à loucura?" — assim interpreta S. Bernard o tom da reprimenda). Já Pierre Brunel afasta como piegas a cena familiar; para ele a voz é a do próprio R., ou melhor daquele *autre*, seu alter ego, que se auto-recrimina: aceitação do mundo como ele é (vicioso), viver e deixar de lado a sombria desgraça. Essa hipótese parece reforçar-se com o aposto introduzido por travessão — Trata-se de mim. Mas o poema contém outros dados de difícil decodificação, principalmente no final, em que há divergências e dubiedades quanto ao significado de "castelo" e de "irmão".
[2] *Vertement* (rudemente, sem papas na língua), bem como *carrément* (com firmeza, na bucha) tem sabor coloquial, quase de gíria, que procuramos reproduzir. A "explicação", no caso, assume um tom de aberta censura, de verdadeiro "carão".
[3] "Verso propositalmente quebrado [6 sílabas em vez de 5] e voluntariamente prosaico: trata-se de um lugar-comum da conversação, querendo R. provavelmente criticar o cacoete verbal de algum parente ou amigo" (S. Bernard).
[4] A título de curiosidade, citemos o fato (narrado por Delahaye) de que R., durante a ocupação alemã de Charleville, se divertia com o "sotaque" dos invasores e constumava imitá-lo.
Traduzido com observância das rimas "especiais" e do verso quebrado...

JOVEM CASAL — pág. 241

[1] Há divergência entre a crítica no que tange à identificação desse jovem casal. Para Gengoux, trata-se de Verlaine e Mathilde, sua esposa, sendo R. o rato. Outros invertem a ordem, passando Mathilde a ser o rato. Em artigo publicado em *A Folha de S. Paulo*, de 9.11.91 (ano do centenário da morte de R.), sustentávamos que o rato não passava de uma visão delirante provocada pelo absinto (ou qualquer outra droga) e que toda a cena evoca uma "viagem" de adictos. Colocávamos o *décor* em algum albergue de estrada na Bélgica, o que explicava as trepadeiras (*aristoloches)* e os dentes-de-leão (gengivas de ogres maus); mas a "saison flamande" (fuga de R. e V. para a

Bélgica) só começou a 7 de julho, portanto depois da composição do poema. Contudo, mesmo se o poema descreve uma água-furtada parisiense da rue Victor-Cousin, nossa tese não se invalida no que respeita ao casal "viajante", principalmente no trecho em que o poema fala em *Le ménage s'absente* (O casal se ausenta), tendo em vista o uso freqüente do trocadilho absente/absinthe (ausenta/absinto) palavras que têm praticamente o mesmo som em francês.

A idéia de "viagem" é reforçada por *Pendant son absence, ici* (Durante sua ausência, aqui). Identificamos na expressão *fée africaine* (fada africana) uma possível traficante negra. Nenhum crítico havia atinado com o sentido de "Santos espectros brancos de Belém", mas no contexto acima desenvolvido é perfeitamente aplicável ao "pó", que, para o casal, seria como um presente dos Magos, comparado ao incenso e à mirra.

BRUXELAS — pág. 243

[1] P. Brunel acha que se trata de um poema sem título, tomando Bruxelas meramente como indicativo de lugar, como no cabeçalho de uma carta. O tom lembra a técnica da "enumeração caótica" ou *stream of conciousness*, num jogo poético de associações livres, de evocações por substituições contínuas, embora os estudiosos se esforcem em dar coesão ao conjunto. Datado simplesmente de julho, sem especificação do ano, a vaguidade permitiu a alguns datá-lo de 1873 (pós "drama da estação") para ver na "gaiola da viuvinha" uma referência à prisão de Verlaine. Contudo, parece hoje pacífico datá-lo de 1872, quando R. esteve na Bélgica, só ou em companhia de V., a caminho de Londres (via porto de Ostende).

Mais interessante que identificar o palácio de Júpiter como sendo o das Academias ou saber que no bulevar do Regente, 21, havia um pensionato de meninas, a fim de explicar a *bavardage des enfants* (cantarolas de crianças), seria observar os jogos aliterativos e de rima, de sabor quase surrealista, particularmente evidentes na terceira e quarta estrofes, alguns dos quais procuramos reproduzir com oxítonas rimando com paroxítonas ou proparoxítonas (ter/Júpiter // farás/Saara // timo/íntimos // Vários/iarô...) ou internas (Louca/popas // estrada de *ferro* /en*terra*da/des*terro*/ a ver *roda*r// Cantar*olas* de crianças e gai*olas*).

[ELA É ALMEIA?] — pág. 247

[1] Poema sem título, datado de julho de 1872. Alméia é uma dançarina indiana, mas a palavra vem do árabe *alimeth*, amestrada. Os dicionários dão: dançarina egípcia, cujas danças lascivas são acompanhadas de canto. S. Bernard sugere que a "esplêndida extensão" seja uma lembrança da viagem marítima para a Inglaterra, e "a cidade" se refira a Londres, onde R. teria visto uma dessas dançarinas (do ventre ?).

[2] A tentativa de encontrar uma solução para as rimas duplas dos dois primeiros versos (heures bleus /fleurs feues) nos consumiu boa dose de esforços; para obter o efeito existente, tivemos que ampliar o sentido de *fleurs* (flores), mas o resultado final restaurou o verso em todos os seus componentes. Aqui

seguimos a lição de Etiemble: *Voulue ou non, elle est perceptible; il en faudrait en traduction l'équivalent* (Proposital ou não, ela [a rima] lá está perceptível; cumpre ao tradutor conseguir a equivalência).

[3] Este verso ecoa e reafirma o *C'est trop beau! trop!* do poema anterior, permitindo-nos datar aquele como certamente sendo de 1872.

FESTAS DA FOME — pág. 249

[1] Este poema, que aparecerá compactado em "Alquimia do verbo", foi, segundo S. Bernard, composto em Londres e representa uma deformação alucinatória da escassez alimentar por que passaram R. e Verlaine em sua temporada inglesa. Retruca A. Adam: "Se a data, agosto de 1872, aposta ao autógrafo Messein, está correta, R. escreveu este poema durante suas errâncias na região de Bruxelas. É bom repetir que os dois só chegaram à Inglaterra a 7 de setembro". Muito mais importante que essa determinação é — para nós — a sensação de que este poema "mineraliza" a fome ou transforma os famintos em máquinas (locomotivas), alimentadas a carvão de pedra. O din! din! lembra o da sineta do trem e suscita a idéia de "campânulas" (ou campainhas) — em francês, *liseron é* definido como "planta trepadeira com flores em forma de sinos" — num prado em que essa fome pudesse pastar. As plantas, por sua vez, sugerem as papoulas, com seu "gaio veneno". Há um retorno à "fome mineral" (pedras de velhas igrejas, seixos, pão dormido [duro como pedra] nos vales). De novo o tema do sino, da campainha. Desta vez é o estômago que "bate horas" e a fome atinge o desespero. Em sua alucinação, o poeta vê a terra cobrir-se de verde (folhas), mas, como em "Lágrima", onde "não pode beber", aqui também a visão é frustrante, e ele busca os frutos podres e as plantas associadas com a Morte (giestas e violetas). Adotamos o texto da edição de Suzanne Bernard (fac-símile Messein) e procuramos reproduzir o espantoso virtuosismo das rimas.

[OUVE COMO BRAMA] — pág. 251

Poema não datado, mas correspondente à estética de R. em 1872.
Delahaye procura captar-lhe o sentido geral:"O poeta está num jardim e contempla o céu. A lua aclara os tetos e as grandes formas. Num halo o poeta vê desenhar-se a cabeça dos santos de outrora".
Mas isso é muito pouco. O poema está impregnado de magia, e os comentaristas da corrente "esotérica" interpretam-no como uma invocação, por meio do fluxo (elã vital) que se evola das plantas que crescem para o alto. Delas desprende-se um halo em direção à Lua, em cuja face o poeta vê o perfil dos antigos peregrinos. Esse filtro é ansiado pelos "santos", sua possibilidade de comunicar-se com a terra, voltar a ser. Há uma sintomática pausa indicada pelo ponto de suspensão (...). Em seguida, o poeta como que volta à realidade, vendo que o "fluxo" que se exala não é "nem miraculoso [ferial] nem astral", mas um simples efeito da bruma que se evola. Não obstante, os Anciãos permanecem à espera (Sicília, Alemanha = a marcha para Constantinopla e Jerusalém). Espera triste e empalidecida, naturalmente!
[2] No original está acácias, árvore de flores brancas e odoríferas. Para efeito de

rima, usei em seu lugar "tílias", árvore de flores amarelas e odorantes, palavra que carreia para nós a mesma conotação de raridade que a acácia tem para os franceses.

MIGUEL E CRISTINA — pág. 253

[1] Também não datado, mas pertencente ao que tudo indica a 1872. Outro dilúvio interpretativo. Quem são Miguel e Cristina? R. e V.? V. e Mathilde, e o Cristo R. ? A Alemanha e a França, que enfim se reconciliam? O nome de um simples *vaudeville* de Scribe ? E mais e mais. Para os interessados em detalhes, há pelo menos três substanciosos artigos sobre o assunto (Étiemble e Yassu Gaudière, À *propos de 'Michel et Christine', 1936*; Pierre Brunel, *La fin de l'idylle, 1987* e Yves Reboul, *Lecture de 'Michel et Christine', 1990)*. Fiquemos com a idéia de que o poeta está em paz, numa tarde ensolarada, quando, de repente, percebe que o sol está deixando o céu e uma tempestade se anuncia sobre a paisagem campestre, com castelos e pastores. Logo, seu espírito começa a voar por léguas e léguas e ele pensa em outra tempestade (metafórica): uma briga de casal (aí, sim, talvez V. e a mulher), que acaba em (clara) lua (de mel), com os ginetes "cavalgando" (no sentido erótico) seus "pálidos corséis". Feitas as pazes, tudo será um bosque dourado: a esposa (Mathilde) de olhos claros, o homem de fronte corada (Verlaine) - ó Gália (assim é a França!) e o Cordeiro Pascal (o filho de ambos). Esta é mais uma interpretação, a nossa. Mas, se o leitor não está muito interessado nessas hipóteses gratuitas e aleatórias, e quer sentir alguns momentos estilísticos do poema, vamos lá:
[2] De início, aquela extraordinária rima interna dupla: <u>Zut alors, si le soleil quitte ces bords</u>, necessariamente mantida em: <u>Essa agora</u>, se o sol <u>cessa nessas horas</u>.
[3] Depois aquele duplamente aliterante *Sont à la toilette rouge de l'orage!* (Adotam toalete brusca de borrasca).
Ver em seguida que o poema é todo em hendecassílabos, ritmo do qual R. extrai cadências sincopadas; e que há associações contundentes do tipo "charnecas emagrecidas" *(bruyères amaigries)* e efeitos cinéticos obtidos com aliterações como *Sur cent Solognes longues comme un railway.*
[4] Vem a pêlo informar que Sologne, segundo S. Bernard (*d'àpres* Goffin), é um regato que corre ao longo do Loire, donde as cem Solognes poderem ser "os campos enormes de Roche que se estendem à margem do rio"; mas estamos antes com a própria S. Bernard, quando diz "talvez seja mais provável que R. tome Sologne como uma região extensa e plaina, ou que esteja simplesmente influenciado pela sonoridade do nome". Nessa ordem de idéias, traduzimos: Sobre longas léguas como ferrovias, conservando a audaciosa (para a época) rima de R. *sous les/railway* [em francês pronunciado **reluê**](e as/ferrovias).

VERGONHA — pág. 255

[1] Data de composição discutível: abril-maio de 1872 (B. de Lacoste), meados de 1872 (Marcel Coulon e E. Noulet) e maio de 1873 (Ruchon e Gengoux), conforme as diferentes interpretações que dão a estes versos — discussão entre R. e V.; reprimenda de Vitalie Cuif (a *mother*) a R.

Para A. Adam "essas interpretações, tão diversas entre si, insistem no erro comum de ignorar a espécie de revolução interior que se havia passado na alma de R. depois que retornou a Roche, em fevereiro de 1872. Ele se observa, se compreende, se julga e, finalmente, se aceita. Sabe igualmente que traz em si forças demoníacas, mas sabe também que para aboli-las seria necessário mudar sua natureza, mudar de cérebro ["fazer sua cabeça", seria a expressão nossa, em moda], abandonar suas errâncias... Agora não passa de um gato bravio, que só sabe fazer o mal. Mas já não se orgulha de seus vícios nem de proclamar sua revolta. Na humildade de sua vergonha espera que, à sua morte, uma prece se eleve a Deus, um Deus no qual não crê, mas do qual também não zomba". Entendemos, contudo, que o desvio exclamativo (Mas, não!) invalida qualquer idéia de "conversão" e que ele vai continuar fazendo suas "manhas molestas" até a morte, momento no qual espera "se eleve uma prece" (não necessariamente dele).

[2] Vemos nessa "lâmina" a imagem perfeita da foice da Parca ou tesoura de Átropos (a morte). R. está dizendo: enquanto não morrer. A idéia de lâmina leva-o (Ele aqui é R.) a uma auto-amputação.

[3] A. Adam informa que não existe nenhuma espécie de gato chamado das Montanhas Rochosas. Para L. Forestier trata-se simplesmente de um gato selvagem. Vários críticos (S. Briet, Ascione, Chambon) tiram daí referências a Roche, propriedade rural da família, onde R. escreveu a *Saison*. R. seria o gato selvagem (ou a ovelha negra) do lugar.

MEMÓRIA — pág. 257

[1] Chegamos a uma das culminâncias da poesia de R. Composto provavelmente em março de 1872 (M. Coulon), o poema tem recebido todo tipo de interpretações e comentários: para Berrichon a peça se inspira na primeira fuga de R. em 29 de agosto de 1870; para Marcel Coulon, lembra a partida definitiva do pai, em 1864; E. Delahaye descarta a evocação de uma cena precisa, vendo aí uma pura sucessão de imagens. A maior parte dos comentaristas se filia a esta última hipótese, mas diverge entre si quando se trata de fixar o significado simbólico das palavras empregadas. Damos uma interpretação mais na linha do pensamento de Coulon: a família Rimbaud (poeta, mãe e irmãs) faz um piquenique num prado onde corre um rio (Oise ?); ao longe as flâmulas de um castelo oscilam ao vento. As meninas brincam (o embate de anjos), a mãe tricota (os fios do trabalho), mas o poeta (que lê seu livro encadernado em marroquim vermelho) se distrai olhando a corrente do rio (a úmida laje) a se perder sob os arcos da ponte. A corrente do rio traz-lhe à lembrança a fuga do pai; lá, à sua frente, inteiriçada na planície, está a mãe com sua sombrinha, espezinhando as flores que lhe parecem por demais altivas, lembrando-se (saudade dos braços repletos e do santo leito) daquele que traiu sua fé conjugal. A cena se imobiliza na imagem de um dragador, cuja barca está <u>imóvel</u> no leito do rio. O poeta sente sua impossibilidade de alterar quer uma ou outra cena: nem retroceder a fuga do pai nem impelir a canoa estática. Compara sua impossibilidade a uma canoa cuja amarra foi atirada a um rio sem margens e se perdeu no lodo de seu fundo (em que lama? pergunta ele; a de seu "desregramento"? perguntamos nós). Poema experimental, R. utiliza

aqui o alexandrino tradicional (revolucionando-o) e, pela primeira vez, somente rimas femininas (paroxítonas). A ousadia dos *enjambements* e a fuga aos ritmos marcados faz com que a composição lembre a estrutura dos futuros poemas em prosa das *Iluminações*. Para obter esse efeito, traduzimo-lo em versos livres (sem contagem regular de sílabas), observando a cadência do original e compensando a não observância das rimas habituais — magistralmente escamoteadas pelos *rejets* — por algumas rimas internas e aliterações.

[Ó CASTELO, Ó SAZÕES] — pág. 261

[1] Como *A Eternidade* e *A Canção da torre mais alta*, poema-efígie de R., castigado por um sem número de decriptagens e pelas mais extravagantes interpretações. Dessa composição obscura existe outra versão (mais compacta e posterior), incluída na *Alquimia do Verbo*, da *Saison*, e um rascunho, examinado por B. de Lacoste e J. Mouquet, em que foi possível decifrar duas linhas à margem: "Para dizer que a vida não é nada, eis aí as *Estações*". Com o teor das análises oscilando das mais alcandoradas regiões do espírito às mais sórdidas manifestações da carne, temos Rolland de Renéville, para quem R. aí alcança a sabedoria suprema da Índia, "como o indica claramente o galo gaulês" (!); para Henry Miller, R. expressa nesses versos "a alegria de encontrar a Deus"; já R. Goffin e outros identificam no galo um grosseiro sentido priápico. A insinuação de Goffin foi, a princípio, duramente refutada pelos críticos espiritualistas, mas o exame dos rascunhos, conforme afirma A. Adam, "não deixa hoje margem a dúvidas: R. havia escrito a princípio

Chaque nuit son coq gaulois

Depois risca a frase e corrige:

Je suis à lui chaque fois
Si chante son coq gaulois."

E Adam remata: "Pergunta-se como poderia se exprimir de maneira mais clara". Contudo — dizemos nós — a versão final, da *Saison*, troca o possessivo *(son)* pelo artigo definido *(le)*.
Há comentaristas que viram em "estações" o curso da vida terrena e em "castelos" os "castelos da alma" (conforme a expressão de Santa Tereza de Ávila). Segundo S. Bernard, "parece mais simplesmente que as *estações* sejam (conforme os comentários do próprio R.) as "idades da vida" (ou simplesmente períodos, fases, como em *Une saison en enfer),* tendo R. certamente por essa palavra uma predileção estranha".
A solução sazões/senões já constava da versão do poema incluída em *Uma Estadia no Inferno*, que publicamos em 1977. Jorge de Sena (português) traduz "Ó temporadas, castelos, / Mas qual alma é sem farelos?"
Traduzido ainda por Augusto de Campos e José Lino Grünewald.

[O LOBO UIVA NA FOLHAGEM] — pág. 263

[1] Nesse pequeno poema, extraído da *Alquimia do Verbo,* reencontramos o tema da morte ardente, do verdor da primavera e o da voracidade e da sede. Segundo A. Adam, "nada sabemos sobre ele, mas é visível que tenha sido escrito em maio-junho de 1872". P. Petitfils considera possível que faça parte de uma versão mais ampla de Festas da Fome.

[2] Do ponto de vista estilístico, observar as assonâncias em substituição às rimas *(feuilles/vollailes)* e a liberdade dos ritmos (7-6). Há aqui uma belíssima rima em eco: *Mais l'araigné de la haye/ne* (ênhê/ênê), que tentamos corresponder com Mas o aranhão / da hera não (anhão/anão).

OS STUPRA — pág. 267

[1] Escritos todos provavelmente na mesma época (inverno de 1871-72), estes sonetos são pela primeira vez mencionados numa carta de Delahaye a V. datada do final de 1875: "Se queres, envio-te os três sonetos obscenos de que te falei". Embora os tenha enviado numa carta de 14 de outubro de 1883, os sonetos permaneceram inéditos por muito tempo, já que o editor Vanier (que publicou as poesias de R. coligidas por V.) não julgou prudente divulgá-los.

Seu sucessor, Messein, deu-os a público em 1923, intitulando-os *Stupra,* palavra latina que significa estupros. À mesma época, mostrou-os a André Breton e Louis Aragon, que os publicaram na revista *Littérature,* órgão do surrealismo. Sabe-se hoje [depois da descoberta do *Album Zutique,* ver mais adiante], que o terceiro deles foi composto a duas mãos, tendo sido os quartetos de autoria de V, e os tercetos de R. Julga Steve Murphy, todavia, que os quartetos lhe parecem mais rimbaldianos e os tercetos no tom verlainiano de *Hommes* (livro de poemas obscenos de V.). O terceiro soneto aparece no *Album Zutique* e em *Hommes* com o título de *Sonnet du Trou du Cul.*

No livro de V. lê-se a seguinte nota: "Soneto em forma de paródia a um de Albert Mérat, intitulado O *Ídolo,* no qual descreve minuciosamente as belezas de um corpo feminino.: Soneto da Face, Soneto dos Olhos, Soneto das Nádegas, Soneto da... último soneto".

[2] Alusão à estátua do general francês Jean Baptiste Kléber (1753-1800), na fachada do Louvre, que o representa em trajes militares (culote) muito justos, com grande relevo da genitália *(apud* Jeancollas).

Em *Le Premier Rimbaud ou l'apprentissage de la subversion* (vide Bibliografia sumária), Steve Murphy elabora uma análise semasiológica dos sonetos, que, pela sua abrangência, não pode ser aqui sintetizada.

Outras traduções: do primeiro, Heloisa Jahn; do segundo, José Paulo Paes.

ALBUM ZUTIQUE — pág. 273

[1] Resumimos o relato de Antoine Adam sobre esse curioso álbum manuscrito em que os poetas amigos de V, e R. registravam suas fantasias rimadas Ignorado durante muitos anos, teve sua existência revelada em 1936, tendo

pertencido inicialmente ao poeta Charles Cros, passando em seguida a várias mãos, até ser adquirido por Pierre Latécoère, construtor de aviões que era igualmente bibliófilo. Poucos eruditos tiveram acesso a ele, até que em 1942 Pascal Pia publicou em *L'Arbalète*, de Lyon, seis peças de R. extraídas do álbum e, posteriormente, em 1962, uma edição completa do mesmo, em dois volumes. Além das 22 peças de R., há 12 de V., 24 de Léon Valade e algumas de Cabaner, Carjat, Richepin e de outros menos conhecidos. São em geral paródias de poetas ou rimadores notórios, como Banville, Coppée, Léon Dierx. Os colaboradores glosavam (e "gozavam") principalmente os Parnasianos, mas a brincadeira se estendia aos próprios participantes do grupo, como se pode ver da paródia que R. faz das *Festas Galantes* de V. Os versos eram escritos a mão nas folhas do álbum, que continha igualmente desenhos e caricaturas, e eram assinados com o nome do poeta pastichado, seguido das iniciais do verdadeiro autor. Daí sabermos com segurança quais as peças devidas a A.R. *Zut* é uma exclamação onomatopéica francesa denotativa de descontentamento, impaciência (R empregou-a em *Miguel e Cristina)*, que, embora existente na língua até hoje, era popularíssima à época de R., equivalente talvez ao nosso "pô!". Antônio Nobre, que estudava em Paris por esse tempo, trouxe de lá a expressão e incorporou-a ao soneto "Vai para um convento": *Falhei na vida. Zut ! Ideais caídos.* Foi o Dr. Antoine Cros, irmão do poeta Charles Cros, quem escreveu o título na primeira página do álbum, pois queria que o círculo tomasse o nome de Zutisme. Além das produções de R. aqui consignadas, há no álbum mais duas, uma sem título, outra denominada *Bouts-Rimés,* constantes de uma página rasgada, das quais subsistem apenas palavras isoladas, sem lugar numa tradução. Além disso, há um belo poema de Émile Cabaner dedicado a R., que pode ser lido na primeira das notas do 2º vol. e que tem como refrão:

> *Enfant, que fais-tu sur la terre?*
> *J'attends, j'attends, j'attends!...*

Essas produções licenciosas, durante muito tempo consideradas simplesmente "humorísticas" pelos comentaristas conservadores, têm sido recentemente submetidas a profunda análise pela corrente formada por Steve Murphy, Marc Ascione, J.-P. Chambon e Alain de Mijola, que, além de decriptá-las em suas insinuações *argotiques* (de gíria), emprestam-lhes uma nova dimensão de caráter erótico e de sarcasmo político, até então inteiramente ignorada.

LÍRIOS – pág. 273

[2]R. criticando Armand Silvestre, que era muito gordo e fazia abundante uso de lírios em seus versos, compara essas flores a baloiços (com insinuações a badalos) e a clisteres, com alusão ao pedúnculo da planta. Ouçamos Marc Ascione: "R. escreve *balançoire* sem "e" e no plural. Sem conhecer a palavra, ausente do Littré e do Robert, os editores emendam para *balançoire,* no feminino singular. Mas se recorressem ao *Diccionaire érotique* de Delvau veriam que *balançoir* é um dos sinônimos para membro viril e que *clysopompe* é o mesmo que clister. A quadra adquire então todo um novo sabor, principalmente se

acrescentamos que a palavra amor tem aí um sentido concreto". E Steve Murphy, de lupa em punho: "Constate-se a presença sardônica de *lys* no interior da palavra *cLYStères,* bem como em *cLYSopompes".*

OS LÁBIOS CERRADOS — pág. 273

3 Alusão ao livro de poemas de Léon Dierx, *Les lèvres closes,* publicado em 1867.

FESTA GALANTE — pág. 275

4 Pastiche das *Festas Galantes,* de Verlaine, publicadas em 1869, mais particularmente do poema Colombina, em que V. evoca os sons de uma guitarra com os versos "Do, mi, sol, mi, fa", utilizando-se com freqüência de tercetos.
A facécia adquire novo sentido, quando decodificada *argotiquement: Gratter un lapin* (literalmente, coçar um coelho) significa masturbar. *Piner* (derivado de "pênis") equivale a copular; *l'oeil du lapin* é o meato da glande; *tapoter* é dar tapinhas, fazer "festinhas"; *tapin,* que é o designativo do mau tocador de tambor, adquire aqui o significado de "apressado" e *être en ribote,* expressão popular para dizer "ficar alto, bêbedo" funciona como ejacular. Tudo está no *Diccionaire érotique moderne,* de Delvau (1864), reeditado em 1986.
Observar a espantosa rima gozativa Co<u>lombina</u>/Que <u>l'on pina</u> e estrutura métrica e rímica, que observamos.

[OCUPAVA UM VAGÃO...] — pág. 275

5 Valemo-nos novamente de S. Murphy, o indefectível Virgílio dessa selva selvagem de embustes e maquinações semânticas: "É às vezes edificante observar como R. prodigaliza hábeis rasteiras textuais no leitor. Na verdade, o ardil faz parte do texto, o erro está destramente programado". Sob a aparente descrição realista de uma viagem de trem, na terceira classe, onde um inconveniente vigário masca fumo ou fuma seu cachimbo, uma leitura decriptada acaba transformando o vagão numa prostituta, "que recebe ao mesmo tempo atenções [do narrador e do cura] de ambos os lados, como num texto de Sade". Paremos por aqui. O leitor que tire outras conclusões ou vá buscá-las em Murphy. Nossa tradução se orientou no sentido de permitir ambas as leituras.

[PREFIRO COM RAZÃO...] — pág. 277

6 François Coppée era um poetastro de grande sucesso na época de R. que, a princípio, o considerava bastante, passando, já em Paris, a criticá-lo. Sua obra e vida se prestavam facilmente às brincadeiras zúticas. Além disso, seu nome permitia o trocadilho Vieux Coppée/Vieux Couplet (O velho Coppée e uma velha copla, ou canção). Coppée escrevia habitualmente décimas (estrofes de

dez versos), verdadeiros cromos realistas, com cenas da vida cotidiana. Como no anterior, o texto está recheado de duplos sentidos, o mais evidente *marronniers* (castanheiros; castanha = testículos). Observar a rima jacinthes / hyacinthe, que conseguimos preservar (jacinto [erva da família das liliáceas] / zacinto [gênero de plantas da família das compostas chicorióideas], palavras quase iguais, uma para designar determinada planta, outra a cor da tarde .

[CALÇAVA A HUMANIDADE...] — pág. 277

7 R. critica Louis-Xavier de Ricard, que, antes de se tornar um dos fundadores do Parnasso, entregava-se à poesia social e filosófica, onde abusava de palavras como humanidade e progresso.

BABAQUICES — pág. 279

8 Com esse título traduzimos *Conneries*, guardando tanto a raiz quanto o sentido figurado existentes em francês.

I — O COMILÃO — pág. 279

9 Soneto dissílabo com esquema rímico abab abab aab aab, que mantivemos. Tradução literal dos versos: Casquete / de chamalote, / "pipiu" de marfim / toalete [roupa] / muito escura, / Paul espreita / o armário, / projeta / [a] linguinha / sobre [a] pêra / prepara / [a] varinha / e borra-se. Escusado dizer o significado erótico de "pêra" e de "vara", como em português.

II — PARIS — pág. 279

10 Este soneto, diz J. Mouquet, é "uma evocação da Paris de 1871, constituída pela nomenclatura de comerciantes em voga, assassínios célebres e literatos da moda". Alphonse Godillot (sapataria), Gambier (charutaria), Galopeau (pedicuro), Menier (chocolate), Leperdiel (farmácia ortopédica), Kinck (família dizimada pelo assassino Tropmann, citado adiante), Jacob (família conhecida de R.), Bonbonnel, Veuillot, Augier, Gill, Mendès, Manuel (escritores), Hérissé (chapeleiro). Quanto a Guido Gonin, como nome é desconhecido; P. Petitfils no entanto lê "Guide Gonin", que seria talvez um livro de guia turístico. Já o *Enghiens chez soi!* (Enghiens em casa), tratava-se de pastilhas efervescentes que, dissolvidas na água, eram um *ersatz* da água mineral de Enghien (estação balneária próxima de Paris).

III — COCHEIRO BÊBEDO — pág. 281

11 Soneto monossilábico, com manutenção do mesmo esquema de rimas (abab abab) em ambos os quartetos, aqui observado.

Esse tipo de verso divertido, praticado na época romântica, foi criticado por Banville. Charles Cros escreveu um *Sur la femme* (Sobre a mulher) e há vários deles no álbum.

Interpretação do texto sintético: [Depois de beber, o cocheiro] sai [da taberna vendo tudo] nacre (ou nácar = embaciado) e [vermelho como um] lacre vai [guiando seu coche como um louco]; (acerbo lamento) acre guai — o fiacre (tomba) cai! No tombo, uma dama fica com as costas comprimidas (presas) e grita! e geme.

Foram preservados todos os componentes do soneto, sem introdução de elementos inexistentes no original.

Também traduzido por Augusto de Campos.

O GUARDA DA VELHA — pág. 283

[12] Há no título um trocadilho que procuramos imitar. *Vieux de la Vieille* (Velho ou velhos da guarda) é uma expressão francesa para designar os veteranos de guerra, componentes da velha guarda imperial. R. joga aqui com o duplo sentido da expressão para designar Napoleão III e Eugênia, a imperatriz. Demos o título duplo de A Velha Guarda e O Guarda da Velha.

Mas há outro veneno: o Príncipe imperial nasceu na verdade a 16 de março e R. não teria de forma alguma cometido um erro de citação; o que pretendeu foi celebrar com a data "falsificada" o nascimento da Comuna a 18 de março, quando Thiers não conseguiu retirar os canhões da Guarda Nacional. A "blague" era transparente para o leitor da época.

ESTA-DO DE SÍ-TIO — pág. 283

[13] O ponto de interrogação após o título *État de Siège?* revela o duplo sentido da expressão: estado de sítio e estado de assento. R. lamenta o pobre cocheiro (postilhão) sentado no banco frio de lata do "ônibus" (carruagem de passageiros). Daí termos escandido a palavra Estado de Sítio obtendo uma segunda leitura (Esta dó de si, tio).

A décima está cheia de malícia codificada: já sabemos o significado argótico de "luva" (masturbação), mas S. Murphy decodifica muitos outros elementos aqui: o cocheiro tem doença venérea (frieira), mas nem por isso deixa de excitar-se, afastando da virilha (em chamas) a "sacola". E como o momento é de estado de sítio, aproximando-se a hora do toque de recolher, ele dispara à toda pressa para o Odéon (ponto final do "ônibus") a fim de poder logo entrar no paradouro obscuro.

A VASSOURA — pág. 285

[14] Outra décima que, decodificada, apresenta leitura surpreendente: a vassoura aqui é a de cordas, que se usa na limpeza das privadas. Grandes elaborações por parte dos especialistas (Ascione, Chambon) sobre a palavra *chiendent* (nome da fibra de que são feitas, aqui traduzido por juta) que tem implicações com *chier*, verbo escatológico francês. Indagações sobre a utilização da

mesma. A referência a Irmãs, no último verso, é uma perfídia sobre o estranho afeto que Coppée tinha pela mãe e pela irmã.

EXÍLIO — pág. 285

15 Exílio se apresenta sob a forma de um fragmento de carta do Imperador que, após a derrota de Sedan e a prisão em Wilhelmshohe, parte para o exílio na Inglaterra e de lá escreve a seu médico, Henri Conneau.
O Tio Vencedor é sem dúvida Napoleão I (Bonaparte), tio do pseudo-missivista, e O Tamborzinho é o príncipe imperial, filho deste.[No original está *Petit Ramponneau*, mas, para melhor identificação por parte do leitor brasileiro, escolhemos esse outro epíteto que apareceu antes no soneto *A Estrondosa Vitória de Sarrebruck*]. A referência à bílis do povo se reverte contra o próprio imperador destronado, que sofria de enfermidades hepáticas e renais. Steve Murphy associa esse vento final a flatulências.

O ANJINHO MALDITO — pág. 287

16 Louis Ratisbonne (1827-1900), a quem R. atribui estes versos, era um poeta espiritualista e religioso. Autor de *La Comédie Enfantine*, no qual o autor "registrou pequenos gestos e palavras de crianças, fazendo-se graciosamente moralizador"(no dizer de Paul Fort e Louis Mandin). R. usa palavras tais como cocô e jujuba para elaborar sua sátira mordente.

[NAS TARDES DE VERÃO...] — pág. 289

17 Outra décima, "atribuída" a Coppée, na mesma atmosfera das caminhadas pelo campo tão ao gosto do velho poeta, mas na qual R. introduz algumas provocações à maneira de *Oração da tarde*. Sabendo-se que, neste contexto, quiosque não é uma banca de jornais, mas um mictório público, pequena rotunda, que deixava à mostra os pés do usuário, pode-se imaginar o que sejam os cursos de água referidos... O *Ibled*, do anúncio luminoso, era a marca de um chocolate popular à época.

[A ESSES LIVROS DE ESCOL...] — pág. 289

18 "Os livros de 'arte louça' [em francês, literalmente, de 'arte serena'], são os que afastam as preocupações da alma e, como convém aos livros de cabeceira, fazem dormir: *Obermann*, romance de Sénancour (1806), nada tem de tranqüilo; Madame de Senlis escreveu obras educacionais; *Vert-vert*, de Grasset, relata as velhacas aventuras de um papagaio; quanto ao *Lutrin*, trata-se de um poema burlesco de Boileau" (L. Forestier).
No que respeita a *O Tratado do Amor Conjugal*, que obteve prolongado sucesso particularmente em decorrência de suas ilustrações, seu autor foi de fato o Dr. Nicolas Venette (e não Venetti, como escreve R.), médico do séc. XVII. Contudo, Lawrence Watson mostrou que, sob o mesmo título, um certo

Venetti fez circular, em 1869, uma compilação sem interesse, destinada a enganar os tolos. Talvez R. jogue com os dois nomes.

HIPOTIPOSES SATURNIANAS EX-BELMONTET — pág. 291

[19] Hipotipose é uma figura de retórica, uma descrição tão viva de um objeto ou de uma ação, que apresenta à vista o que pretende significar.
Belmotet (1799-1879) era poeta bem conhecido como ultra-bonapartista. Seus versos se caracterizavam por uma incoerência metafórica que os tornava pelo menos extravagantes. O ex- do título significa extraído de, como se fossem citações verdadeiras. Saturnianos quer dizer de época legendária, muito recuada, mas pode igualmente ser um jogo com os *Poemas saturnianos* de Verlaine. Chamá-lo de "arquétipo parnasiano" não é propriamente um elogio.
A primeira alude à necessidade que o príncipe imperial tem de arranjar um barco (esquife) para fugir da França e partir para o exílio. A vela branca é alusão a Teseu, que trocaria as velas negras de seu navio por velas brancas caso tivesse morto o Minotauro; esquecendo-se de fazê-lo, leva seu pai, Egeu, a se atirar de uma falésia e morrer. Significa que o príncipe imperial é a esperança de Napoleão III, mas há outras interpretações de caráter erótico.
Na segunda, o poeta chora (lacrimários) a morte do Segundo Império e o revés do Príncipe imperial, que estava preparado para ascender ao trono e tem que ir para o exílio.
Na terceira a conclusão de Belmotet seria que o amor procura se aproveitar da amizade para substituí-la, mas é a amizade que acaba substituindo o amor.
Na quarta, o cetro-cruz napoleônico que se erige sobre Paris, esse vulcão das nações, seria a coluna Vendôme.
Na quinta: lá se foram os tempos em que os bigodes de Napoleão III eram hiperbolicamente encerados e quase todos os chefes militares o imitavam. Ele agora distila muco, ranho. Mas há, como sempre, outras interpretações mais escatológicas.

REMEMBRANÇAS DE UM VELHO IDIOTA — pág. 293

[20] Antes de mais nada, assinale-se, como o fizeram Marc Ascione e Jean-Pierre Chambon, que remembranças (*remembrances*) não são a mesma coisa que lembranças (*souvenirs*), estando implícita a idéia de re-membrar, tornar novamente viril. Daí termos mantido o substantivo precioso.
Seria imprudente, como bem coloca A. Adam, ver nessa peça de obscenidade grosseira uma confissão do próprio R. Na verdade, segundo S. Murphy, trata-se da montagem de uma cena, uma confissão, em que o personagem principal é o próprio Coppée, e na qual se introduzem elementos autobiográficos de R. (os almanaques, as privadas, as imagens santas).
Interessante observar como, a princípio, a confissão parece feita ao próprio pai e não ao confessor, o que se esclarece só a meio do poema.
Observe-se ainda o caráter altamente amargurado da confissão e sua tentativa de exculpar-se no final, atribuindo-se um "calor sexual inusitado" que se

resolve, no entanto, apenas pelo ato solitário. Coppée era solteirão e vivia em companhia da mãe e da irmã, numa espécie de reclusão que era vista com malícia pelos componentes do círculo zútico. A repressão da vida sexual mantida pela Igreja seria de molde a conduzir [o personagem] a uma obsessão sexual; a família nuclear, operando uma "retração social" da criança, a incitaria a uma vida sexual solitária e a uma obrigação material de ver os pais como objetos sexuais. Daí poder-se dizer, como conclui Murphy, que o poema comporta três discursos: o do velho idiota, o de Coppée e o de Rimbaud. Finalmente - ainda segundo S.M. - o "abanar a cauda" significa uma confissão de que o velho vai reincidir em seu pecado.

REMEMBRANÇA — pág. 297

[21] A propósito do título, ref. à nota anterior.
Trata-se de uma evocação mítica, porquanto R. tinha 3 anos à época em que nasceu Napoleão IV (o príncipe imperial). Será pois uma "remembrança", no sentido saudosista, uma "volta aos velhos tempos". Nesse clima de aparente exaltação cívico-monárquica, R. introduz maliciosamente o "canto do operário em pobres botequins" [as *gargottes* eram locais de conotação notoriamente subversiva], onde já se rascunhava a queda do regime.
A Santa-Espanhola designa naturalmente a imperatriz, Eugênia de Montijo, alvo preferido dos humoristas e caricaturistas da época em decorrência de sua propalada infidelidade. Daí o sarcasmo do Santa.

[ESSE QUE RECOLHEU...] — pág. 297

[22] A segunda décima visa diretamente ao Príncipe imperial e se situa na contemporaneidade de R. A "criança que recolheu as balas" (em francês, *balles* significa tanto balas quanto "bolas") é a mesma de *A Estrondosa Vitória de Sarrebruck* (vide a nota sobre esse poema). Napoleão III, o pai, já está no exílio, e o infante agora aspira penetrar nas brechas do futuro. O sintagma é entendido por vários comentaristas (Murphy à frente) como um eufemismo para o ato sexual normal, tendo o príncipe abandonado o brinquedo (masturbação), que não passava de um *ersatz*, como as pastilhas Enghien o eram para as verdadeiras estações balneárias (v. nota 10 final de "Paris", acima). A interpretação é confirmada pelos versos finais.

ESPARSOS — pág. 301

[1] Interessante a história subjacente desta oitava. Delahaye conta que, numa caminhada juntos, ele e R. chegaram a um campanário, cuja porta, estando aberta, lhes permitiu subir até o sino. Delahaye estava no momento preocupado com uma versão latina e R. vituperava contra o diretor do colégio, M. Desdouets, que dizia persegui-lo ("triturado por um fascínora"). R. opõe ao bronze do sino sua alma cheia de desespero.
Jean Baudry era o pseudônimo de R. ao enviar colaborações para o jornal *Progrès des Ardennes*; o outro deve ser igualmente um pseudônimo de R., não

localizado ainda pelos pesquisadores, já que o próprio Delahaye informa que o seu era Charles Dhayle (e não Jean Balouche).

VERSOS AO TRONO — pág. 301

[2] *Lieux* em francês significa lugares e também os sanitários ou sentinas públicas, duplo sentido que podemos encontrar na palavra "trono", que além de significar assento real já teve a conotação popular de penico ou privada. R. joga igualmente com a polissemia de *siège*, que significa sítio [assédio] e assento, o que procuramos corresponder com a palavra sítio valendo para assédio e lugar. Os verdadeiros assassinos a que R. se refere são, por herança, o Imperador e seus correligionários, alegando ao fato de que Bonaparte mandara fuzilar o duque de Enghien (Condé). R. os compara com Topmann, que havia dizimado a família Kinck, o que lhe permite trocadilhar com Henrique V (em fancês Henri Cinq = Henri Kink), pretendente do trono. Badingue, como sabemos, era o apelido depreciativo de Napoleão III. Em suma: Topmann devia ser sentado no trono real, ao passo que Napoleão III e o pretendente ficariam melhor, pelo que eram, se postos na privada ("trono").

FRAGMENTOS — pág. 306

[1] Estes retalhos, a que a edição da Pléiade denomina de *Bribes* (frases soltas) e a que L. Forrestier dá o título um tanto irreverente de *Tessons et Casseaux* (aproximadamente: cacos e sobras), são fragmentos sem grande importância, de que não se tem certeza absoluta sejam todos de R.

[2] [Junto à sombra...] — Citado por Delahaye como versos do tempo de colégio, pertencentes a uma sátira que R. pretendia escrever "imitando o *Lutrin*".

[3] [Estremecia atrás...] — Segundo ainda Delahaye, estes versos criticavam um porteiro do colégio "que andava sempre com uma flor à boca". R. fá-lo engolir a rosa e fala de suas "conseqüências" exteriores.

[4] [Casaram-na...] — Eis tudo o que restou na memória de Delahaye de um poema ("pequeno romance simples e muito condensado") que teria vinte a trinta versos: o primeiro e o último.

[5] [Lamento do velho monarquista] — é outro exemplo da maneira especial com que R. ridicularizava seus inimigos políticos pelo uso da obscenidade. Nestes versos, dirigidos a Henri Perrin, redator-chefe do *Nord-Est*, jornal republicano fundado em 1871 em Charleville, R. "assume" o papel de um monarquista que protesta contra a publicação. A palavra fêmur, aqui enfaticamente usada, corresponde a pênis e há um jogo com a polissemia de órgão (jornal/genital). Perrin não publicou o poema, achando que ele ofendia tanto o pseudo-missivista quanto o próprio jornal.

[6] [Lamento dos merceeiros] — peça igualmente destinada ao *Nord-Est*, dentro do raciocínio satírico de R. Os donos de armazéns vêem em Perrin um chefe de bandidos que penetram à força em seus estabelecimentos, comandando a pilhagem.

Um jovem amigo de R., Paul Labarrière, conservou de memória alguns trechos que constavam de um caderno de versos perdido em 1885. São os quatro seguintes:

[7] [Um dos...] — mais parece um estudo de rima, em que surge a curiosa *Sontce/défonce*, que procuramos reproduzir com Um dos/fundos.

[8] [Entre os ouros] — faz lembrar o bricabraque de *Agachamentos*, em que os escabelos são comparados a sapos-bois.

[9] [Oh! as vinhetas...] — Labarrière lembrava-se de uma poesia "onde havia menção a gansos e patos espadanando num charco". Numa carta a Paul Demeny (10.6.71), R. lhe envia alguns triolés, dizendo que eles continuam

> Où les vignettes pérennelles,
> Où les doux vers!

mas não cita o poema por completo.

[E embriagado...] — é possível que R. faça aqui um jogo de palavras com Universo, aludindo-se igualmente a um café de Charleville com esse nome, duplicidade de sentido que já usara numa carta a Delahaye (junho 1872).

[E chove...] — Verso citado por Verlaine como epígrafe da terceira de suas *Ariettes oubliées*" (Il pleut dans mon coeur/ comme il pleut sur la ville, etc.).

[Tenha cuidado...] — escrito à margem de uma cópia manuscrita de R. do poema Paciência, primeiro estágio de Bandeiras de Maio.

[Quando a caravana...] — P. Arnoult conta que Jean Richepin, em 1924, leu para ele um opúsculo amarelecido que continha um texto autêntico de R., lembrando-se da frase aqui reproduzida. Segundo A. Adam há sérias razões a favor de sua autenticidade.

OBRA ATRIBUÍDA

O VENENO PERDIDO — pág. 314

Longa é a história da autenticação deste poema. Como vários comentaristas, achamo-lo mais facilmente atribuível, pelo tom, a Germain Nouveau. Contudo, há uma carta de Verlaine, de novembro de 1888, em que "atesta a autenticidade do poema". Marcel Coulon argumenta contra, alegando a fragilidade das rimas, porém Verlaine especifica na carta que R. o compusera *sur le tard* (tardiamente). Embora discutível, pode se tratar de um poema de R. feito "à maneira" de seu amigo Germain Nouveau. De um ou de outro, conservamo-lo aqui, em tradução, pela sua beleza, pela sua entranhada amargura, pelo seu valor de poesia icônica.

☆

As referências a outras traduções brasileiras foram extraídas do livro *Rimbaud no Brasil* (org. de Carlos Lima) e da bibliografia estabelecida por Erthos Albino de Souza para *Folha de São Paulo* (*Letras*,9.11.1991), muitas das quais escapam ao nosso conhecimento direto.

☆

Permita-me o leitor uma palavra final, a título de confidência:

Acho inútil e ociosa essa preocupação exegética em torno de cada momento da obra de Rimbaud, a ponto de ter havido uma polêmica entre Etiemble e René Char por causa de uma simples vírgula num poema (Comédia da sede). É certo que o tradutor, na sua condição de leitor privilegiado, de crítico-intérprete, para melhor penetrar o sentido do que procura transmitir, tem a necessidade de conhecer tudo quanto possa do assunto de que trata. Mas o leitor deve mais que tudo ler os versos, ler apenas, deixando-se penetrar pela sua carga poética, pelo embate de suas sugestões, a multiplicidade de suas propostas, em vez de se envolver na busca exata (sempre controversa) de seu significado. Em última análise, bastaria aqui inscrever a palavra veemente de Jacqueline Bruller-Dauxois, em seu artigo "Assassínio de um poeta", publicado na revista *Europe*, de maio-junho 1973:

"Pegue o livro. Jogue fora o artigo que fala sobre ele. Esqueça tudo. Tudo. Sempre se fala demais. Abra o livro porque nunca saberemos nada desse homem que viveu, que se chamava — lá está dito no prefácio, Jean-Nicolas-Arthur Rimbaud; arranque o prefácio, as notas, as variantes, as emendas. Ele não dava a mínima para as variantes, ele, Rimbaud! Ninguém ainda o leu devidamente. Não se deve mais esperar. Este é um livro que não se lê com os olhos".

IVO BARROSO

SÚMULA BIBLIOGRÁFICA

Jean Paulhan tinha toda razão ao considerar que os estudos rimbaldianos estavam se tornando um gênero literário autônomo. Na 2ª edição (1968) de *Le Mythe de Rimbaud (Genèse du mythe —1869-1949)*, Étiemble já arrolava 2606 títulos (inclusive artigos de jornal) sobre Rimbaud e sua obra e, nos 45 anos que se seguiram, a relação terá certamente triplicado. A breve lista que damos abaixo compreende apenas os livros que possuímos ou utilizamos na organização deste trabalho.

OBRAS COMPLETAS:

Em francês:

• *Oeuvres complètes. Rolland de Renéville e Jules Mouquet* — Pléiade, 1954.
A primeira edição crítica fidedigna, surgida em 1946 e várias vezes reeditada.

• *Oeuvres complètes. Antoine Adam* — Pléiade, 1972.
Atualização altamente melhorada da anterior, texto e disposição seqüencial cronológica adotados nesta tradução.

• *Oeuvres de Rimbaud. Suzanne Bernard* — Garnier, 1960.
As judiciosas interpretações críticas de Mme. Bernard são imprescindíveis ao conhecimento da obra do poeta.
Há edição mais recente, "revista e corrigida" por André Guyaux (1987).

• *Oeuvre-Vie. Edição do centenário, estabelecida por Alain Borer* — Arléa, 1991.
Borer é hoje, na França, o incontestável expert em R., principalmente depois de suas pesquisas sobre os traços do poeta em Aden. À falta de novidade, dá excessiva preeminência aos versos latinos e à prosa colegial de R..

• *Oeuvres complètes. Louis Forestier* — Robert Laffont, 1992.
A disposição da matéria (verso e prosa entremeados) para atender a um escrúpulo cronológico torna esta edição um tanto desconjunta. Precedida de um dicionário, resumo da obra de Jeancollas que citaremos adiante.

Em inglês:

• *Collected poems. Oliver Bernard — Penguin Classics, 1987.*
Tradução em prosa, em pé de página, sob o texto francês. Correto guia de leitura para estudantes de língua inglesa. 1a. ed. 1962.

• *Complete Works, Selected Letters. Wallace Fowlie — University of Chicago Press, 1966.*
Tradução toda em versos brancos, porém mais "poética" que a anterior. Étiemble aponta inúmeros erros de interpretação do tradutor.

• *Complete Works. Paul Schmidt — Harper Colophon, 1976.*
Tentativa desastrosa de reproduzir os versos de R.
Disposição da matéria, confusa; transposição da prosa poética de *As Iluminações* sob a forma de versos. Étiemble castiga.

Em italiano:

• *Opere. Diana Grange Fiori. — Mondadori, 1975.*
Os italianos são grandes tradutores de R. embora optem quase sempre pela tradução em prosa apenas ritmada.

• *Opere. Ivos Margoni — Feltrinelli, 1988 (9a. ed.).*
Margoni é o tradutor-crítico por excelência; comentários elucidativos e de grande expressividade.

• *Poesie. L. Maza — Einaudi, 1973.*
Mesma sistemática dos anteriores; notas nem sempre acuradas.

• *Opere in versi e in prosa. Dario Bellezza. — Garzanti, 1989.*
Tradução em versos livres.

• *Opere complete. Mario Richter — Einaudi-Gallimard, 1992.*
Primeira edição italiana completa em versos rimados.

OBRAS ISOLADAS:

Em francês:

• *Oeuvres poétiques. Michel Décaudin — Garnier-Flamarion, 1964.*
Edição de bolso.

• *Poésies Rimbaud — analyse critique. Patrick Olivier — Hatier, 1977.*
Para uso colegial.

• *Poésies — Aux Quais de Paris, 1966.*
O livrinho capa amarela, FF 3,30, que todo estudante sonha comprar nos *bouquinistes* das margens do Sena!

- *Une saison en enfer* – *Collection ouroboros* – *les lettres fantastiques illustrées* – *éditions axium, 1969.*

Em inglês:

- *Illuminations. Louise Varèse.* – *New Directions, 13a. ed. 1957.*

- *A Season in hell and The drunken boat. Idem* – *12a. ed. 1961.*

Traduções de grande mérito, superadas apenas pela:

- *A Season in Hell / The Illuminations. Enid Rhodes Peschel* – *Oxford Paperbacks, 1974.*
Enid Peschel é a tradutora definitiva de R. em língua inglesa, sempre fiel, sempre correta, sempre criativa. Multo elogiada por Étiemble.

- *Illuminations. Norman Cameron* — *The Hogarth Press, incluído em Baudelaire Rimbaud Verlaine, editado com uma introdução de Joseph M. Bernstein* — *The Citadel Press, N.J. 1967.*
As *Iluminações* de Cameron incluem vários poemas, todos traduzidos em versos rimados. Eis o que um grande poeta pode fazer em matéria de tradução. Seu Seven-Years-Old Poets é paradigmático.

- *A Season in Hell and Illuminations.* Bertrand Mathieu — BOA Editions Ltd., N.Y. 1991.

Em italiano:

- *Illuminations. Mano Mattucci.* — *Sansoni, 1952.*
A tradução definitiva das *Iluminações* em italiano.

- *Illuminazioni. Ivos Margoni e Cesare Colletta* — *Rizzoli, 1988. 2a ed.* Excelente tradução, embora não supere a de M. Mattucci.

- *Le Illuminazioni e Una Stagione all'Inferno. Anna Luisa Zazo* — *Rizzoli, 1961.* Edição de bolso para uso universitário.

- *Rimbaud la vita la poesia i testi esemplari. Ruggero Jacobbi* — *Edizioni Accademia, 1974.*
Jacobbi só contempla o R. dos Derniers Vers e da prosa poética. Tradução em versos ritmados sem rima, bastante bons.

Em espanhol:

- *Una temporada en el infierno. Oliverio Girondo y Enrique Molina* – *General Fabril* – *Buenos Aires, 1959.*
R. a quatro mãos. Não basta ser um *drôle de ménage* para fazer uma boa tradução. Esta é pedestre, cheia de erros.

- *Una temporada en el infierno. Gabriel Celaya – Visor, Madrid,1985*

- *Iluminaciones. Cintio Vitier — Visor, Madrid, 1980.*
  Muito superiores às traduções argentinas.

- *Arthur Rimbaud — Poesia completa — tr. Alberto Manzano — Edicomunicación S. A, — Barcelona 1994*
  Traduções em versos brancos não metrificados, correta mas sem criatividade.

- *Arturo Rimbaud – Obra Poética – tr. E. M. S. Danero – Librería Perlado – Buenos Aires – 1959*

  Em sueco:

- *Lyrik och prosa. Gunnar Ekelöf— Furum, 1972.*
  O tradutor, falecido em 1978, é um dos mais importantes poetas europeus contemporâneos. Mas parece que a língua não ajuda, pois grande parte das expressões contractas e peculiares de R. viram lugares-comuns em sueco.

TESTEMUNHOS:

- *Les Poètes Maudits. Paul Verlaine — Le temps qu'il fait, 1990.*
  Reedição oportuna da primeira biografia-antologia de R. publicada em 1884 por Léon Vanier. V. estuda a obra de Tristan Corbière, Arthur Rimbaud e Stéphane Mallarmé, nessa ordem. Comentários indispensáveis, embora um tanto maneirosos.

- *Rimbaud, tel que je l'ai connu. Georges Izambard — Le passeur, 1991.*
  Outra reedição necessária, devida ao centenário, com as recordações do professor e grande amigo de R.

- *Delahaye témoin de Rimbaud. Frédéric Eigeldinger e André Gendre — À la Baconnière, Neuchâtel, 1974).*
  Essencial, tanto pelos testemunhos desse amigo de infância, falecido em 1930, quanto pelos documentos inéditos e comentários eruditos dos autores.

- *Mémoires de ma vie. Ex-Madame Verlaine— Flamarion, 1936.*
  Narra seu infortúnio matrimonial com V., mas traça dois convincentes perfis de R., de resto muito transcritos por biógrafos e comentaristas.

- *Journal. Vitalie Rimbaud — apresentado por H. Bouillane de Lacoste e Henri Matarasso — Mercure de France, 1938.*
  Diário da irmã mais velha de R., falecida aos 17 anos, que conta sua ida a Londres para visitar o irmão. Os trechos mais interessantes estão transcritos na ed. da Pléiade.

- *La Vie de Jean-Arthur Rimbaud. Paterne Berrichon — Mercure de France, 1897.*
  Hagiografia desajeitada e prematura desse cunhado-póstumo de R., totalmente caída em desuso e só consultada para eventuais citações depreciativas.

- *Reliques. Isabelle Rimbaud — Mercure de France, 1922.*
  O mesmo empenho do marido (P. Berrichon) em "reabilitar" o poeta. A descrição (para muitos falsa) da morte de R. vem comentada em quase todas as biografias.

Arthur Rimbaud ne varietur 1854-1871 — *Chez l'auteur* — *Nice* — *1936* Verdadeira preciosidade bibliográfica este livro escrito por um militar que foi colega do pai de Rimbaud e o escreveu para desmitificar a celebridade do poeta.

BIOGRAFIAS:

- *La vie aventureuse de Rimbaud. Jean-Marie Carré* — *Plon, 1926. Reedição revista e aumentada em 1949.*
  Inúmeras vezes reeditada e traduzida em várias línguas, é unanimente considerada pela crítica rimbaldiana como fantasiosa e oportunista. Biografia romanceada.

- *Rimbaud. M. A. Ruff* — *Hatier, 1968.*
  Esta biografia, que A. Borer vê com reservas — "comentários por demais perspicazes, que se devem acolher com prudência" — é talvez a mais popular e difundida no estudo universitário do poeta.

- *Arthur Rimbaud. Enid Starkie* — *New Directions, 1968.*
  Esta é A biografia de R., até hoje insuperável. Os franceses levaram 40 anos para traduzi-la, procurando manter só ao alcance dos *happy few* a superioridade de miss Starkie.

- *Rimbaud de Enid Starkie. Tradução de Alain Borer* — *Flamarion, 1982.*
  A. Borer presta afinal a homenagem dos franceses a Enid Starkie, sem deixar contudo de apontar falhas ou omissões. A edição francesa vale pela riqueza das notas e dos apêndices.

- *Rimbaud. Pierre Petitfils* — *Juliard, 1982.*
  Petitfils, um dos grandes comentaristas de R. já havia escrito uma biografia do poeta em colaboração com Henri Matarasso. Esta nova edição aparece melhorada, talvez a melhor francesa.

- *Arthur Rimbaud, une question de présence. Jean-Luc Steinmetz* — *Tallandier, 1991.*
  A mais nova das biografias, mas sem muita novidade.

- *Rimbaud, a Biography* — *Graham Robb* — *W. W. Norton & Co,* — *New York, London* — 2000 Na linha de Enid Starkie, este escritor inglês, especialista em literatura francesa, conseguiu escrever a mais "legível" biografia de Rimbaud de nossos tempos.

- *Arthur Rimbaud* — *Jean-Jacques Lefrère* — *Fayard* — *Paris* — 2001 A mais completa biografia de Rimbaud até o momento, com alguns fatos e observações não constantes de outros compêndios.

ESTUDOS E ENSAIOS:

- *Arthur Rimbaud* — *Poètes d'aujourd'hui. Claude Edmonde Magny* — *Pierre Seghers,* 1952.
  Mme. Magny é uma das grandes estudiosas de R. Seu ensaio-antologia é merecidamente bem cotado.

- *Rimbaud par lui même. Yves Bonnefoy* – *Éditions du Seuil, 1970.*
  Y.B., professor da Sorbonne, tem em R. um de seus temas prediletos. Muitos críticos, como Steve Murphy, por exemplo, apontam seus descaminhos críticos por força de excessivo comprometimento religioso.

- *Rimbaud — Dossier 1903-1925. Jacques Rivière — Gallimard, 1977.*
Retrato psicológico dos mais interessantes, permanentemente remanejado. Rivière via em R. "um maravilhoso introdutor ao cristianismo". Suas meditações têm às vezes caráter místico e expressam uma quase exeperiência pessoal.

- *Rimbaud le voyou. Benjamin Fondane — Éditions Complexe, 1970.*
Fondane é o oposto de Rivière, vendo em R. um apóstolo do desespero.

- *Rimbaud. Chemin de la création. Madaleine Perrier — Gallimard, 1973.*
Tenta uma decodificação do texto rimbaldiano pelo estudo de seu léxico, mas sem grandes avanços e insistindo em identificações já de muito superadas.

- *Arthur Rimbaud et la liberté libre. Alain Jouffroy — Éditions du Rocher, 1991.*

- *Rimbaud mystique contrarié. Stanislas Fumet — Plon, 1966.*

- *Improvisations sur Rimbaud. Michel Butor — Éditions de la Difference, 1989.*

- *L'oeuvre et le visage d'Arthur Rimbaud. Pierre Petitfils — Nizet, 1949.*
Obra pioneira no levantamento bibliográfico e iconográfico de R.

- *Le Mythe de Rimbaud. Étiemble — Gallimard — 3 vols.*
— Genèse du mythe — 1869-1949 — 2a. ed. 1968.
— Structure du mythe — Nova edição, 1961.
— Le mythe — année du centenaire — 2a. ed. 1968.
Étiemble conquistou a Sorbonne com a tese em que destruía as idéias preconcebidas acerca de R., principalmente as que procuravam seguir, na linha de Paterne Berrichon, com um processo de "santificação"do poeta. Mas acabou por se tornar uma espécie de profissional do contra, sem deixar contudo de lhe reconhecer a grandeza poética.

- *Rimbaud, sistème solaire ou trou noir?. Étiemble — PUF Écrivains, 1984.*
Estudo imprescindível. Entre outras análises, mostra alguns "escorregões" de tradutores de R. Talvez o melhor E.

- *Rimbaud. Étiemble e Yassu Gauclère — Gallimard, 1950.*

- *Le Sonnet des Voyelles. Étiemble — Gallimard, 1968.*

- *Rimbaud l'heure de la fuite. Alain Borer — Gallimard, 1991.*
Os sempre interessantes comentários de Borer, nesta edição muito ilustrada, na onda do centenário.

- *Rimbaud et son père — Les clés d'une enigme. Charles Henry L. Bodenham — Les Belles Letttres, 1992.*
Análise da escola psicológica, que procura explicar as influências do pai ausente na criação poética de R.

- *Madame Rimbaud. Françoise Lalande — Presses de la Renaissance, 1987.*
Esforço honesto de explicar a conduta rígida de Vitalie Cuif, a mãe do poeta.

- *Le double Rimbaud. Victor Segalen — Fata Morgana, 1986.*

- *Rimbaud et la ménagerie impériale. Steve Murphy — CNRS, 1991.*
Decodificação das referências sexuais nas "caricaturas" políticas de R.

- *Le Premier Rimbaud ou l'apprentissage de la subversion. Steve Murphy — CNRS — 1990.*
As análises de S.M. permitem ver o que está por baixo de frases e expressões aparentemente inócuas. Dois livros que nenhum tradutor de R. pode ignorar sem incorrer nas maiores "traições".

- *"Des singularités qu'il faut voir à la loupe... Marc Ascione — Cahiers du Centre Culturel A. R., no. 11, 1990.*
M.A. propõe uma leitura textual e ao mesmo tempo psicológica de R. Um de seus importantes comentaristas atuais.

- *Philologie et... psychanalise? A propos de deux variantes de Première soirée. Jean-Pierre Chambon — CCAR, 11, 1990.*
J.-P.C. é da mesma "escola"de S. Murphy e tem contribuído com inúmeros artigos para o esclarecimento de passagens herméticas ou crípticas de R.

- *Sur R., Lire Illuminations. Antoine Fongaro — Les Cahiers de Líttératures, 1985.*
Reunião dos artigos (até 1985) desse importante analista da "escola" acima, que às vezes extrapola.

- *Arthur Rimbaud ou l'éclatant désastre. Pierre Brunel — Champ Vallon, 1991.*
P. B. é hoje um dos grandes estudiosos da obra de R., embora comprometido às vezes com o misticismo e o esoterismo do poeta.

- *La Pensée poétique de Rimbaud. Jacques Gengoux — Nizet, 1950.*
Um clássico das especulações do esoterismo de R.

- *Arthur Rimbaud — Une Saison en Enfer — édition critique. Pierre Brunel — José Corti, 1987.*
Imprescindível para os estudiosos da *Saison.*

• *Rimbaud, projets et réalisations. Pierre Brunel* — *Champion, 1983.*

• *La Prose de Rimbaud. Gilles Marcotte* — *Boréal, 1989.*
Passeio desse importante crítico canadense pelos processos criativos e a ideologia de R.

• *Autour de Rimbaud. C.-A. Hackett* — *Librairie C. Klincksieck, 1967.*
Outro inglês, como Starkie, dedicado a R. Estudos comparativos com a poética de Baudelaire, Verlaine, Apollinaire e Longfellow.
Suas "fantasias" (em outras obras), no entanto, são muito criticadas pelos franceses.

• *Le code dantesque dans l'oeuvre de Rimbaud. Margherita Frankel* — *Nizet, 1975.*
Preciosa contribuição dessa *scholar* da Universidade de New York sobre a ajuda que a obra de Dante pode emprestar no entendimento de R.

• *La Bataille Rimbaud. Bruce Morrissette* — *A. G. Nizet, 1959*
Obra traduzida do inglês: este americano levanta o melhor dossiê existente sobre o famoso *fake* La Chasse spirituelle.

• *Essais de sémiotique poétique* — *Larousse, 1972.*
Contém dois estudos estruturais sobre R. : de Jean-Paul Dumont sobre a quadra L'étoile a pleuré...e de Claude Zilberberg sobre Bonne pensée du matin. Bom para quem curte.

• *Rainbow pour Rimbaud. Jean Teulé* — *Julliard, 1991.*
Ficção em torno de um leitor de R. tendo por título o trocadilho já velho à época.

PUBLICAÇÕES E REVISTAS ESPECIALIZADAS:

• *Europe* — *número especial sobre R.* — *maio-junho de 1973.*
Artigos de: Jean Follain, L. Forestier, Jacques Gaucheron, Marilène Clément, Philippe Soupault, Marc Delouze, Luc Bérimont, André Dhotel, Jacqueline Bruller-Dauxois, Fabrice Ulmann, Hubert Juin, Jean Richer, Gabiel Rebourcet, Alain Sacerny, Michel Charolles, Marc Ascione, Jean-Pierre Chambon, Ugo Piscopo, Nicolai Dontchev e Nicole Boulestreau.

• *Europe* — *número especial* — *junho-julho de 1991.*
Artigos de: Charles Dobzynski, Alain Jouffroy, Alain Borer, Branko Aleksic, Aragon, Jean-Luc Steinmetz, André Velter, Roger Munier, Bernard Noël, Serge Sautreau, Pierre Brunel, Mohamed Kacimi, Emile Foucher, Yasuaki Kawanabe, Anne-Emmanuelle Berger, Sergio Sacchi, Jean-Yves Bosseur, Jean Marie Le Sidaner, Zéno Bianu e Fréderic-Jacques Temple.

- *La Revue des Lettres Modernes — dirigida por Louis Forestier*
  Quatro números dedicados a R.
  — I — Images et témoins (G. A. Bertozzi, M. Davies, M. Eigeldinger, P. C. Hoy, D. Mouret e Y. Redoul)
  — II — Une Saison en Enfer — poétique et thématique — hommage anglo-saxon (C. Chadwick, R. Chambers, M. Davies, C. A. Hackett, P. C. Hoy, R. Little e J. D. Price).
  — III — Problèmes de langue (A. Amprimoz, L. Ciocârlie, C. de Dobay-Rifelj, M. Jutrin e M. Schaettel)
  — IV — Autour de "Ville(s) et de "Génie"(M.-C. Banquart, M. Davies, Étiemble, M.-J. Whitaker).

- *Avant-Siècle — Études rimbaldiennes*
  Quatro volumes dedicados a Rimbaud:
  1. Textes inédits ou récemment découverts
  2. Les manuscrits de Rimbaud
  3. Ètudes et documents
  4. Madame Rimbaud (par Suzanne Briet)

- *Circeto — revue d'études rimbaldiennes*
  nº 1(1983)
  nº 2 (1984)

- *Observateur — caderno especial sobre R. (4/10.4.91)*

- *Télérama — artigo-homenagem no centenário assinado por Alain Rémond — (6.11.91)*

- *Globe — abril 1991 — suplemento de 40 pgs. sobre R.*

- *Rimbaud — Calender — Agenda — Almanach — édition aragon, 1991.*
  Agenda trilíngüe (francês, inglês, alemão) com efemérides rimbaldianas, trechos de suas obras, citações a seu respeito.

ICONOGRAFIA:

- AEIUO. Rimbaud. Vários autores — *Collection Génies et Réalités, Hachette, 1968.*

- *Album Rimbaud. Iconographie réunie et commentée. H. Matarasso e P. Petitfils — 438 ilustrações — Bibliotèque de la Pléiade, 1967.*
  Além da riqueza documental, excelentes artigos sobre a vida e a obra de R.

- *Un sieur Rimbaud se disant négociant. Alain Borer, Philippe Soupault e Arthur Aeschbacher — Lachenal & Ritter.*
  Livro-documentário sobre o R. "africano".

- *Les Voyages de Rimbaud. Claude Jeancolas — Balland, 1991*
  Repositório iconográfico definitivo não apenas sobre as andanças de R. mas sobre tudo o que lhe diz respeito.

DICIONÁRIO:

- *Le Dictionnaire Rimbaud. Claude Jeancolas — Balland, 1991.*
  O autor arrola sob forma de dicionário palavras e expressões controversas ou de significado discutível de que são ricas as obras de R. Há certamente interpretações um tanto fantasiosas, mas em muitos casos foi-nos de grande utilidade no esclarecimento de conflitos interpretativos.

RIMBAUD EM PORTUGUÊS:

- *Uma Estação no Inferno. Xavier Placer — Os Cadernos de Cultura — Ministério da Educação, 1952.*

- *Uma Temporada no Inferno e Iluminações. Lêdo Ivo — Editora Civilização Brasileira, 1957. Francisco Alves, 1982.*

- *Uma Estadia no Inferno. Ivo Barroso — Civilização Brasileira, 1977 — 2ª. edição 1983.*

- *Uma Época no Inferno. Mário Cesariny de Vasconcelos — Portugália, 1960.*

- *Iluminações/Uma cerveja no inferno. Mario Cesariny de Vasconcelos — Assirio & Alvim, 1989.*

- *Rimbaud Livre. Augusto de Campos — Editora Perspectiva, 1993.*

- *A Correspondência de Arthur Rimbaud. Alexandre Ribondi — L&PM Editores , 1983.*

- *Iluminuras. Gravuras coloridas. — Rodrigo Garcia Lopes e Maurício Arruda Mendonça — Ed. Iluminuras, 1994.*

- *Le Bateau Ivre — Análise e Interpretação. Augusto Meyer — Livraria S. José, 1955. Reproduzido em Textos Críticos — Perspectiva; 1986.*

- *O Tempo dos Assasinos. Henry Miller — tr. Jorge Cardoso Ayres — Record, 1968. Nova edição da L&PM.*

- *Graças e desgraças de um casal ventoso. António Moura — Hiena Editora, Lisboa, 1993.*

- *Rimbaud no Brasil. Organização de Carlos Lima — UERJ, 1993.*

- *A Vida de Rimbaud. Pierre Petitfils e Henri Matarasso — L&PM.*

- *Rimbaud na Abissínia. Alain Borer — L&PM.*

- *Rimbaud na Arábia. Alain Borer — L&PM.*

- *Folha de S. Paulo (9.11.91) — caderno especial sobre R. com vários estudos e 16 versões inéditas de poemas, que vão mencionadas nas Notas desta edição.*

- *Rimbaud, o filho — Pierre Michon — tr. Juremir Machado da Silva — Editora Sulina — Porto Alegre — 2002*

- *Rimbaud em metro e rima — tr. Milton Lins — Universidade de Pernambuco — 1998*

- *Uma Temporada no Inferno — tr. Paulo Hecker Filho — L&PM Pocket — Porto Alegre, 1997*

- *Paul Verlaine, Confissões e Arthur Rimbaud — tr. e prólogo de Manuel Alberto — Relógio d'Água — Lisboa — 1994*

- *35 Poemas de Rimbaud — tr. Gaëtan Martins de Oliveira - Relógio d'Água — Lisboa —1991*

- *Rimbaud por ele mesmo — org. Alberto Marsicano e Daniel Prescot — Martin Claret — S. Paulo — 1996*

ÍNDICE GERAL

Dedicatória 4
Nota do Editor 5
Prefácio do Tradutor 7
Flashes cronológicos 13

POÉSIES (POESIAS):

Les Étrennes des Orphelins 32
• A Consoada dos Órfãos 33
Sensation 40
• Sensação 41
Soleil et Chair 42
• Sol e Carne 43
Ophélie 52
• Ofélia 53
Bal des Pendus 56
• Baile dos Enforcados 57
Le Châtiment de Tartufe 60
• O Castigo de Tartufo 61
Le Forgeron 62
• O Ferreiro 63
[Morts de Quatre-vingt-douze et de Quatre-vingt-treize] ... 74
• [Ó mortos de Noventa-e-dois/Noventa-e-três] 75
À la Musique 76
• À Música 77
Vênus Anadyomène 80
• Vênus Anadiomene 81

Première Soirée 82

- Primeira Tarde 83

Les Reparties de Nina 86

- As Réplicas de Nina 87

Les Effarés 94

- Os Alumbrados 95

Roman 98

- Romance 99

Lê Mal 102

- O Mal 103

Rages de Césars 104

- Iras de Césares 105

Rêvé pour l'Hiver 106

- A Ver-nos no Inverno 107

Le Dormeur du Val 108

- O Adormecido do Vale 109

Au Cabaret-Vert 110

- No Cabaré Verde 111

La Maline 112

- A Maliciosa 113

L'Éclatante Victoire de Sarrebruck 114

- A Estrondosa Vitória de Sarrebruck 115

Le Buffet 116

- O Armário 119

Ma Bohème 118

- Minha Boêmia 119

Les Corbeaux 120

- Os Corvos 121

Les Assis 122

- Os Assentados 123

Tête de Faune 126

- Cabeça de Fauno 127

Les Douaniers 128

- Os Aduaneiros 129

Oraison du Soir 130

- Oração da Tarde 131

Chant de Guerre Parisien 132

- Canto de Guerra Parisiense 133

Mes Petites Amoureuses 136

- Minhas Pobres Namoradas 137

Accroupissements 140

- Agachamentos 141

Les Poètes de Sept Ans 144

- Os Poetas de Sete Anos 145

Les Pauvres à l'Église 148

- Os Pobres na Igreja 149

Le Cœur volé 152

- Coração Logrado 153

L'Orgie Parisienne ou Paris se Repeuple 154

- Orgia Parisiense ou Paris se Repovoa 155

Les Mains de Jeanne-Marie 160

- As Mãos de Jeanne-Marie 161

Les Soeurs de Charité 166

- As Irmãs de Caridade 167

Voyelles 170

- Vogais 171

[L'Étoile a Pleuré] 170

- [A Estrela Chorou] 171

[L'Homme Juste] 172

- [O Homem Justo] 173

Ce Qu'on Dit au Poète à Propos des Fleurs 176

- O que Dizem ao Poeta a Propósito das Flores 177

Les Premières Communions 188

- As Primeiras Comunhões 189

Les Chercheuses de Poux 200

- As Catadeiras de Piolhos 201

Le Bateau Ivre 202

- O Barco Ébrio 203

VERS NOUVEAU ET CHANSONS (NOVOS VERSOS E CANÇÕES):

[Qu'est-ce pour nous, mon coeur] 212
• [Que importa a nós, meu coração] 213
Larme 214
• Lágrima 215
La Rivière de Cassis 216
• O Riacho de Cassis 217
Comédie de la soif 218
• Comédia da sede 219

    1. Les Parents 218
    1. Os Pais 219
    2. L'Esprit 220
    2. O Espírito 221
    3. Les Amis 220
    3. Os Amigos 221
    4. Le Pauvre Songe 222
    4. O Pobre Sonho 223
    5. Conclusion 222
    5. Conclusão 223

Bonne pensée du matin 224
• Bom augúrio matutino 225
Fêtes de la Patience 226
• Festas da Paciência 227
Bannières de Mai 226
• Bandeiras de Maio 227
Chanson de la plus haute tour 230
• Canção da torre mais alta 231
L'Eternité 234
• Eternidade 235

Âge d'or 236
• Idade de ouro 237
Jeune ménage 240
• Jovem casal 241
Bruxelles 242
• Bruxelas 243
[Est-elle almée?] 246
• [Ela é alméia?] 247
Fêtes de la faim 248
• Festas da fome 249
[Entends comme brame] 250
• [Ouve como brama] 251
Michel et Christine 252
• Miguel e Cristina 253
Honte 254
• Vergonha 255
Mémoire 256
• Memória 257
[Ò saisons, ò chateaux] 260
• [Ó castelo, ó sazões] 261
[Le loup criait sous les feuilles] 262
• [Uiva o lobo na folhagem] 263

LES STUPRA (OS STUPRA):

[Les anciens animaux saillissaient] 266
• [Outrora os animais cobriam-se] 267
[Nos fesses ne sont pas les leurs] 266
• [Nossas nádegas não são as delas] 267
[Obscur et foncé comme un oeillet] 268
• [Franzida e obscura flor, como um cravo] 269

ALBUM ZUTIQUE (ÁLBUM ZÚTICO):

Lys 272

• Lírios 273

Les lèvres closes 272

• Os lábios cerrados 273

Fête galante 274

• Festa galante 275

[J'occupais un wagon de troisième] 274

• [Ocupava um vagão de terceira] 275

[Je préfère sans doute, au printemps] 276

• [Prefiro com razão, na primavera] 277

[L'Humanité chaussait le vaste enfant] 276

• [Calçava a Humanidade a criança] 277

Conneries 278

• Babaquices 279

    I. Jeune goinfre 278

    I. O comilão 279

    II. Paris 278

    II. Paris 279

    III. Cocher ivre 280

    III. Cocheiro bêbado 281

Vieux de la vieille 282

• O Guarda da velha 282

État de siège? 283

• Esta-do de sí-tio? 285

Le Balai 284

• A Vassoura 285

Exil 284

• Exílio 285

L'Angelot maudit 286

• O Anjinho maldito 287

[Les soirs d'été] 288

• [Nas tardes de verão] 289

[Aux livres de chevet] 288

• [A esses livros de escol] 289

Hypotyposes saturniennes, ex Belmontet 290

• Hipotiposes saturnianas, ex Belmontet 291

Les Remembrances du viellard idiot 292

• Remembranças de um velho idiota 293

Ressouvenir 296

• Relembrança 297

[L'enfant que ramassa les balles] 296

• [Esse que recolheu as balas] 297

PIÉCETES (ESPARSOS):

[Oh! si les cloches sont de bronze,] 300

• [Oh! nada temos em comum:} 301

Vers pour les lieux 300

• Versos ao trono 301

BRIBES (FRAGMENTOS):

[Aux pieds des sombres murs] 304

• [Junto à sombra dos muros] 305

[Derrière tressautait en des houquets] 304

• [Estremecia atrás em soluços] 305

[Brune, elle avait seize ans] 304

• [Casaram-na, morena, em seus] 305

La plainte du vieillard monarchiste 304

• Lamento do velho monarquista 305

La plainte des épiciers 306

• Lamento dos merceeiros 307

[Sont-ce] 306

• [Um dos] 307

[Parmi les ors, les quarts, les porcelaines] 306
• [Entre os ouros, cristais, porcelanas] 307
[Oh! les vignettes pérennelles!] 306
• (Oh! as vinhetas perenais!] 307
[Et le poëte soûl] 308
• [E embriagado o poeta] 309
[Il pleut doucement sur la ville] 308
• [E chove suavemente sobre a vila] 309
[Prends-y garde, ô ma vie absente!] 308
• [Tenha cuidado, ó minha vida ausente!] 309
[Quand s'arrêta la caravane d'Iran] 308
• [Quando a caravana do Irã sustou a marcha] 309

POÈME ATTRIBUÉ (POEMA ATRIBUÍDO)

Le Poison perdu 312
• O Veneno perdido 313

Notas 315
Súmula bibliográfica 375
Índice Geral 385

Impressão e acabamento
Gráfica Eskenazi.